Christian Scholz

Spieler ohne Stammplatzgarantie

Prof. Dr. Christian Scholz (cs@orga.uni-sb.de) ist Professor für Betriebswirtschaftslehre an der Universität des Saarlandes. Als Vor- und Querdenker lehrt, forscht und berät er in den Bereichen strategisches Personalmanagement und internationale Organisationsentwicklung. Scholz ist Autor mehrerer Bücher, darunter *Personalmanagement* und *Strategische Organisation*.

Christian Scholz

Spieler ohne Stammplatzgarantie

Darwiportunismus in der neuen Arbeitswelt

WILEY-VCH

WILEY-VCH GmbH & Co. KGaA

1. Auflage 2003

Bibliografische Information Der Deutschen Bibliothek
Die Deutsche Bibliothek verzeichnet diese Publikation in der Deutschen Nationalbibliografie; detaillierte bibliografische Daten sind im Internet über <http://dnb.ddb.de> abrufbar.

Printed in the Federal Republic of Germany

Gedruckt auf säurefreiem Papier.

Satz TypoDesign Hecker GmbH, Leimen
Druck und Bindung Ebner & Spiegel GmbH, Ulm
Umschlag init GmbH, Bielefeld

ISBN 3-527-50052-9

Inhalt

Vorwort

»Nach einigem Hin und Her ist unser Thema neu ausgerichtet worden – und mein Interview mit Ihnen gekippt worden. Ich kann leider nur noch Ihr Modell des Darwiportunismus kurz skizzieren und einige Ihrer spannenden Aussagen wiedergeben.« Dies schrieb mir ein Redakteur vom Wirtschaftsmagazin *BIZZ* im Herbst 2000. Der Hintergrund: Sein Magazin wollte über den zunehmenden Darwiportunismus berichten, bekam dann aber Zweifel. Denn im Heft zuvor schrieb man über Hewlett Packard und dort – denn das stand für alle fest – gelten weder darwinistische Systeme noch opportunistische Personen überhaupt als denkbar. Zwei Jahre danach: *BIZZ* ist dem Darwinismus zum Opfer gefallen und nach dem Merger von HP mit Compaq glaubt auch die Presse nicht mehr an den HP-Mythos.

Unbequeme Wahrheiten – das weiß man spätestens seit der Bundestagswahl 2002 – treten auch dann ein, wenn man sie verleugnet. Also warum nicht frühzeitig darüber nachdenken und die faszinierenden Chancen nutzen, die sich gerade jetzt bieten?

Mein Buch zielt nicht auf Akzeptanz und soziale Erwünschtheit. Die Wahrscheinlichkeit ist vielmehr hoch, dass sich viele Personengruppen – von einigen angesprochenen Firmen über Gewerkschaften und Regierungen bis hin zu den Medien – kritisiert fühlen. Falls ich dabei jemandem Unrecht getan oder jemanden persönlich »getroffen« habe, möchte ich mich bereits jetzt dafür entschuldigen: Mir lag und liegt es fern, jemanden persönlich anzugreifen.

Phänome brauchen einen Namen. Hier kam für mich nur einer infrage, nämlich »Darwiportunismus«:

Darwiportunismus ist eine Logik, die uns hilft,
Realität zu verstehen und Realität zu gestalten.

Darwiportunismus erklärt die Situation im Frühjahr 2000 mit einem NEMAX-Aktienkurs von knapp 10000 Punkten ebenso wie den Herbst 2002, als der Kurs auf rund 300 Punkte fiel und der Neue Markt beerdigt wurde. Für mich erfreulich: Darwiportunismus erklärt beides – weil beides zusammengehört! Darwiportunismus als Logik gilt also damals und gilt heute. Genau das ist auf den ersten Blick verblüffend, auf den zweiten Blick einleuchtend und führt zu (vielleicht) provozierenden Gestaltungsvorschlägen.

Gegenwärtig haben zwei Gruppen von Büchern Erfolg: Das eine sind Panik machende Horrorvisionen, die einen Zusammenbruch der Gesellschaft und nur einige wenige Sieger verkünden. Solche Publikationen bringen einen sogar in das Europa-Parlament. Das andere sind trivialisierende Ratgeber: Mit diesen Publikationen kann und will dieses Buch nicht konkurrieren, denn unsere Welt ist wesentlich komplexer! Beim »Darwiportunismus« geht es nicht um ein Negativszenario, auch wenn gerade diese Interpretation als Horrormeldung gerne (sadistisch) publiziert und (masochistisch) gelesen wird. Bei der Diskussion um Darwiportunismus geht es auch nicht um eine Schilderung der Welt als schöne Illusion, die sie nicht ist. Angestrebt ist vielmehr ein systematisches Verstehen und ein zielgerichtetes Gestalten.

Kritiker auf der Suche nach einfachen Antworten werden darauf hinweisen, dass manches in diesem Buch schon einmal irgendwo anders gesagt wurde. Dem kann und soll auch nicht widersprochen werden. Die eigentliche »Pointe« vom Darwiportunismus liegt darin, dass bekannte – aber scheinbar widersprüchliche – Aussagen zusammengeführt werden und aus dem Zusammenspiel eine neue Aussagenqualität entsteht: Diesen »Darwiportunismus« gilt es zu verstehen, vor allem die sich daraus ableitenden Empfehlungen.

> Die wahre Herausforderung liegt darin,
> sich im Grunde widersprechende Normen
> widerspruchsfrei zusammenzuführen!

Darwiportunismus hilft also, die aktuellen Entwicklungen zu verstehen (Kapitel 1 bis 4) und liefert Mechanismen, mit denen man gerade in der aktuellen Welt erfolgreich sein kann (Kapitel 5 bis 7).

An wen wendet sich dieses Buch? Sicherlich hoffe ich, dass sich unsere »gesellschaftlich relevanten Gruppen« endlich mit dem hier behandelten Phänomen ernsthaft auseinander setzen, wenngleich ich hier skeptisch bin. Optimistischer bin ich bei den Forschern: Sie beschäftigen sich bereits mit Darwiportunismus und seinen diversen Facetten.

Am optimistischsten kann man bei den beiden Gruppen sein, die unmittelbar als Subjekte und Objekte betroffen sind und gut daran tun, sich ihre individuelle Überlebensstrategie zu konzipieren. Für Mitarbeiter und analog für die Unternehmen gilt: Sie erkennen zunehmend, dass eine neue Strategie erforderlich wird.

Selbst die viel zitierten High Potentials müssen sich damals wie heute auf die Darwiportunismus-Logik einstellen: Viele haben es in der Boom-Phase nicht gemacht und haben jetzt ihre Probleme! Der »normale Bürger« muss verstehen, dass unser Staat darwiportunistisch »tickt« – sonst sieht er die versteckte Zeitbombe zu spät. Mitarbeiter sollten erkennen, dass – egal was in der Firmenbroschüre steht – alle (!) erfolgreichen Unternehmen darwiportunistisch sind und meist auch darwiportunistische Mitarbeiter haben.

Zielgruppe? Wir alle!

Zielgruppe dieses Buches sind somit alle, die wissen wollen, welches faszinierende Spiel heute in der Arbeitswelt gespielt wird – und alle, die darin zurechtkommen wollen: Führungskräfte und Mitarbeiter. Unternehmer und Personalleiter. Karrieristen und Betriebsräte. Politiker und Wähler.

Im Sport gilt es als bedeutsam, einen »Stammplatz« zu haben, der einem die Existenz sichert und den Stellenwert in der Mannschaft hervorhebt. Seinen Stammplatz zu verlieren ist für viele Spieler gleichbedeutend mit Abstieg. Aber zumindest in der Bundesliga haben offenbar immer weniger Spieler »ihren« Stammplatz – auch nicht die Trainer und auch nicht die Schiedsrichter. Das Gleiche gilt für die Arbeitswelt: Die Mitarbeiter haben immer seltener eine Arbeitsplatzgarantie. Und auch die Unternehmen haben nur noch selten einen »Stammplatz« – weder auf der Wunschliste der Mitarbeiter noch als Spieler auf dem Weltmarkt.

Gleichermaßen empirisch wie sozialkonstruktivistisch ist somit festzustellen:

Darwiportunismus existiert.

Es liegt an uns, ihn zu verstehen und für uns einen lebenswerten Weg zu finden, damit umzugehen.

1
Wir spüren: Es tut sich was

Sonntagvormittag, und der Winter ist definitiv zu Ende: Ich sitze an der Hafeneinfahrt von St. Aygulf. Einige ganz neue Schiffe, andere gehören schon fast in ein Museum. An sechs Yachten das Schild »A Vendre«, sie sind also zu verkaufen. Welche Boote sind betroffen? Soweit erkennbar, gibt es keinen gemeinsamen Nenner: Die große moderne Segelyacht steht ebenso zum Verkauf wie das kleine, alte Dieselboot. Jetzt zum Ende März ist hier noch nicht viel los. Aber man hat das Gefühl, dass der kleine Hafen in wenigen Wochen schlagartig zum Leben erwachen wird.

Die Welt ändert sich – eigentlich eine triviale Erkenntnis, über die man nicht unbedingt schreiben und diskutieren müsste. Aber die Veränderungen betreffen uns alle. Jeder von uns ist betroffen. Und die Veränderungen kommen in immer rascher ablaufenden Schüben mit immer verblüffenderen Ergebnissen. Verblüffung und Erstaunen kombinieren sich bei den einen mit Angst, bei den anderen mit Faszination.

Alte und lieb gewordene Deutungsmuster helfen plötzlich nicht mehr weiter. Trennungen zwischen gut und böse, zwischen Ursache und Wirkung verlieren an Erklärungskraft. »Wer? Wie? Was? Wieso? Weshalb? Warum?«, dieser Satz aus der Sesamstraße steht zwar immer noch auf dem Bildschirm. Oft fehlen aber, zumindest für die große Welt der Erwachsenen, die passenden Antworten.

Regeln, die in der Vergangenheit zwischen Siegern und Verlierern unterschieden haben, treffen nicht mehr zu.

Aktienkurse explodieren, um nur kurz darauf wieder zu kollabieren. Firmen, die jahrelang nichts als uneingelöste Versprechungen gemacht haben, entwickeln sich zu Schnellstartern an der Börse. Großunternehmen mit Problemen gliedern kleine High-Tech-Teile aus, beschaffen ihnen in gekonntem Doppelpass mit der Presse eine immense Publicity, gehen mit den neuen Firmen an die Börse, sind kurz danach Gewinner, plötzlich aber wieder Verlierer und stehen teilweise schlimmer da als zuvor. Oder aber ihre ehemaligen Firmenchefs kaufen sich in Südfrankreich große Segelyachten.

Die Karten werden neu gemischt.

1998 ist Infineon ein maroder Halbleiterhersteller im Siemens-Konzern. Dann folgt der Börsengang. Einige Computerzeitschriften bringen im Vorfeld »günstige« Beiträge. Im Werbevideo sieht man Dynamik pur. Der Vorstandsvorsitzende steckt in einem silbernen Rennanzug und posiert vor der Börse neben einem Sportwagen. »Infineon – die Rakete«, so die Botschaft. Die Aktie ist 30fach überzeichnet. Gerüchte machen die Runde: Ganz gute Freunde (und ganz besonders der Vorstand) sollen beeindruckend große Aktienpakete zu einem beeindruckend niedrigen Preis bekommen haben. Der Firmenchef ist ein gemachter Mann. Er müsste nie wieder in seinem Leben arbeiten. Infineon hat außer Erwartungen zu diesem Zeitpunkt noch nichts produziert. Trotzdem: Jeder will Infineon kaufen und die Kleinanleger toben, da die meisten trotz des Losverfahrens leer ausgehen. Banken und andere Großanleger haben das große Geschäft gewittert und sich diese Papiere gesichert, bei denen man angesichts des Ausgabekurses anscheinend nur gewinnen kann.

Und spätestens jetzt wird es undurchsichtig – zumindest für das Jahr 2000: Bei manchen Firmen ist es offenbar vollkommen egal, was sie machen, Hauptsache sie machen Schlagzeilen. Ob Microsoft zerschlagen werden soll oder durch Fusionen noch mehr wachsen soll, die Börse reagiert positiv. Bei manchen Unternehmen scheint die Devise zu lauten: Je größer, umso besser. Die Deutsche Bank will mit der Dresdner Bank fusionieren und wird für die strategische Weitsicht des Zusammenschlusses gelobt. Ähnliches gilt kurz darauf für die Fusion von Allianz und Dresdner Bank. Bei anderen heißt die Devise »Zerteilen«: Der Chemie-Gigant Hoechst fällt in diese Rubrik. Und dann gibt es noch die Unternehmen, die beides machen. Daimler akquiriert Chrysler, nur um sich dann – allerdings in einer anderen Größenordnung – unter anderem von seiner Tochter debis zu trennen. Und erhält ebenfalls eine positive Presse. BMW gewinnt Pluspunkte, weil man als Teil einer als weitsichtig propagierten Geschäftsstrategie Rover kauft, und kurz darauf weitere Pluspunkte, weil man – natürlich wieder als Teil einer weitsichtigen Geschäftsstrategie – quasi das Verschenken von Rover bekannt gibt.

Doch dann sieht alles – auf den ersten Blick – völlig anders aus. Infineon ist im Sommer 2001 auf einem vorläufigen Tiefpunkt, 5 000 Stellen werden gestrichen. Und vollkommen egal, was die Unternehmen jetzt tun: Der Markt reagiert nahezu immer negativ! Ähnliches gilt für die meisten Unternehmen am Neuen Markt, aber auch für Riesen wie Deutsche Post und DaimlerChrysler. Und wenn dann im Herbst 2002 die Deutsche Telekom unter ihrem Interimschef Helmut Sihler ankündigt, in drei Jahren sollten 50 000 Stellen im Konzern wegfallen[1], wundert sich eigentlich schon keiner mehr.

An dieser Stelle bietet Microsoft ein schönes Beispiel: Anfangs galt dieses Unternehmen als Pionier der Szene und Bill Gates als wahrer Visionär. Er hat auch in vielem Recht behalten. Sein Erfolg produzierte aber nicht nur noch mehr Erfolg, sondern schaffte Neid und angesichts seiner teilweise durchaus kritisierbaren Methoden massive Kritik. Doch unabhängig von den Monopoly-Spielen des Bill Gates bleibt festzuhalten, dass er die Marktgesetze für sich in Anspruch nahm. Dadurch wurde er erfolgreich und marktbeherrschend, weshalb unter der Clinton-Administration sein Imperium zum Zerschlagen vorbereitet wurde. Kein falsches Mitleid: Bill Gates und Microsoft haben diesen Prozess bisher überlebt und werden auch weiterhin erfolgreich sein, erst recht nachdem George W. Bush in Washington die Macht übernommen hat.

Warum aber überlebt Microsoft?
Warum scheitern die anderen?

Gewinner sind alle, die ihre Unternehmen noch rechtzeitig an die Börse gebracht und die Gewinne daraus in realen Gütern angelegt haben. Hier bleibt nur die Frage offen, ob sie sich als sehr große oder als »nur normal große« Gewinner entpuppen. Verlierer sind die Millionen Kleinanleger: Von Analysten in dieser Szene gelockt, finanzierten sie den Reichtum der Firmengründer und feierten diese sogar noch als Verwirklicher des »American Dream«.

Gewinner sind diejenigen, die 1997 Geld in EM.TV investierten und dann rasch ihre Anteile an Nachahmungstäter verkauften. Das schafften aber die wenigsten. Reich wurden nur die, die skrupellos Venture Capital verbrannten, wirklich reich nur die, die es schafften, bedeutungslose GmbHs zu Aktiengesellschaften zu machen.

Gewinner sind auch Beratungsfirmen jeglicher Art. Denn Anteilseigner belohnen den Abbau der Belegschaft mit steigenden Aktienkursen. Besonders wenn das Geschäft eines Unternehmens boomt und trotzdem die auf Massenentlassungen spezialisierten Berater kommen, wittern private und institutionelle Anleger ihre große Chance. Die Mythen der strategischen Verschlankung und das Primat der Ökonomisierung treiben bunte Blüten. Sie haben teilweise nichts mit realem Unternehmenswert zu tun – aber: Hauptsache, Mitarbeiter werden entlassen und Anteilseigner profitieren von kurzfristigen Börsengewinnen (oder von zumindest etwas weniger drastischen Kursabstürzen).

Auf der einen Seite werden massenhaft Mitarbeiter entlassen, auf der anderen Seite aber händeringend gesucht. Im Idealfall scheint zu gelten: Bei uns arbeiten für viel Geld nur die gerade Besten vom Markt, der Rest soll woanders unterkommen oder durch die Allgemeinheit finanziert werden. Sicherlich mag eine derartige Strategie als Versozialisierung von Anpassungskosten für das einzelne Unternehmen sinnvoll erscheinen, der gesamtwirtschaftliche Nutzen ist jedoch zweifelhaft.

Im Silicon Valley sind derartige Tendenzen bereits in extremer Form erkennbar: Dort werden ältere Programmierer (und »alt« beginnt hier spätestens bei 35 Jahren) nicht mehr auf neuere Systeme umgeschult und sehen auch selbst diese Chance nicht mehr. Für sie bleibt lediglich die Möglichkeit, als Pizzafahrer Nahrung in die Jugendtempel der gegenwärtigen Softwareschmieden zu bringen. Oder als Taxifahrer für die Mobilität der Jungstars zu sorgen.

Gewinner sind auch Personalvermittler, Headhunter und Anti-Headhunter sowie Zeitarbeitsfirmen. Hier herrscht Goldgräberstimmung: Unternehmen zahlen Unsummen für Mitarbeiter aus hart umkämpften Qualifikationssegmenten. Gleichzeitig scheint ihnen kein Preis zu hoch, sich wieder von solchen Mitarbeitern zu trennen, die gerade nicht in das System passen. Insbesondere der Honorarumsatz der Headhunter steigt drastisch. Sie zielen vor allem auf High Potentials, die allenfalls noch zwei, maximal aber drei oder vier Jahre in einem Unternehmen bleiben. Headhunter heizen ihren Markt selbst an, da sie über substanzielle Informationen über Unternehmen und die jeweilige Änderungsbereitschaft der Mitarbeiter verfügen. Eine beliebte Spielwiese für Kopfgeldjäger sind Unternehmen, die kurz vor oder nach einer Fusion stehen. So müssen sich selbst in einer extremen Rezession Headhunter nicht in die Reihen der Arbeitslosen einsortieren, sofern sie sich auf das obere Management spezialisiert haben: Denn je schlechter die wirtschaftliche Lage von Unternehmen, umso schneller werden Top-Manager ausgetauscht. Ähnlich wie bei Fußballtrainern findet in einem solchen Umsetzungskonzept jeder ganz rasch wieder einen Sitzplatz – und bei jeder Drehung des Karussells der Berater eine Mehrung seines Einkommens.

Noch ein Phänomen: Unternehmen unterscheiden sich oft nicht mehr in ihren Produkten und Dienstleistungen. Sie könnten eine Alleinstellung allenfalls erreichen über ihre Mitarbeiter und Kultur. Kaum ein Vorstandsvorsitzender, der deshalb nicht in seinen Sonntagsreden die Bedeutung der spezifischen Unternehmenskultur und der spezifischen Führungsphilosophie betont! Nur: Immmer mehr feste Mitarbeiter werden entlassen und Unternehmen arbeiten mit schrumpfender Stammbelegschaft. Es ist aber erwiesen, dass eine nach außen und nach innen spürbare Unternehmenskultur immer einen stabilen Kern von Mitarbeitern voraussetzt. Sobald dieser – aus welchen Gründen auch immer – fehlt, wird es schwierig!

Ein Hinweis für Experten in der Fernsehserie Star Trek:
In Analogie zum Bruch des Warpkerns steht
in vielen Unternehmen als absoluter Supergau
der Bruch des Kulturkerns bevor.

Fusionen gehen bei vielen Unternehmen einher mit Entlassungen, und zwar nach einem relativ konstanten Strickmuster: Vor der tatsächlichen Fusion müssen die Partner auf die Hochzeit vorbereitet, also fit, schlank und schön gemacht werden. Nach der Hochzeit wird geprüft, wer in der neuen Großfamilie noch nötig ist. Singularisierung heißt das Wort für den Prozess, in dem bei mehreren zusammengelegten Unternehmen nur die Geschäftseinheit überlebt, die das Produkt oder die Dienstleistungen am billigsten anbietet.

Doch welchen Mitarbeiter will man eigentlich? Auf der einen Seite muss es ein Spezialist sein, der konkrete, heute anstehende Aufgaben effizient lösen kann. Auf der anderen Seite sollte dieser hundertprozentige Spezialist aber ein Generalist sein, der sich auf alle anstehenden Fragestellungen einstellen kann.

Verlierer sind Personen, die einfach aussortiert werden. Wenn Großbanken wie die Deutsche Bank, die Dresdner Bank oder die Commerzbank über Fusionen sprechen, freuen sich zwar die Aktionäre, die Mitarbeiter aber bekommen Probleme. Wenn im Zuge der Unternehmenszusammenführungen Zehntausende von Mitarbeiterstellen wegfallen, so müssen Unternehmen sich schon sehr viel einfallen lassen, um unzumutbare Härten zu vermeiden – wobei alleine die Diskussion darüber, was eine »zumutbare« Härte ist, für viele bereits eine Zumutung, zumindest aber eine Überraschung ist.

Verlierer sind Personen, für die sich – wie man so neutral sagt – »die Rahmenbedingungen plötzlich und unvorhergesehen« geändert haben. Da zahlt man jahrelang in ein Rentenversorgungssystem ein, nur um dann zu erfahren, dass das System praktisch zusammmengebrochen ist. Da glaubt man bei der Auswahl seiner Studienrichtung den Prognosen der Bildungspolitiker, die in wohlklingenden Reden genau die Zukunft kennen. Plötzlich ist der Studiengang nicht mehr »in« und man hat »Pech gehabt«! Anfang der achtziger Jahre wurden Informatiker händeringend gesucht. Einige Jahre darauf waren Absolventenkongresse geprägt von IT-Experten, die niemand haben wollte und die frustriert vor hochnäsig wirkenden Firmenvertretern Schlange standen. Dann wurde die Informationsgesellschaft eingeläutet und eine neue IT-Lücke gesehen, verbunden mit der Chance für unsere Politiker, die glaubten, durch eine Green Card schlagartig die Wettbewerbsfähigkeit der deutschen Wirtschaft verbessern zu können.

Es gibt Verlierer, die »das Gesamtsystem« einfach vergessen hat. Sie wurden rationalisiert, verschlankt oder einfach zum Opfer der New Economy. Hier nützt es wenig, wenn das Wort »downsizing« durch das Wort »rightsizing« ersetzt wird. Tatsache ist:

Die Gruppe der Verlierer wird größer.

Und wenn dann noch die Konjunktur in Schwierigkeiten gerät, wachsen die Probleme. Der IT-Experte, im Vorjahr händeringend eingekauft, wird aus dem Unternehmen gemobbt und versteht die Welt nicht mehr. Was hat er falsch gemacht? Warum nicht mehr glücklicher Gewinner mit Tatendrang, sondern hoffnungsloser Verlierer ohne Perspektive?

Es entstehen ganz neue Organisations- und Lebensformen. Über das Internet werden Produkte im 24-Stunden-Zyklus entwickelt und wandern rund um den Erdball – von einem Entwicklungsteam zum anderen verschieben sich Grenzen zwischen Unternehmen, vor allen Dingen aber auch zwischen Privatleben und Berufsleben.

Bei rund 300 Millionen Internetnutzern verwundert es nicht, dass Unternehmen wie AOL von April 1998 bis November 1999 (trotz diverser Aktiensplits) eine Kurssteigerung von 20 Dollar auf knapp 100 Dollar realisierten, nur um im Januar 2001 (zum Zeitpunkt der Fusion mit Time Warner) fast wieder bei 30 Dollar anzukommen – und im Oktober 2002 bei fast 11 Dollar. Neue Techniken und neue Instrumente führen zu neuen Spielregeln. Evolutorische Entwicklungsprozesse werden verdrängt durch revolutionäre Entwicklungsschübe.

Noch eine Widersprüchlichkeit: auf der einen Seite Technologie, auf der anderen Seite Tradition. Im Ergebnis entstehen unterschiedliche Bevölkerungsschichten mit unterschiedlichem Technologieverhalten: eine große Gruppe, die das Internet in reiner Konsumentenhaltung wie die Daily Soap aus dem Fernsehen nutzt, eine Mittelschicht, die mehr oder weniger sinnvoll damit umgeht, und eine ganz ganz kleine Oberschicht, die das Medium mit all seinen Stärken voll beherrscht und zum individuellen Fortschritt instrumentalisiert. Wird die Informationsgesellschaft eine klassenlose Gesellschaft sein, weil die Eintrittsbarrieren in die Informationssysteme mittlerweile relativ niedrig sind? Gegenwärtig lautet die Antwort eindeutig: »Nein!«.

Verlierer sind auch die, die mit dem Verschwinden der Trennung zwischen Arbeit und Freizeit nicht umgehen können. Wenn bereits vor dem Frühstück ein Abrufen der E-Mails Ärger auf den Frühstückstisch bringt, wenn einem im Urlaub per UMTS das wütende

Gesicht der Führungskraft und die geschickte Hilflosigkeit der Mitarbeiter verfolgen, wenn Aktienkurse des eigenen Unternehmens quer durch den abendlichen Spielfilm laufen, dann entsteht eine Welt, die nicht mehr für alle (er-)lebenswert ist. Andere aber genießen gerade diese Situation: Sie brauchen zur Selbsterfüllung keine Abenteuerreise, denn für sie ist das Berufsleben eine gut bezahlte Erlebniswelt. Sie erhalten Zufriedenheit nicht durch Hobbys wie Modelleisenbahn oder Briefmarken. Sie sammeln reale Erfolge und haben auch die Grenze zwischen Beruf und Freizeit aufgegeben.

> Die Verschmelzung von Berufsleben und Freizeit
> ist für manche ein Albtraum,
> für andere eine faszinierende Vision.

Gerade weil beides, Horrorperzeption und Faszinationsgefühl, seine Berechtigung hat, sind Konflikte vorprogrammiert. So ist es für die einen kaum verständlich, wie man auf geregelten Urlaub und pünktliches Dienstende verzichten kann. Warum nach 16.30 Uhr arbeiten? Warum am Wochenende über einem Projektvorschlag brüten? Warum im Urlaub überhaupt einen Gedanken an den Job verschwenden? Schließlich hat man Anspruch auf geregelte Arbeitszeiten, ruhige Wochenenden und ungestörten Urlaub! Für andere ist es dagegen ein Rätsel, wie man auf den Spaß und die Spannung der gegenwärtigen Wirtschaftssituation freiwillig verzichten kann, nur um sich mehrere Wochen an den Sandstrand einer Ferieninsel zu legen.

Eng verknüpft ist diese Problematik mit den Eigenschaften von Generationen. Verschiedene Generationen bestehen gleichzeitig, entwickeln sich aber auch unabhängig voneinander weiter. Diese Entwicklungen verstärken wiederum Konflikte, die aus unterschiedlichen Lebens- und Arbeitsentwürfen resultieren. Die 68er sind auf ihrem Marsch durch die Institutionen schon seit einiger Zeit oben angekommen und versuchen, Akzente zu setzen. Die Generation X hat sich ebenfalls weiterentwickelt. Sie ist nicht dem von Coupland prognostizierten Trend in die Wüste gefolgt, sondern sitzt gegenwärtig zu Hause auf Mamas Sofa und genießt das Leben. Diese Generation kommt zwar ebenfalls langsam in die Jahre, sieht aber darin kein Problem. Und schließlich bringt die Generation Y gegenwärtig das gesamte System insofern durcheinander, als sie – ohne idealistische Wertvorstellungen – die Eigenentwicklung zur Not auch gegen die übrigen Generationen in den Vordergrund rückt. Sie sitzt also nicht auf dem Sofa der Mutter, sondern hofft, bald so viel Geld zu haben, dass sie den Vater stolz in das eigene Segelboot einladen kann.

Verlierer sind auch die vielen »normalen« Menschen, die einfach arbeiten und dafür sorgen, dass sich unser System überhaupt erhält. Sie arbeiten primär für andere. Wenn Politiker sich mit Flügen durch die Welt bewegen, die von einer Landesbank finanziert sind, so zahlt dies letztlich in irgendeiner Form der »normale Bürger«. Wenn ein Vorstand sein Unternehmen an die Konkurrenz verkauft und dafür 30 Millionen Euro Entschädigung – also allein Zinsen von mehr als 5 000 Euro pro Tag – bekommt, so muss auch diese Summe jemand zahlen.

Wenn ein Fußballer mit 21 Jahren bereits 10 Millionen Euro dafür erhält, dass er verspricht, in der nächsten Saison den Verein zu wechseln, so bekommt er damit pro Tag ein Vielfaches mehr an Zinsen, als ein normaler Arbeitnehmer pro Monat vor Steuern erarbeitet. Sicherlich sind die Fußballfans nicht unbedingt die Verlierer dabei – zumindest nicht die von Bayern München –, wohl aber viele andere, die direkt (über Fernsehgebühren) oder indirekt (über die Telekom-Rechnung des Hauptsponsors) diese Transaktionen finanzieren.

Viele Verlierer finanzieren wenige Gewinner!

Skeptiker sehen unsere heutige Welt eingeteilt in zwei Segmente[2]: die helle Seite der wenigen Gewinner und die dunkle Seite der vielen Verlierer mit Attributen wie »wegrationalisiert«, »zurückgelassen« oder »Ergebnis vom Downsizing« oder »Opfer des Turbokapitalismus«. Hier fragt man sich mit Recht, was aus dem Idealismus der Woodstock-Zeit geworden ist.

Systemtheoretiker warnen davor, dass unser System »zu kippen« beginnt. Finanzieren 99,99 Prozent der Beschäftigten die 0,01 Prozent wirklich reichen Menschen? Arbeiten 20 Prozent, um 80 Prozent »zu versorgen«? Wie man es auch betrachtet – das Problem ist evident.

Knappheit führt dazu, dass einige wenige zulasten von sehr vielen immer reicher werden. Diese Situation des »Wohlstandes weniger zulasten vieler« findet sich als typisches Endzeitmilieu in Science-Fiction-Romanen: Dort fehlt es an Gütern, an Ersatzteilen und somit an ziemlich allem, was zum Leben nötig ist. Die Mehrzahl der Menschen vegetiert in bitterer Armut. Einige wenige aber, die über die strategischen Positionen verfügen, schwelgen in Reichtum. Auch Kriege führen nicht etwa dazu, dass in einem verwüsteten Land die Unterschiede zwischen reich und arm nivelliert werden. Genau das Gegenteil ist der Fall.

Die Politik bietet hierauf wenig Antworten. Sie kann es auch gar nicht, da der Planungshorizont von Politikern maximal zwei Jahre beträgt, nämlich vom Ende der Siegesparty mit Postenverteilung bis zum nächsten Wahlkampfbeginn, also in der Mitte der Legislaturperiode. Ab diesem Zeitpunkt interessieren ausschließlich die Wiederwahl und damit die Demoskopie, also die Frage, durch welche (vorgezogenen) Wahlversprechen beziehungsweise durch welche (in Wirklichkeit bedeutungslosen) Richtungsaussagen eine entsprechende Stimmenzahl zu gewinnen ist. Auf diese Weise unterliegen Politiker kurzfristigen Marktgesetzen und können vor diesem Hintergrund überhaupt kein Interesse am langfristigen Wohlergehen von Bürgern haben: Primäres Eigeninteresse ist es, die erforderlichen Jahre im Parlament oder auf der Regierungsbank zu erreichen, um sich die entsprechenden lebenslangen Versorgungsansprüche zu sichern.

Die soziale Polarisation geht einher mit einer medialen Zweiklassengesellschaft: Nicht an die Informationskanäle angekoppelt zu sein bedeutet weniger Perspektiven und ein drastisches Vergrößern der Schere zwischen den zunehmend Chancenlosen einerseits sowie den mit allen Chancen Versehenen auf der anderen Seite. Aber auch für Unternehmen bedeutet die Ankopplung an zeitgemäße Informationskanäle eine Überlebensfrage, wobei man im Hinblick auf fehlende IT-Infrastruktur nicht bis nach Sibirien fahren muss: So bedeutet in Deutschland die Entscheidung der Telekom, eine Region doch nicht für DSL zu erschließen, einen Geschwindigkeitsnachteil von 90 Prozent und damit eine Existenzbedrohung.

Das Internet ist Verstärker und
Spiegel der Gesellschaft.

Bei allen diesen Überlegungen spielt die weltweite Vernetzung eine immer wichtigere Rolle. Sicherlich kann man vieles auf das Wassermannzeitalter[3] schieben mit seiner Auflösung von Hierarchien und Grenzen, verbunden mit weltumfassenden Netzwerken sowie seiner rasanten technologischen Entwicklung. Vor allem aber fängt das Internet an, Abbild der menschlichen Gesellschaft zu werden: freie Märkte, Liberalisierung und Demokratie ebenso wie Monopole und Vorschläge zu Datensammlungen, die Bewegungsprofile der Rasterfahndung Anfang der siebziger Jahre harmlos erscheinen lassen. Auch in der Internetgemeinde tut sich etwas: Am Anfang idealistisch-föderalistisch geprägt, wird sie von außen her zunehmend Opfer der Regulierungswut von Politikern, von innen heraus immer mehr zum Spielfeld für Neid und Missgunst.

Entscheidend bei allem ist die Eigendynamik, denn das Internet arbeitet wie ein Multiplikator: Gesellschaftliche Strömungen werden aufgegriffen, vervielfältigt und letztlich zu einem Bewegungsmoment zusammengeführt, das kaum Grenzen kennt. Das Schlagwort »economy of speed« drückt dies treffend aus. Insgesamt geht es aber nicht mehr nur um das einfache Internet. Bereits Gibson[4] prägte 1984 mit seinem Buch *Neuromancer* die Idee vom Cyberspace als einer virtuellen Welt, in die Menschen eindringen und in denen sie weiterhin ihre Identität behalten. Genau darum geht es gegenwärtig im Internet.

Die anlässlich des World Economic Forums in Davos 2001 hitzig diskutierte Frage, ob die Internetwirtschaft tatsächlich anderen Spielregeln folgt als die herkömmliche Wirtschaft, soll an dieser Stelle nicht vertieft werden: Michael Porter meint bekanntlich »nein«[5], Don Tapscott bekanntlich »ja«[6]. Aber egal, ob das Internet-Zeitalter neue Regeln aufstellt oder die alte Mechanik wesentlich schneller durchlaufen wird: Wir erleben eine radikale Andersartigkeit, die wir nur schwer verstehen und noch schwerer beherrschen können.

Wegen seiner chaotischen Organisation lässt sich
die Entwicklung des Internets kaum vorhersagen.

Die Internetökonomie erhöht das Tempo der Wirtschaft und macht sie gleichzeitig anfällig für Irritationen. So führte eine Falschmeldung beim amerikanischen Telekommunikationsausrüster Emulex dazu[7], dass der Kurs innerhalb von wenigen Minuten von 113 Dollar auf 43 Dollar sank und – nach Aufdeckung der Falschmeldung – wieder anstieg. Zwischenzeitlich waren alle die Anleger massiv geschädigt, die ihre Papiere verkauften.

Der Club of Rome hat bereits vor mehr als 30 Jahren darauf hingewiesen, dass es naturgegebene Grenzen von Systemen gibt. Allerdings unterlagen die damaligen Vordenker trotz ihrer bahnbrechenden Arbeit mehreren Trugschlüssen, die einfach darauf zurückzuführen waren, dass letztlich Menschen betroffen sind. So verkündeten Dennis Meadows & Co[8], dass die Rohölreserven ein letztlich begrenztes Reservoir an Energie darstellen. Diese Erkenntnis ist sicherlich nicht falsch. Mit dem Publikwerden dieser Erkenntnis setzte aber, abgesehen von dem spektakulären Ereignis autofreier Sonntage, nur sehr begrenzt ein kollektives Energiesparen ein. Vielmehr erkannten zunächst die Ölscheichs, später auch andere Gruppen, dass mit Knappheit gutes Geld zu machen ist. Die Förderquoten wurden reduziert und so ein überproportionaler Preisanstieg induziert.

Im neuen Bericht[9], den der Club of Rome vorgelegt hat, kommt ein wichtiges Argument hinzu, nämlich die Abkehr vom Determinismus: Danach ist es eine zentrale Eigenschaft der gegenwärtigen soziopolitischen Systeme, dass sie keine »eingebaute« Zwangsläufigkeit in ihrer Entwicklung haben. Vielmehr ist von stochastischen und potenziell chaotischen Systemen auszugehen, bei denen kleinste Impulse zu unkontrollierten Wirkungen führen können, was letztlich jegliche Verbesserungen schwierig macht.

Trotz aller Prognosen bleibt Orientierungslosigkeit der normale Zustand.

Prognosen können so oder auch ganz anders ausfallen. Wer hätte vor Jahren noch daran gedacht, dass Telekommunikationsbetreiber knapp 50 Milliarden Euro nur für einige spezifische Handy-Frequenzen (UMTS) zahlen? Und sich trotzdem dabei noch große Geschäfte versprechen, nur um kurz darauf heulend auf ihre finanziellen Schwierigkeiten mit diesem Kaufpreis hinzuweisen. Die damit verbundene Orientierungslosigkeit zeigt sich auch in der internationalen Politik: So versteigerten Deutschland, die Niederlande und England diese Lizenzen, während Spanien und Schweden sie im Sinne eines Schönheitswettbewerbs an die (technologisch) attraktivsten Unternehmen vergaben – umsonst versteht sich. Wer richtig lag, wird sich in einigen Jahren zeigen!

2
Darwinismus: Die Suche nach den Besten!

Montag, Sturm! Kurz vor 7.00 Uhr werde ich wach, weil draußen unkontrollierte Naturgewalten toben. Das gestern noch friedliche Meer hat zu einer Ansammlung weißer Gischtkronen mutiert, die sogar über die Mauer schlagen, die das Grundstück vom Meer trennt. Ein Fensterladen schlägt so lange gegen die Hauswand, bis sich ein Bewohner seiner erbarmt. Dann am Horizont ein erster heller Punkt, der sich – wenn alles gut geht – vielleicht bis zum Frühstück in den symbolischen Silberstreif verwandelt haben könnte. Die Kaffeemaschine beginnt ihren Dienst zu tun und es ist eigentlich eine gute Zeit, das zweite Kapitel zu beginnen.

Sucht man nach Erklärungen für die Beobachtungen im vorangegangenen Abschnitt, so bietet es sich an, sich zunächst einmal näher mit »Unternehmen und Märkten« zu beschäftigen. Nicht dass diese wichtiger sind als die Menschen – ganz im Gegenteil –, sie bieten aber insofern einen guten Einstieg, als sich hier trotz unterschiedlichster Varianten deutliche Gemeinsamkeiten lokalisieren lassen. Also: Was bewegt sie? Was treibt sie in eine bestimmte Richtung?

Betrachtet man Unternehmen im Spiel gegeneinander, so ist eine der Gemeinsamkeiten die Zunahme von Marktmechanismen. Die Auslese im Markt hat es natürlich immer schon gegeben: Commodore oder Atari sind Beispiele für Firmen, die viele kennen, die es aber nicht mehr gibt. Der Wettbewerb nimmt zu und Schlagworte wie Marktradikalität sowie Turbokapitalismus rücken in den Vordergrund. Deshalb liegt es nahe, einen Schritt weiter zu gehen und sich mit dem Phänomen zu beschäftigen, das sich »Darwinismus« nennt!

Trotzdem war es Mitte 1999 im Wirtschaftsleben unüblich und nicht akzeptanzfördernd, von Darwinismus zu sprechen: Zwar diskutierte man über Vorzüge des Marktes, kaum aber darüber, dass Marktmechanismen auch Verlierer produzieren. Unternehmen der New Ecomomy machten explosionsartige Gewinne – zumindest im Hinblick auf die individuelle Vermögenslage der Firmengründer und phasenweise im Hinblick auf den Aktienkurs. Alles schien einfach und für einige scheint es noch immer so: Der Börsengang wurde zur Geschäftsidee, der Markt zum universellen Hebel für Wohlstand. Dies hat sich inzwischen (vorübergehend?) geändert.

Protagonisten: Charles Darwin und Herbert Spencer

Abschlusskonzert der Smashing Pumpkins am 20. September 2000 in Frankfurt. Die traurige Begründung für die Auflösung dieser faszinierenden Gruppe liefert Billy Corgan[1]: »Wir haben keine Lust mehr, den berechtigten Kampf gegen die Britneys dieser Welt zu führen.« Schon wieder Marktradikalität! Schade! Trotzdem danke für viel gute Musik und zwei schöne Konzerte!

Charles Darwin[2] beschäftigte sich vor rund 200 Jahren mit der Frage, warum es in der Natur zur Weiterentwicklung kommt. Seine Antwort hat sich als »Darwinismus« – inzwischen anerkannt als ein wichtiges Grundprinzip für alle biologischen und soziologischen Systeme – etabliert.

Der Darwinismus argumentiert mit dem Konzept der Populationen, also einer größeren Menge von unabhängigen Einzelwesen, die in wesentlichen Charakteristika ähnlich sind. Derartige Populationen sind Kaninchen ebenso wie Fliederbüsche oder Bäcker, Rosenverkäufer, Automobilunternehmen und Hersteller von Standardsoftware. Die Einheiten in einer Population stehen in einem Wettstreit untereinander, denn es überleben nicht alle Einzelwesen. Im biologischen Darwinismus nach Charles Darwin basiert dieser Wettstreit aber nicht darauf, dass sich die Einzelwesen selber physisch umbringen. So kämpfen Fliederbüsche nicht unmittelbar gegeneinander und auch Kaninchen treten nur selten zum tödlichen Duell an. Selbst Hirsche, die um das Weibchen kämpfen, versuchen sich im Regelfall nicht gegenseitig umzubringen.

Der Wettstreit entsteht vielmehr dadurch, dass im ersten Schritt die Einzelwesen als Gruppe sukzessive eine Variation durchlaufen, also ihre Eigenschaften verändern und dadurch im Vergleich zu anderen Gruppen überlebensfähiger werden. Die Variation entsteht in der Natur häufig zufällig, indem sich Gene beispielsweise durch Weltraumstrahlung marginal verändern beziehungsweise sich bei der Reproduktion in unterschiedlicher Form kombinieren.

Der zweite Schritt im Darwinismus ist die auf die Variation folgende Selektion: Hier entscheidet die Umwelt, wer die jeweils passendsten Merkmale aufweist, und fördert auf diese Weise die Vertreter der Population, die am besten den Anforderungen gerecht werden. In der Natur bedeutet Selektion Auswahl im Sinne von Überleben oder Nicht-Überleben: Diejenigen Gruppen, deren Mitglieder mit den am wenigsten »passenden« Merkmalen ausgestattet sind, fallen dem kollektiv-übergeordneten Mechanismus am ehesten zum Opfer. Gerade an diesem Teil der »Selektion« entzündet sich insofern mit Recht die Diskussion, als er die Frage nach der Legitimität dieses Mechanismus aufwirft. Eine solche normative Betrachtung, die später noch aufzugreifen sein wird, ändert aber nichts an der Existenz dieses darwinistischen Grundprinzips in der Natur: Danach ist »Selektion« der zweite Schritt und forciert Eigenschaften, die insgesamt die beste Anpassung an die Umwelt realisieren.

Den vorläufigen Abschluss dieses Prozesses bildet als dritter Schritt die Retention, also die Bewahrung. Auch hier agieren wieder kollektivistisch angelegte Systeme und sorgen für eine Entwicklung, die dem übergeordneten Ziel »Überleben der Population« entspricht. Retention bedeutet in der Natur, dass sich primär die »Sieger« der Selektion an der Fortpflanzung beteiligen. Auf diese Weise vererben sich die Eigenschaften, die sich im Kampf mit der Umwelt bewährt haben, mit einer höheren Wahrscheinlichkeit und schreiben somit das Ergebnis der Selektion in die Zukunft fort.

Darwinismus ist ein kollektiver Mechanismus
aus permanentem Durchlaufen
von Variation, Selektion und Retention.

Darwinismus lässt sich schön an dem – etwas abgewandelten – Beispiel von Kaninchen zeigen: Zunächst gab es als Population nur die braunen Kaninchen, die im Winter bei Schnee wegen ihrer Auffälligkeit gut von ihren Gegnern gesehen und dementsprechend stark dezimiert wurden. Dann aber hatten als Variation durch zufällige Mutation einige wenige Kaninchen im Winter ein weißes Fell. In der Selektionsphase fangen deshalb die Feinde der Kaninchen im Winter tendenziell weniger Weißfell-Kaninchen. Es folgt die Stabilisierung (Retention), indem sich letztlich – was nahe liegt – nur die Kaninchen fortpflanzen, die überlebt haben, also überproportional viele Weißfell-Kaninchen.

Für den im Rahmen des hier zu entwickelnden Darwiportunismus sind alle drei Aspekte des Darwinismus bedeutsam: die Variation als Veränderung, die Selektion als Installierung eines Systems zur Auswahl der »Fittesten« und die Retention als Verfahren zur Stabilisierung der Gruppe der Sieger.

In ähnlicher Form argumentierte Herbert Spencer, der sich primär mit der gesellschaftlichen Entwicklung auseinander setzte und den Ausdruck »survival of the fittest« prägte[3], ohne daraus allerdings die Legitimation ableiten zu wollen, dass nur »der Starke« überleben dürfe: Das war zwar nicht seine Aussage, wohl aber wurde sie so weiterverbreitet. Darwin und Spencer rückten damit durch teilweise falsche Interpretation in eine bedenkliche Ecke: Das Prinzip »der Stärkere setzt sich gegenüber dem Schwächeren durch« wurde sehr rasch als »Sozialdarwinismus« auf soziale Systeme übertragen und zum Standardvorwurf sozialpolitischer Auseinandersetzungen. In diesen Diskussionen ging es dann regelmäßig um die Frage, inwieweit Systeme jeglicher Art tatsächlich dazu führen dürfen, dass nur bestimmte Menschen, Produkte oder Unternehmen überleben. Gerade wegen dieses negativen Beigeschmacks wurde »Darwinismus« eher zu einem Unwort, das grundsätzlich einen emotional-ethischen Vorwurf beinhaltete. Zur »Ehrenrettung« von Darwin sei allerdings darauf hingewiesen, dass er – anders als Spencer – eine generalisierende Übertragung auf soziale Systeme ablehnte[4]; ferner weist er selbst in der letzten zu seinen Lebzeiten erschienenen Auflage seines Standardbuches darauf hin, dass er immer schon betont habe, dass Veränderung der Arten nicht nur durch natürliche Auslese entsteht.[5] Dies hat aber nicht viel geholfen oder geändert!

Darwinismus klingt negativ,
ist aber ein unvermeidliches Naturphänomen.

Dieser negative Unterton erklärt die geringe Zahl von ökonomischen Arbeiten, die sich explizit mit dem Thema Darwinismus auseinander setzen. Wenn es welche gibt, wie zum Beispiel den Aufsatz von Justin Fox im *Fortune Magazine*[6], so führen sie meist zu zwei Ergebnissen: Zum einen wird die Existenz von Marktmechanismen festgestellt, die Unternehmen mit brutaler Gewalt aus dem Markt verdrängen und eine große Gruppe von Verlierern schaffen. Zum anderen wird gezeigt, dass »Markt« nicht automatisch niedrige Preise bedeutet – wie das Beispiel Microsoft eindrucksvoll belegt. An dieser allgemein begrenzten Literaturlage hat sich bis heute nichts Wesentliches geändert, sieht man von »modernen« Überlegungen zum Sozialdarwinismus[7] und generellen Überlegungen zum »Business Darwinismus«[8] ab.

Trotzdem: Spätestens mit dem Ende der neunziger Jahre wurde Darwinismus implizit zum bestimmenden Thema – auch wenn man das Wort selber nur ungern in den Mund nimmt und lieber andere Ausdrücke verwendet, was aber nichts am darwinistischen Grundmuster ändert: Denn auch wenn zum Beispiel »shareholder value« positiv besetzt ist, bedeutet es doch nichts anderes als »Fokus auf Kapitalmarkt«. Und hinter einer »Prozesskettenoptimierung« steckt letztlich das Eliminieren von weniger erfolgreichen Zellen.

Darwinismus findet an vielen Stellen statt:
Es kämpfen Staaten, Unternehmen, Abteilungen
und letztlich auch Mitarbeiter gegeneinander.

Aus dem Spektrum verschiedener Darwinismus-Derivate[9] soll im Rahmen dieses Buches weniger der »Ultra-Darwinismus« mit seiner Diskussion der Überlegenheit spezifischer Gene im Mittelpunkt stehen als vielmehr die Basisidee der komplexen Evolution, bei der die Selektion einen Teil einer umfassenden Kette von Interaktionen darstellt. Darwinismus ist danach auf der einen Seite ein biologisch-soziologisches Phänomen, das auf Konzeptionen[10] ebenso zutrifft wie auf Organisationen[11] und soziale Populationen[12]. Diese Eigendynamik entwickelt sich losgelöst von gezielten und absichtlichen Handlungen. Auf der anderen Seite lassen sich darwinistische Systeme auch ganz bewusst und planvoll entwickeln: Dies gilt vor allem für den unternehmerischen Bereich.

Spannend bleibt auch die Frage, welche Unternehmen in diesem darwinistischen Wettstreit überleben werden: Manchmal sind es die Ersten, die auf einen Markt vorstoßen, manchmal aber auch schlicht die Firmen, die mit dem höchsten Werbebudget starten. Aber auch wenn sich diese Frage nicht generell beantworten lässt, würde Darwin dennoch eine klare Antwort parat haben: Beides ist möglich – es hängt nur davon ab, wer innerhalb der Population als Erster eine hinreichende Dominanz erreicht.

Überleben:
Geschäft – Kerngeschäft – Kernkompetenz

Eigentlich wollte ich heute Kapitel 2 überarbeiten, entscheide mich dann aber doch für die Ersatzhandlung »Schreibtisch aufräumen«. Dabei fallen mir einige Visitenkarten von Firmen auf, die mich vor einigen Jahren besucht haben. Darunter jede Menge Internet-Portale, Jobbörsen und Akquisitionsideen. Die Firmen gibt es nicht mehr. Verblüffende Gemeinsamkeit war die gleiche Rhetorik: Marktführer, europaweite Kompetenz, begeisterte Kapitalgeber, grenzenlose Expansion und immer wieder: »Wir sind die einzigen«. Die Frage, was sie denn einzigartig macht, konnten die wenigsten beantworten. Interessanterweise war diese betriebswirtschaftlich triviale Frage eher unüblich und damit offenbar eine Überraschung für meine damaligen Gesprächspartner.

Erinnern wir uns: Ende der siebziger Jahre gab es eigentlich nur eine Frage, die Managementseminare, Strategie-Workshops und Business-Luncheons dominierte: »What business are we in?«. Diese Frage nach dem »Geschäft, in dem man sich befindet«, wurde mit bedeutungsschwangerem Blick gestellt und mit ernster, fester Stimme über eine Formel beantwortet, die selten mehr als fünf Worte umfasste. Auch wenn es rückblickend etwas lächerlich klingt, macht es Spaß, sich an eine Zeit zu erinnern, als Beratungsfirmen ihr Geld dafür bekamen, einen Softdrink-Produzenten dazu zu bringen, plötzlich »im Getränkegeschäft« zu sein. Oder eine auf gut betuchte Geschäftsleute spezialisierte Charterfluggesellschaft war plötzlich stolz darauf, »im Transportgewerbe« zu sein. Mit einer derartigen Logik schaffte es sogar vor kurzem noch eine bekannte internationale Beratungsfirma, dass ihr Kunde – eine schweizerische Fluggesellschaft – sich strategisch so aufstellte, dass sie am Ende der Beratung in gar keinem Geschäft mehr war.

Der Daimler-Konzern befasste sich Anfang der achtziger Jahre mit Autos, Flugzeugen, Computern, Registrierkassen und vielen anderen interessanten, aber nicht unbedingt logisch verbundenen Produkten. In welchem Geschäft war Daimler damals? Die nebulöse, aber allseits beklatschte Antwort lautete »integrierter Technologiekonzern«. Man kann es im Nachhinein nicht glauben: Aber über diese Vision war man begeistert und diese Begeisterung bescherte ihrem Schöpfer zumindest kurzfristige Anerkennung, auf jeden Fall aber langfristigen Reichtum. Die Presse jubelte, der Aufsichtsrat sah eine klare Ausrichtung und den Mitarbeitern war es relativ egal.

Ende der achtziger Jahre nahm die Anzahl der Unternehmen, die man für derartige Platitüden begeistern konnte, langsam ab, weil sich die unternehmerische Landschaft graduell änderte: Irgendwie war es nicht mehr nur interessant, wer alles zum Unternehmen gehörte und welche Bezeichnungen man führte. Nicht die schlichte Menge an Mitarbeitern und Einzelunternehmen beeindruckte, sondern das Zauberwort »Wertschöpfungskette«. Auch wenn damals viele Manager die Andersartigkeit nicht verstanden: Hinter der Idee der Wertschöpfungskette steckt ein vollkommen anderes Konzept. Plötzlich ging es darum, quer durch den Konzern oder durch den einzelnen Kleinbetrieb einen »Wert« zu schaffen. Diese »value chain« führte dazu, dass Unternehmen und Berater ihre Produkte und Dienstleistungen nicht länger als ein statisches Geschäftsbereichs-Portfolio mit Bestandsgarantie ansahen. Erfolgreiche Unternehmen sahen vielmehr eine Kette aus ineinander greifenden Einzelabschnitten, die es zu optimieren galt.

Für diese Variation gibt es eine Fülle von Gründen: Sie reichen von der Veränderung der Informationstechnologie und dem Internet als Mechanismus für Markttransparenz bis zu den politischen Verschiebungen in Osteuropa. Auf jeden Fall aber – und nur das interessiert an dieser Stelle – nimmt der Wettbewerb um Positionen in dieser Kette deutlich zu und jeder konzentriert sich auf den Teil, bei dem man mehr oder weniger subjektiv das Gefühl hat, ihn am besten zu beherrschen. Für manche erwies sich aber gerade diese subjektive Definition des Kerngeschäftes – vielleicht sogar noch rasch verknüpft mit der Idee der »überlegenen Kompetenz« – als ein nichts sagendes Spiel mit leeren Worten. Denn plötzlich sahen alle diese Unternehmen ihre vermeintliche Stärke im ganzheitlichen

Eingehen auf Kundenwünsche, in der technischen Innovation oder sogar in beidem.

Genau hier setzt die Selektion an:

Darwinismus als Kampf um
den Status »Kompetenzträger«!

In diesem Wettstreit entscheiden dann nicht mehr nur frei wählbare Aussagen in Firmenbroschüren über »Kompetenz«, sondern erfolgreiche Umsetzung am Markt.

Wenn mittelfristig rund 90 Prozent der neu gegründeten Dotcoms aus dem Markt verschwinden werden und am 27. September 2002 quasi offiziell die Todesanzeige für den Neuen Markt im Handelsblatt erscheint[13], so sind dies schöne Belege für den aus Sicht der Betroffenen teilweise unschönen Darwinismus. Der Markt reagiert aufgrund der hohen Informationsdichte schnell und vor allen Dingen extrem. Schwächen von Firmen werden unmittelbar publik und gerade die Neugründungen können sich kaum einen Fehler erlauben. Sie teilen damit in doppelter Form das Schicksal der Selektion: Zum einen sind in der Natur gerade die Jungen immer einem heftigen Auswahlmechanismus unterworfen. Zum anderen ist die Sterblichkeitsrate von neuen »anderen« Spezies evolutionstheoretisch gesehen zwangsläufig hoch. Für junge Firmen speziell aus dem IT-Segment kommt beides zusammen: Sie sind jung und sie sind anders. Dies erklärt die Sterblichkeitsrate von 90 Prozent, die aber immerhin noch niedriger ausfällt als die nur knapp unter 100 Prozent liegende Quote, die es in der Natur bei der Entwicklung von neuen Spezies gibt.

Gerade Internetfirmen sind besonders interessant, weil sie lange Zeit glaubten, die darwinistischen Gesetze außer Kraft gesetzt zu haben. Doch dann kam der Katzenjammer nach der Emissionsparty, wenn selbst im noch teilweise günstigen Juni 2000 immerhin 38 von 95 Börsengängen des Jahres »unter Wasser« und die Kurse teilweise fast 70 Prozent unter der Erstnotiz lagen.[14] Dies verwundert beim näheren Hinsehen niemanden, wenn man bedenkt, dass zu diesem Zeitpunkt 207 von 280 Online-Firmen einen negativen Cashflow aufwiesen.[15] Von dieser Problematik waren mehr oder weniger alle Branchen betroffen, von Reisebüros (Travel24.com) und Internetauktion (Ricardo.de) bis zu Internetdiensten (Lycos.com) und Internetbuchhandlungen (Buch.de). In jedem Geschäftssegment bleiben maximal drei große Mitspieler übrig, wenn nicht strategische Fehler der Konkurrenten sogar zu einer Dominanz eines einzigen Unternehmens führen. Und genau darauf zielt die Grundidee des Darwinismus: Es überlebt nur derjenige, der in allen relevanten Leistungssegmenten die Konkurrenz übertrifft. Diese Grundregel gilt für so ziemlich alle Geschäftsmodelle im Internet.

So wuchsen vor einigen Jahren Jobbörsen wie Pilze aus dem Boden. Am Anfang zahlten Firmen mehrere Tausend Euro dafür, dass allein eine Anzeige ins Internet gestellt wurde. Jetzt sind die Jobbörsen in der Situation, wo sie froh sind, einige Hundert Euro für eine Mehrfachschaltung von Anzeigen zu bekommen. Jobbörsen verschwinden, fusionieren oder suchen Allianzen mit »richtigen« Firmen. Relativ bald wird es überhaupt keine klassische Jobbörse mehr im Internet geben, weil diese Vermittlungsposition überflüssig wird: Warum sollte ein Bewerber den Dienst einer Jobbörse nutzen wollen, wenn er viel aktueller und viel schneller über einfache Suchalgorithmen interessante Jobangebote unmittelbar von den Homepages der betreffenden Firmen pflücken kann. Auch hier wieder die gleiche Naturgesetzmäßigkeit: Firmen müssen sich radikal ändern, wollen sie überhaupt am Markt bestehen. Kein Mitspieler hat eine Stammplatzgarantie!

Darwinismus gibt es im Hinblick auf einzelne Segmente und hinsichtlich der gesamten Wertschöpfungsketten.

Es geht aber nicht nur um die einzelne Kernkompetenz und das einzelne Segment in der Wertschöpfungskette, sondern um ihre gesamtheitliche Realisierung. Die Wertschöpfungskette von VW beginnt mit der Produktion von Stahl und sonstigen Zulieferteilen. Auch wenn es gar nicht mehr so extrem wichtig war, wem eigentlich welches Segment der Kette juristisch gehörte, VW sah (und sieht) seine Aufgabe darin, die gesamte Wertschöpfungskette zu kontrollieren, da letztlich »VW« als prägendes Element diese Kette dominiert und als Marke auf dem Endprodukt draufsteht.

Den Prozess der sukzessiven Ausweitung innerhalb der Wertschöpfungskette kann man gegenwärtig schön an den verschiedenen Formen der »Personalberatung« erkennen. Nimmt man hier den Prozess von der Stellenausschreibung bis zur Einstellung, so zielen inzwischen eine Fülle von Dienstleistern auf die gesamte Prozesskette. Personalberater vermitteln nicht nur Mitarbeiter, sondern dringen in die Personalentwicklung vor. Jobbörsen, die sich den Zentralzugriff auf die Bewerberprofile sichern, verteilen Kandidaten und übernehmen die Abwicklung der Einstellung. Agenturen, die Stellenanzeigen entwerfen und schalten, hängen gleich noch Personalauswahl und Coaching dran. Zeitungen wollen Jobbörsen errichten und darüber umfassende Personaldienstleistungen anbieten. Event-Agenturen kreieren die Auftritte bei Rekrutierungsmessen und gleich noch die Imagekampagnen. Softwarefirmen wickeln über bei Verbundfirmen »gehostete« Software die Personalarbeit ab und schaffen Job-Marktplätze. Traditionelle Strategieberatungen kümmern sich quasi nebenbei um Beschaffung, Auswahl und Integration geeigneter Mitarbeiter.

Die Natur würfelt (nicht): Was Darwinisten von Microsoft lernen könnten

Wer ist es, der selektiert? Und wer ist es, der selektiert wird? Im wirtschaftlichen Darwinismus entscheidet ausschließlich der Markt als übergeordnetes System mit seiner eigenen Logik. Bei dieser Evolution kann es aber durchaus kurz- und mittelfristig Situationen geben, wo der Markt ausschließlich von einem einzigen Unternehmen beherrscht wird.

Das bekannteste und inhaltlich beste Beispiel dafür ist Microsoft.[16] Dieses Unternehmen konnte gerade wegen der Existenz von Marktmechanismen wachsen, denn es instrumentalisiert für sich wie kein anderes Marktmechanismen. Microsoft schafft dabei kaum wirkliche Innovationen, sondern konzentriert sich auf Ideen, die dabei sind, sich ansatzweise durchzusetzen. Ein schönes Beispiel dafür ist die fensterartige Oberfläche, die es schon viel früher bei Apple sowie beim DOS-Zeichenprogramm GEM gab. Erst später kam »Windows« von Microsoft. Auch Tabellenkalkulationsprogramme wurden nicht von Microsoft entwickelt, sondern von einem Forscher, der ohne entsprechenden Patentschutz nicht einmal »richtig«

Geld damit verdiente – ähnlich wie das entsprechende VisiCalc-Produkt als Vorläufer von Lotus 1-2-3 und schließlich von Excel. Auch ins Internetgeschäft, egal ob E-Mail, Browser oder Netz, stieg Microsoft erst relativ spät ein, immer aber mit unübertreffbarem Kapitaleinsatz.

Bill Gates lässt immer erst einmal den Markt entscheiden, bevor er aktiv wird. Dann allerdings setzt er alles daran, um die durch Werbung zur Microsoft-Idee mutierte Konzeption am Markt durchzubringen. Sukzessive gewann Microsoft – auch wenn man über die Vorgehensweise von Bill Gates streiten kann – auf diese Weise in vielen Feldern Marktanteile und verschaffte sich eine marktbeherrschende Position.

Natürlich entwickelte sich auch die politische Diskussion und natürlich ging es wieder um Marktmechanismen: Nachdem Microsoft im PC-Bereich durch den Einsatz von Marktmechanismen monopolartige Strukturen für Betriebssystem, Bürosoftware und Internet-Kommunikation aufgebaut hatte, wurde Bill Gates mit Recht vorgeworfen, eine marktbestimmende Rolle zu spielen. Damit wiederholt sich allerdings lediglich ein Grundmuster aus der Vergangenheit, wie der Vergleich mit IBM belegt: IBM kämpfte bereits seit den dreißiger Jahren gegen Anti-Trust-Verfahren, musste sich – wie auch jetzt für Microsoft gefordert – teilweise aufspalten und gewann letztlich trotz einiger Niederlagen vor Gericht trotzdem an Bedeutung, weil staatliche Initiativen grundsätzlich zu spät kamen und nie wirklich weitreichend waren.

Trotzdem bleibt zumindest vom theoretischen Standpunkt aus eine klare Aussage: Akzeptiert man, dass Microsoft primär durch Nutzung von Marktmechanismen eine marktbeherrschende Position erlangt hat, so dürfte nach einer konsequenten Umsetzung des Prinzips Darwinismus keine Regierung gegen »den Sieger«, also Microsoft, vorgehen.

Aber selbst wenn sich die Berichte aus dem Gerichtsverfahren fast wie ein Wirtschaftskrimi lesen, wird Bill Gates diese Diskussion mit Leichtigkeit überstehen, selbst stark diskutierbare Ideen wie Zwangsregistrierung von Betriebssystemen mit allen ihren Konsequenzen durchsetzen und relativ bald alle relevanten Firmen zerstört beziehungsweise »in sein System integriert« haben.[17] Trotzdem könnte Microsoft Schwierigkeiten bekommen, aber aus einer anderen Ecke:

Die Gefahr für das Imperium von Bill Gates
liegt weniger im kartellrechtlichen Verfahren
als vielmehr im Naturgesetz, wonach es grundsätzlich
kein permanentes Monopol geben kann.

Auch wenn der Vergleich an dieser Stelle vielleicht etwas hinkt: Im Fußball mag ein begnadeter Spieler unter Umständen eine Stammplatzgarantie haben. Er erscheint unantastbar und ohne Alternative. Irgendwann aber kommt ein jüngerer, dynamischerer, schnellerer oder einfach »besserer« Spieler, worauf der ursprüngliche Star über einen Vereinswechsel oder aber über den Termin seines Abschiedsspieles nachdenken kann. Ähnlich funktionieren auch Volkswirtschaften, wo sich kaum Unternehmen langfristig als Monopolisten etablieren können. Dies wird bald selbst irgendwann für Firmen wie die Deutsche Post, die Deutsche Telekom und – natürlich – für Microsoft gelten.

Aus dieser Überlegung folgen jetzt zwei Szenarien:

Entweder erkennt Bill Gates diese Logik und reagiert. In diesem Fall versucht er, den marktorientierten Darwinismus bei sich selbst im Unternehmensverbund zu forcieren. Hierfür sprechen diverse Überlegungen dazu, »wie Microsoft sich neu erfindet« und »der kompromisslose Weg der Gates-Company in andere Märkte« immer breiter gemacht wird.[18] Auf diese Weise schafft sich Bill Gates seine eigene Evolutionszone, in der die Prozesskette aus Variation, Selektion und Retention abläuft. Diese Zone gilt es aber vor Gegnern abzuschließen: Deshalb gibt es immer mehr schützende Allianzen mit Firmen, die – zum Teil, weil sie auch Monopolbetriebe sind – (noch) nicht »integriert« werden können.

Oder aber es entsteht eine Gegenkraft. Was wäre eine solche Firma, die sich im Markt gegen Microsoft entwickeln könnte? Apple dürfte es nicht (mehr) sein, da dieses Unternehmen angeblich zur eigenen »Rettung« an Microsoft angedockt wurde. Eher wahrscheinlich ist, dass dieser von Fachleuten lange prognostizierte Gegenwind aus dem Umfeld des skandinavischen Forschers Linus Torvalds kommen dürfte, der über offene Benutzerschnittstellen eine Alternative zum abgeschotteten Betriebssystem von Bill Gates schuf. Am Anfang wurde diese Bewegung von den Traditionalisten bespöttelt. Man konnte sich gar nicht vorstellen, dass ein großer Monopolist wie Microsoft durch eine unabhängige Gruppe von »Spinnern« besiegt werden könnte, die noch dazu föderalistisch organisiert waren. Es erschien gerade traditionellen Unternehmensplanern unglaubwürdig, dass durch den Verzicht auf eine zentrale Lenkung eine bessere Software entstehen könnte. Der Markt signalisiert aber jetzt bereits das Gegenteil. Wenn in einigen Segmenten Linux bereits erhebliche Marktanteile gewonnen hat und Bundesinnenminister Otto Schily mit den Argumenten IT-Sicherheit durch Vermeidung von Monokulturen, Verringerung der Abhängigkeit von einzelnen Softwareanbietern und Kosteneinsparungen sogar für die deutsche Bundesverwaltung Linux beschafft[19], so belegt dies die evolutionstheoretische Naturgesetzmäßigkeit, wonach jede Spezies durch eine andere überholbar ist.

Betrieblicher Darwinismus: Profit-Center, Mobbing und andere Entwicklungen

Habe nach langem Suchen ein Zitat wiedergefunden – von dem ich mich weder an den Autor noch an die Aussage erinnern konnte, nur, dass es gut an diese Stelle passen würde. Das Zitat ist vom Gründer der BCG-Unternehmensberatung Bruce Henderson und stammt aus der Harvard Business Review[20]*: »Menschen mögen an der Spitze der Evolution stehen, sind aber Teil des natürlichen Gesamtsystems. Deshalb ist Darwin vermutlich ein besserer Lehrer zum Verstehen des Wettbewerbs, als es die Ökonomen sind.« Die Aussage hat es in sich, vor allem in Verbindung mit ihrem Autor: Wenn Henderson als Vertreter der »formalen Planungsschule« sich in seinem letzten großen Aufsatz zu Darwin, zur Bedeutung evolutorischer Abläufe und zur Analogiebildung mit biologischen Systemen bekennt, ist das bemerkenswert und richtungsweisend.*

Darwinismus findet nicht nur zwischen Unternehmen statt. Er wird zunehmend auch in kleinere Unternehmenseinheiten hineingetragen: Auf diesem Spielfeld treten dann Geschäftsbereiche, Abteilungen und sogar Mitarbeiter gegeneinander an. »Unternehmensinterne Märkte – je mehr, desto besser« lautet die aktuelle Zauberformel der Organisationsberater. An dieser Stelle ist es müßig, über die Sinnhaftigkeit einer derartigen Vorgehensweise zu streiten: Vieles erscheint sicherlich zweckmäßig, anderes dagegen eher diskutierbar. Entscheidend ist vielmehr, dass immer mehr Forscher und Berater auf Marktmechanismen zur Lösung von Problemen setzen.

Für die Lösung von Organisations- und Steuerungsproblemen gibt es grundsätzlich zwei Möglichkeiten: Entweder man agiert über klar bestimmte Aufbau- und Ablaufmuster, oder aber man überlässt alles dem freien Spiel der Marktkräfte. Ersteres bietet sich für klar strukturierte Aufgaben an, Letzteres eher für komplexe Aufgaben oder aber für solche, bei denen aufgrund der Kurzfristigkeit des Problemdrucks keine Vorstrukturierung möglich ist.

»Markt statt Planung« lautet
die aktuelle betriebswirtschaftliche Zauberformel!

Wie alle Zauberformeln wird auch diese natürlich nicht in vollem Umfang bekannt gegeben, sondern bleibt unausgesprochen im Geheimen: So wird kaum ein Unternehmen sich offen dazu bekennen, im innerbetrieblichen Umgang auf darwinistische Systeme zu setzen – wenngleich viele diesen Weg des verstärkten Wettstreits begehen. Eine markante Form des innerbetrieblichen Darwinismus ist der Versuch, Arbeit als Olympiade zu titulieren,[21] im Extremfall sogar als Dauerolympiade zu installieren, wodurch die Wettkampf-Idee in den Vordergrund jeglichen Denkens und Handelns rückt. Ob über Betriebsvergleich oder »Rennlisten für Außendienstmitarbeiter« – in allen diesen Fällen erlauben uns eindeutig erscheinende Zahlen, die Sieger und die Verlierer »objektiv und zweifelsfrei« festzustellen.

In vorderster Reihe dieser darwinistischen Systeme steht das Profit-Center, von dem Peter Drucker sagt, es sei eine seiner schlechtesten Erfindungen, weil es weniger um Leistung, sondern mehr um Wettbewerb geht.[22] Bei betrieblichen Profit-Centern als Extrem-Darwinismus werden pro forma unabhängige Einheiten geschaffen. Diese rechnen nicht nur Leistungen nach außen über Marktpreise ab, sondern arbeiten auch innerbetrieblich mit Verrechnungspreisen, die diesen Marktpreisen nahe kommen. Und will Profit-Center A nicht mehr im Profit-Center B kaufen, weil es zu teuer anbietet, dann ist eben Profit-Center B aus dem Rennen. Die Hoffnung dahinter: Am Markt werde sich schon die beste Lösung durchsetzen.

Deshalb geben sich marktfixierte Unternehmenslenker nicht mehr lange planerischen Übungen hin, um festzustellen, welche der Profit-Center sinnvoll sind, welche gut organisiert und gelenkt sind oder welche überhaupt vernünftige Produkte herstellen und vertreiben. Man behält nur die Profit-Center, die am Markt gut abschneiden, und eliminiert die übrigen. Also: Markt statt Planung!

Diese Verhaltenslogik setzt sich innerhalb der Organisationseinheiten fort, wo weitere Marktplätze entstehen. Also: Wenn es Marktradikalität zwischen Unternehmen und zwischen Unternehmensteilen gibt, muss es sie auch zwischen Mitarbeitern geben. Auch hier wieder entscheiden dann nicht Planungen und Steuerungen, sondern nur die Fähigkeit, sich am Markt durchzusetzen.

Insgesamt geht es nicht darum zu entscheiden, ob der Darwinismus als Suche nach Marktradikalität grundsätzlich gut oder schlecht ist, sondern zunächst nur um die Feststellung, dass Marktlösungen immer mehr zunehmen. Zudem bleibt festzuhalten, dass diese Zunahme weitgehend mit der zunehmenden Komplexität der Aufgabenstellung und des zunehmenden Zeitdrucks begründet ist.

An dieser Stelle ist eine grundsätzliche Überlegung wichtig, denn: Auf den ersten Blick ähnelt alles sehr stark dem biologischen Darwinismus, weil es auf der gleichen Grundlogik aus Variation, Selektion und Retention basiert. Es gibt aber einen gravierenden Unterschied:

Anders als der biologische Darwinismus
basiert der betriebliche Darwinismus zusätzlich
auf dem Prinzip »Kampf Mann gegen Mann«.

Was in der Natur allenfalls bei Wölfen und großer Nahrungsknappheit vorkommt, wird als darwinistisches Grundmuster in manchen Unternehmen zum Normalfall. Die Mitarbeiter kämpfen gegeneinander! In positiver Lesart wird dies »Wettbewerbskultur« genannt und betrifft Verkäufer gegen Verkäufer, Techniker gegen Techniker oder Abteilungsleiter gegen Abteilungsleiter. Oder anders ausgedrückt: Im modernen Unternehmen kämpft letztlich jeder gegen jeden! Im günstigsten Fall läuft alles in Form eines fairen Wettbewerbs, bei dem es nie gegen Personen geht, sondern nur um die »gemeinsame Sache«. Sicherlich ist es nicht ausgeschlossen, dass es solche Fälle gibt. Meist handelt es sich allenfalls um oberflächliche Kosmetik, die den gewollten, aber nicht ausgesprochenen »Krieg« zwischen den Akteuren zudeckt.

Der darwinistische Prozess im Unternehmen: Zunächst setzt das Unternehmen – vornehmlich die Unternehmensleitung – bestimmte Kriterien fest. Danach versuchen sich die Mitarbeiter bewusst oder unbewusst durch Variation an diesen Kriterien auszurichten. So wird als Kriterium »Marktanteil« gesetzt, worauf alle versuchen, diesem Kriterium zu folgen. Wenn dann noch Zusatzspezifikationen wie »nur die besten drei« dazukommen, ist der Verdrängungswettbewerb »Bereich gegen Bereich« oder »Mann gegen Mann« vorprogrammiert.

Es wird aber noch heftiger! Vor allem bei der Selektion gibt es in Unternehmen noch etwas, das in der Natur in dieser Form nur selten vorkommt: Denn es selektiert nicht nur das Unternehmen, es selektieren auch die Mitarbeiter selbst. Eine fatale Facette davon ist das Mobbing. Hier versuchen Mitarbeiter vor allem zwei Gruppen von Kollegen zu eliminieren: zum einen potenzielle Sieger – und damit Konkurrenten –, zum anderen Außenseiter, die zur Schaffung eines Gemeinschaftsgefühls als Verlierer deklariert werden.

Ein solches Mobbing hat nicht nur gefährliche Konsequenzen für die unmittelbar Betroffenen, Mobbing behindert auch die Effizienz von Unternehmen und damit auch die langfristige Zielerreichung. Sicherlich existiert Mobbing auch losgelöst vom Darwinismus. Trotzdem verstärken sich Darwinismus und Mobbing wechselseitig, da es gerade durch Mobbing relativ leicht fällt, Wettbewerber und vermeintliche Störenfriede zu eliminieren. Vertreter einer harten Darwinismusthese argumentieren an dieser Stelle achselzuckend, dass offenbar die Mobbingopfer zu schwach waren, sich gegen die Täter zu wehren, und deshalb zwangsläufig zum Opfer wurden. Die Gefahr bleibt aber bestehen: Intensiver Darwinismus fördert Mobbingtendenzen in Unternehmen.

> Darwinismus bedeutet in der Natur
> Selektion durch Eliminierung,
> in sozialen Systemen zudem soziale Polarisierung:
> wenige ganz Reiche, sehr viele relativ Arme.

Hierzu passt auch die Ritualisierung, mit der Unternehmen mit den Opfern des Darwinismus umgehen:[23] So hat eine amerikanische Studie herausgefunden, dass Personalabbauentscheidungen meist am Ende der Woche fallen und dann eigentlich am Montag verkündet werden sollen, was aber wegen bürokratischer Hindernisse nie so recht klappt. Das Ergebnis: Massenentlassungen – ob bei IBM, McDonald Douglas, United Technologies, Boeing oder AT&T – wurden meist an Dienstagen verkündet. Umgekehrt hat es sich eingespielt, dass Zusagen an neue Mitarbeiter im Regelfall an einem Donnerstag gegeben werden, um mit der »Jobzusage vor dem Wochenende« anderen Unternehmen noch zuvorzukommen.

Beschreibung von Darwinismus pur bei Intershop[24]: In Stellenanzeigen wirbt man mit flachen Hierarchien, in Wirklichkeit muss man allerdings mit fünf Vorgesetzten sprechen, bis ein Problem in die Chefetage vordringt. Und Kündigungen laufen nach dem Motto »Innerhalb einer Stunde packst du deine Sachen zusammen«. Nachdem die Mitarbeiter entlassen waren, gab es ein großes Meeting mit Pizza und alkoholfreiem Bier. Die alten Mitarbeiter waren schnell vergessen und ein Vorstandsmitglied versprach sogar, den Verbleibenden gelegentlich einmal seine Segelyacht auszuleihen.

Bemerkenswert ist hier die technokratische Brutalität, mit der sich manche Unternehmenslenker an die darwinistische Veränderung ihrer Unternehmen machen: Da gibt es dann plakative Vorträge auf Personalkongressen[25] über »brennende Humanressourcen-Plattformen«, die man zu innovativen »Humanarchitekturen« restrukturiert und so die Mitarbeiter zu »Service-Kapitalisten« macht, da sie nur auf diese Weise überleben können. Beeindruckende Schlagworte, aber was steckt dahinter? Auf jeden Fall: Darwinismus! Sicherlich auch: Ignorieren, dass es hier um Menschen geht!

Insgesamt drängt sich die Feststellung auf, dass sich die Logik der innerbetrieblichen Zusammenarbeit immer mehr in Richtung auf darwinistische Marktmechanismen verschiebt, was Schwierigkeiten im zwischenmenschlichen Bereich mit sich bringt. Hier ist es auch nicht damit getan, das hohe Lied der bedingungslosen Vertrauenskultur zu propagieren und auch nicht damit, ein pauschales »Verstärken der Kommunikation« zu verlangen.

> Innerbetrieblicher Darwinismus?
> Nicht unbedingt gutheißen oder begrüßen,
> aber akzeptieren und sinnvoll gestalten.

Was aber genau bedeutet »sinnvoll«? Die Antwort auf diese Frage folgt in den Kapiteln 5 und 6, setzt aber ein Verständnis der Globalität dieses Phänomens ebenso voraus wie eine nähere Betrachtung der Rolle des Einzelnen in diesem Spiel (deshalb bitte nicht gleich zu Kapitel 5 blättern!).

Globaler Darwinismus: Eine wechselseitige Verstärkung

Selbst große und unangreifbar scheinende Firmen wie Coca-Cola spüren die Marktradikalität: Wenn der Vorstandsvorsitzende Doug Daft zum Amtsantritt erst einmal 6 000 Arbeitsplätze abbaut[26], so ist die Botschaft eindeutig und signalisiert Marktdruck in Richtung auf erhöhte Wirtschaftlichkeit. Zudem entspricht sie dem Wettbewerbsdenken von Coca-Cola, denn auch in anderen Bereichen operiert dieses Unternehmen mit darwinistischen Systemen: So wurden im Netzwerk der Abfüller permanent schwächere Abfüller eliminiert oder aber stärkeren Einheiten zugeordnet.

Globalisierung ist eine treibende Kraft
für einen forcierten Darwinismus.

Durch die Globalisierung steigen simultan Handlungsspielraum und Handlungsdruck. Denn: Je größer die Märkte werden, umso mehr steigt ihre Attraktivität und umso mehr Firmen werden sich für sie interessieren. Gleichzeitig aber lassen sich massiv Verbundeffekte nutzen, was wiederum dazu führt, dass letztlich nur mehr ganz große Unternehmen als »Global Player« auftreten können. Auch wenn es ausreichend Beispiele für kleine Unternehmen gibt, die – als »Hidden Champions«[27] bezeichnet – etwas versteckt im Reigen der Großen mitmischen, gibt es gerade wegen des globalen Darwinismus die uneingeschränkte Suche nach Größe als zentraler Verhaltensmaxime für Unternehmenslenker.

Neben der Automobilindustrie ist der Darwinismus besonders stark in der Telekommunikationsbranche ausgeprägt. Selbst unter dem blauen Himmel Kaliforniens herrscht ein gnadenloser Verdrängungswettbewerb – auch wenn bisher jedes Jahr fast 1 000 neue Firmen gegründet und hunderttausende neue Arbeitsplätze entstanden sind. Wachstum bedingt zwangsläufig Wettbewerb und umgekehrt ist zumindest partielle Schrumpfung die (bio-)logische Konsequenz.

Analoges gilt für den Arbeitsmarkt: Nur die Unternehmen überleben, die es schaffen, gute Mitarbeiter nicht nur zu gewinnen, sondern auch langfristig an das Unternehmen zu binden und sie entsprechend zu motivieren. Dies ist aber nur die eine Seite, nämlich der Kampf um die Spitzenkräfte. Ansonsten gibt es Wettbewerb vor allem im Umfang des Personalabbaus. Hier scheint die Logik einfach: Entlassungen führen dazu, dass die Kosten gesenkt werden und die Rentabilität steigt. Die Rechnung geht zwar nicht immer auf, klingt aber überzeugend. Dass hierbei vor allem die Amerikaner ziemlich gnadenlos mit ihren Mitarbeitern umgehen, ist bekannt.

Dieser radikale Darwinismus betrifft aber seit längerem nicht mehr nur Amerika, sondern zur Verwunderung vieler auch Deutschland.

Deutsche Manager als Darwinisten mit globalem Vorbildcharakter!

1997 überraschte die Intensität, mit der man sich dem Darwinismus in Deutschland hingab, die Wochenzeitung *Business Week* derartig, dass sie dieser Entwicklung in Deutschland einen eigenen Artikel widmete. Im Beitrag »Lean, Mean, And ... German?« wird akribisch beschrieben, wie eine neue Generation von Managern in Deutschland eine vollkommen neue Geschäftskultur implementiert, die in ihrem Darwinismus die USA noch weit übertrifft.[28] Und es werden auch die neuen Helden genannt: Ob Ron Sommer, Jürgen Dormann, Ulrich Hartmann oder Jürgen Schrempp – sie alle verwenden als stolze Vorzeigemanager amerikanische Grundmuster. Wenn es Geschäftseinheiten nicht gelingt, ein hoch vorgegebenes Wirtschaftlichkeitsziel zu erreichen oder zumindest unter den ersten drei weltweit zu stehen, lösen sie die Geschäftseinheit auf oder verkaufen sie. Darwinismus pur! Wer nicht zu den Marktgewinnern gehört, der wird von den Unternehmensleitern flott selbst aus dem Verkehr gezogen, noch bevor der Markt zuschlägt. Die Aktionäre der Muttergesellschaft jubeln, die Aktionäre der betroffenen Tochtergesellschaften weniger (zum Beispiel Fokker bei DaimlerChrysler). Nach Fusionen setzt sich der eingeschlagene Weg als innerbetrieblicher Darwinismus fort: Wenn Unternehmen – egal ob Banken, Beratungshäuser oder Automobilfirmen – fusionieren, entstehen doppelt, drei- und vierfach belegte Positionen und Einheiten. Deshalb liegt auch die eigentliche Pointe derartiger Fusionen immer darin, innerhalb des Unternehmens einen internen Verdrängungswettbewerb zu starten und letztlich nur die besten als zukünftige Vorbilder überleben zu lassen. Die Fusion ist dann die Variation, der Verdrängungswettbewerb die Selektion und das Schaffen neuer Vorbilder die Retention. »Singularisieren« nennt sich dieses Spiel und auch hier sind wieder Unternehmensleitung (immer) und Aktienbesitzer (manchmal) die Gewinner, Mitarbeiter aber (ziemlich sicher) die Verlierer.

Vor diesem Hintergrund ist Darwinismus eindeutig eine Folge der Globalisierung, weil es alleine schon durch die Zahl der Mitspieler schwieriger wird, lokale Nischen zu monopolisieren. Zudem wird der Wettbewerb insofern intensiver, als Transparenz und Vergleichbarkeit zunehmen. Globalisierung ist aber nicht nur Ursache für Darwinismus, sondern auch eine Folge davon:

Auch die umgekehrte Richtung gilt:
Darwinismus fördert Globalisierung!

Die Begründung: Wenn der Wettbewerb innerhalb eines nationalen Marktes zunimmt, so besteht eine Antwort der Unternehmen darauf in der regionalen Ausweitung ihrer Geschäftstätigkeit. Und je mehr die Wettbewerbsintensität steigt, umso mehr versuchen sich Unternehmen auszuweiten. Dadurch steigt nicht nur ihr Kundenkreis, sondern auch ihr Stellenwert in der internationalen Wertschöpfungskette. So drängen Fast-Food-Ketten weltweit in immer neue Regionen vor, um dadurch Volumen und Marktmacht zu erhöhen. Die Verhandlungsmacht eines weltweiten McDonald's gegenüber Coca-Cola steigt deshalb ebenso wie das Potenzial zur Rationalisierung und Standardisierung. Also: Darwinismus produziert Globalisierung – und umgekehrt.

Ergebnis: Darwinismus als kollektives Handlungsmuster

Wie man es auch dreht und wendet: Darwinismus ist ein zentrales Verhaltensmuster in unserer Gesellschaft, zu dem man sich nicht gerne bekennt, dem man aber nur schwer entfliehen kann, vielleicht auch gar nicht entfliehen soll.

Darwinismus an allen Fronten, selbst da, wo er scheinbar nicht existiert!

Bei Studenten wird Solidarität ersetzt durch Konkurrenz, bei Sportlern Kontinuität durch Rotation. Im Fernsehen ist es besonders krass – sowohl in der Intensität von Darwinismus als auch im Verleugnen. Selbst Schauspielerinnen und Moderatorinnen sind in einen darwinistischen Wettbewerb im Hinblick auf Spontaneität, Fitness und Schlankheit eingetreten. Jugendsender wie MTV und VIVA kämpfen mit gespielter Fröhlichkeit gnadenlos um Prozentpunkte an Zuschauergunst. Es ist sicherlich kein ganz einfacher Job, den die immer lächelnden und unbekümmert auftretenden Moderatoren erfüllen: Auf der einen Seite gnadenloser Wettbewerb untereinander, darüber hinaus Wettkampf zwischen den Sendern. Auch Sender haben keinen Stammplatz auf der Fernbedienung des Zuschauers. Trotzdem: Mitleid ist nicht gefragt, denn zumindest finanziell kommen hier meistens auch die Verlierer gut weg.

In der Rhetorik betriebswirtschaftlicher Prozessoptimierung gewinnen Worte wie Lean Production, Outsourcing und Downsizing sehr schnell an Bedeutung und verselbstständigen sich. Ihre Ergebnisse, die Hiobsbotschaften aus dem Arbeitsmarkt, gelten als Siegesmeldungen an der Wall Street. Gleichzeitig führen sie zu einer neuen Rhetorik der Vollbeschäftigung: Wie Douglas Coupland schon beschrieben hat, kommen wir in eine Phase von »McJobs«[29], also einfachen Billigjobs, die Scheinselbstständige – als eine Mischform aus Unternehmer und Tagelöhner – übernehmen müssen. Alle sind irgendwie beschäftigt, wenngleich in zehn Jahren nicht einmal jeder zweite eine einigermaßen dauerhafte Vollzeitbeschäftigung haben wird. Real steigt die Arbeitslosigkeit, vor allem wenn die

Informationsgesellschaft die Fiktion der beruflichen Massenbeschäftigung abschafft.

Sich offen zum Darwinismus zu bekennen fällt jedoch offenbar schwer. Der Grund liegt darin, dass die darwinistische Logik nicht der kollektiven Denkstruktur der »sozialen Erwünschtheit« entspricht. Die konsequente Reaktion: Darwinismus wird umettiketiert und in alle möglichen, harmloser klingenden Konzepten versteckt. So gibt es zwar Deregulierung auf allen Märkten, auf Arbeitsmärkten ebenso wie Energiemärkten, gleichzeitig entwickeln sich immer stärkere Regulierungstendenzen, die eindeutig darauf zielen, Marktmechanismen zu verhindern. Bei dieser Widersprüchlichkeit und Komplexität scheint verständlich, wenn Politiker vollkommen überfordert sind und nicht mehr die Zusammenhänge verstehen. Dann passiert es schon einmal, dass ein Arbeitsminister eigentlich Arbeitsplätze schaffen will, dann aber über ein Gesetz gegen Scheinselbstständigkeit massiv Arbeitsplätze abbaut. Oder aber, dass er für 325-Euro-Jobs Sozialbeiträge einfordert, aus denen sich dann aber keine Ansprüche an irgendjemanden ableiten.

Darwinismus darf allerdings nicht mit dem simplen Einsatz von Marktmechanismen gleichgesetzt werden, da er wesentlich weiter geht: So gehören zum Darwinismus nicht nur die reine marktbezogene Auswahl, sondern auch die Variation im Sinne der Veränderung und die Retention im Sinne der Bewahrung von Verhaltensmustern. Für beides gibt es eine Vielzahl von Mechanismen. Viele Beratungsfirmen tragen zur Retention bei, indem sie wie ein Rudel Lemminge meist kollektiv ein Verhalten kopieren, das sie aus irgendeinem Grund einmal als »trendy« eingestuft haben, das sich also aus noch näher zu analysierenden Gründen durchsetzt. Nicht dass diese Gemeinsamkeiten zwangsläufig auf »richtiges« Verhalten hindeuten, sie sind aber ein Trend, ein erkennbares Muster – und dieses gilt es zu bewahren. Politikern auf der anderen Seite geht es nicht primär um Verhinderung von Veränderung, wohl aber um ein Ausschalten von Marktradikalität. Sie sehen den Staat als übergeordnetes, weises Steuerungsgremium, das zum Wohle aller entscheidet, wer wann und wie arbeitet. Doch ist das wirklich eine zukunftsweisende Alternative? Gerade in Osteuropa hat es nach dem Zweiten Weltkrieg unzählige Experimente gegeben, die den Mythos der staatlichen Planungskompetenz eindeutig widerlegen.

Zum Abschluss: Wer wirklich die Bandbreite der Ergebnisse eines radikalen Darwinismus erleben möchte, dem sei der Kauf einer der Stadtzeitungen geraten. Diese werden in vielen europäischen Städten inzwischen von Selbsthilfegruppen der Obdachlosen organisiert und auf der Straße verkauft. So finden sich beispielsweise in der Zeitung *Augustin*, der ersten österreichischen Straßenzeitung, tief beeindruckende Artikel über diese von der Gesellschaft ausgeschlossene Bevölkerungsgruppe, die für viele noch schwer zu verstehen ist und die ganz eigene Probleme aufweist[30]: Wie soll man ohne Geld öffentliche Verkehrsmittel benutzen? Wie ohne Geld an die lebenswichtigen Informationen (Stellenanzeigen) kommen? Abgesehen von diesen und ähnlichen Fragestellungen erscheint eines besonders bemerkenswert: Bereits die Existenz einer derartigen Zeitung signalisiert eine darwinistische »Normalität«, an die man sich offenbar doch bald wird gewöhnen müssen.

3
Opportunismus: Nutze die Chancen

Rückblende. Sonntag, 8.00 Uhr. Wir hatten in das Ferienhaus eine Stereoanlage mitgebracht. Jetzt ist sie weg. Ebenso rund 100 Musik-CDs. Und auch die (sehr teuere) Digitalausrüstung unseres Internet-Fernsehsenders orgaTV. Irgendjemand ist in das Haus eingebrochen. Und das in der ersten Nacht. Ohne sichtbare Einbruchsspuren. Nur, die Geräte sind weg!
Fünf teilweise sehr neue Laptops dagegen wurden nicht gestohlen. Sie warten geduldig auf ihren Einsatz.

Zielstrebigkeit gilt als positiv besetzter Wert: Wer kann schon dafür kritisiert werden, wenn er sich klar und eindeutig in eine bestimmte Richtung bewegt? Deshalb ist es auch nur folgerichtig, wenn Personalberater bei ihrer Bewertung von potenziellen Führungskräften »Zielstrebigkeit« als wichtigen Faktor für ihre Einschätzung verwenden. Ebenfalls positiv sehen sie das Konzept des Intrapreneurs: Mitarbeiter sollen in der Lage sein, unternehmerisch zu denken – und zwar alle Mitarbeiter. Diese Idee des internen Unternehmertums verlangt von den Mitarbeitern, permanent nach interessanten Geschäftsideen zu suchen. Alle diese Konzepte basieren auf der gleichen Grundidee: Der Einzelne soll sich darüber im Klaren sein, wo seine Chancen liegen, und dann diese wahrnehmen.

Dieses Abstellen auf die individuelle Chance (»opportunity«) führt unmittelbar zum Opportunismus als individuelle Werthaltung.

Opportunismus bedeutet:
Suche deine Chancen und nutze sie!

Wie Darwinismus klingt auch »Opportunismus« negativ, denn wer will schon ein Opportunist sein? Trotzdem bildet der Opportunismus eine wichtige Beschreibungskategorie, die sich aber anders als der Darwinismus am Individuum festmachen lässt: Letztlich verhält sich immer der Einzelne opportunistisch – was dazu führen kann, dass Opportunismus teilweise als gesellschaftlicher Wert akzeptiert wird, zumindest in seiner Verkleidung als »Zielstrebigkeit«.

Egal ob die Bindungslosigkeit der (damaligen) Generation Golf[1] mit ihrer Ikea-Romantik, die heutige Generation Ally[2] mit ihrem (gesundheitsschädigenden) Hyper-Egoismus oder dazwischen der (teilweise niedergeschlagene) Aufstand des Individuums[3]: Eigentlich dreht sich alles in dieser ich-bezogenen Wirtschaft (»Egonomics«[4]) um Opportunismus, der aber gar nicht so einfach zu verstehen ist.

Um sich diesem Opportunismus zu nähern und ihn in seinen verschiedenen Facetten zu erkennen, bietet sich als Start ein Ausflug ins Kino an!

Protagonisten: Alicia Silverstone als Miss Clueless und Miss Boo

Auf dem Programm steht der Film »Clueless«. Hier verkörpert in charmanter und hübscher Form die amerikanische Schauspielerin Alicia Silverstone die Rolle der Cher als Prototyp der absoluten Opportunistin. Sie ist das richtige »All-American Girl«, das sein Leben nicht nur mit der Kreditkarte seines Vaters gestaltet, sondern grundsätzlich jede Minute seines Lebens optimiert. Ob optimale Bekleidung laut Computer, aktuelle Trendlokale laut Szenemagazin oder »passende« Freundschaften laut Popularitätsskala – die Welt der Cher mag im Film vielleicht klischeebeladen wirken, entspricht aber dem Grundprinzip der Opportunisten. Sie hat es zum bestgekleideten Mädchen der Beverly Hills High School gebracht und liefert als Miss Clueless wesentlich mehr als lediglich eine triviale Teeny-Komödie:

Miss Clueless repräsentiert das Lebensgefühl und Wertesystem der zeitgemäßen Opportunisten.

Mögen 1995 noch viele ältere Manager über die in diesem Film dargestellten Personen geschmunzelt haben – als ihnen dann aber zum ersten Mal solche Opportunisten im Büro vor dem Schreibtisch standen, wurde aus dieser Gesellschaftskomödie rasch brutale Realität für die Führungskräfte. Denn trotz der bestehenden Heterogenität innerhalb der Opportunisten haben sie klare, gemeinsame Ziele: »Spaß haben«, »erfolgreich sein«, und »zur In-Gruppe gehören« – alles vorgemacht unter anderem von Miss Clueless, und alles Handlungsmaximen, mit denen sich Führungskräfte auseinandersetzen müssen.

Wie groß die Chancen für die Generation der Opportunisten sind, sah man Mitte 2000 am Beispiel des Internetwarenhauses Boo.com, das später allerdings als erste große Pleite des Internetzeitalters in die Geschichte eingehen sollte.[5] Gegründet wurde Boo.com von zwei jungen Schweden, nämlich Katja Leander und Ernst Malmsten, beide knapp dreißig Jahre alt und abgesehen von einem nicht gerade erfolgreichen Internetbuchhandel ohne substanzielle Wirtschaftserfahrungen. Sie konnten aber mit überwältigendem Charisma und einer beeindruckenden Vision aufwarten. Hierfür bekamen sie rasch 130 Millionen Dollar Kapital zum Ausgeben und eine vornehme Adresse in der Londoner Regent Street. Die simple Idee: Ein schickes Internetkaufhaus, in dem teure Luxusartikel von einer virtuellen Verkäuferin (Miss Boo) an den Mann beziehungsweise an die trendbewusste Frau gebracht werden. Die Firma zählte laut *Fortune Magazine* rasch zu den zwölf »coolsten« Firmen des Jahres, obwohl sie zu diesem Zeitpunkt nicht mehr war als eine coole Website.

Leander und Malmsten schwelgten in Glück und Reichtum, die Mitarbeiter in der Fiktion einer Wert schöpfenden Firma. Alles war »hip« und überhaupt fantastisch. Doch dann die schlagartige Ernüchterung: Trotz horrender Investitionen kamen nur marginale Umsätze heraus. Die Kunden bewunderten zwar die Firma, die beiden Firmengründer und vor allem das schicke Design der Website, klagten aber über die Nichtverfügbarkeit der Ware. Hierüber konnten weder die virtuelle Verkäuferin noch Leander und Malmsten hinwegtrösten. Und damit verglühte der Mythos »nachts eine Pizza und tags frisches Geld«. Zudem – so auch die Überschrift in der Zeit[6] – stellte man sich bald die Frage: »Wo sind all die Geldscheine hin?«

Für uns geht es hier weniger um die Frage, warum das Experiment Boo.com scheiterte beziehungsweise scheitern musste. Wichtiger sind vielmehr die Akteure: Zumindest für Leander und Malmsten war es ein riesiges Geschäft und jede Menge Spaß, ein unermesslicher Luxus und unüberblickbare Perspektiven. Katja Leander und Ernst Malmsten hatten eine Chance und sie nutzten sie. Ob sie sie noch besser hätten nutzen können, indem sie ihre Firma tatsächlich in die Gewinnzone geführt hätten, steht auf einem anderen Blatt. Sie dürften sich aber wie viele andere Gründer aus der Internetzeit für ihr Leben saniert haben. Arbeiten werden sie nicht mehr müssen. Wer kann ihnen also einen Vorwurf machen, diese Chance nicht genutzt zu haben?

Im Übrigen haben später andere Investoren ihre Chance bei Boo.com gesucht und gefunden: Das Kaufhaus Boo.com existiert wieder – zumindest zu diesem Zeitpunkt, in dem dieser Abschnitt geschrieben wird.

Opportunismus bedeutet in der gegenwärtigen Zeit nicht nur Streben nach Geld, sondern zunehmend auch Bedürfnis nach Spaß und Unterhaltung.

Dies erklärt, warum der »Entertainment-Faktor« überall in den Vordergrund rückt. So kündigten bereits kurz nach Erscheinen der erfolgreichen Biografie Dieter Bohlens auch Antonio Banderas und Boris Becker ihrerseits entsprechende Enthüllungsbücher an – eine Kombination, die Geld für die Autoren und Promi-Klatsch aus erster Hand für sensationshungrige Leser bringt. Das Gefüttertwerden mit Unterhaltung beginnt bereits in der Schule, wo der Vorwurf der Langeweile (»B-o-o-r-r-ing«[7]) zur zentralen Überlebensfrage wird. Schüler und Studierende werden rund um die Uhr von Reizen im MTV-Stil überhäuft, weshalb es schwer möglich ist, sie mit einer regulären Vorlesung zu begeistern. Lehrer, egal ob im Gymnasium oder in der Hochschule, müssen, wenn sie nicht von vornherein auf das Interesse ihrer Zuhörer verzichten wollen, nicht nur Inhalte, sondern vor allem Entertainment liefern. Die Frage ist an dieser Stelle nicht, ob diese Entwicklung gut oder schlecht ist, sondern wie nachhaltig die Entwicklung existiert und fortschreitet. Ähnlich wie Windows den Computerbildschirm in mehrere kleine Felder aufteilt, ist auch der Studierende in seiner Wahrnehmung strukturiert. Bei einer langweiligen Vorlesung verliert der Dozent und gewinnen das Handy, der MP3-Spieler oder als letzter Ausweg der Gang in die Cafeteria.

An dieser Stelle ein kurzer Nachtrag beziehungsweise eine Frage an Experten in Sachen Fernsehunterhaltung: Wenn Miss Clueless fünfzehn Jahre älter geworden ist, wo finden wir sie wieder? Die eindeutige Antwort: Als egozentrische und exaltierte Anwältin Ally McBeal, erfolgreich »in Sachen Karriere, Lifestyle und Sex«, als Protagonistin der »Generation Ally« und damit als Multitalent in Sachen Opportunismus.

Opportunisten untersuchen (»scannen«) systematisch und stetig ihre Umgebung auf Möglichkeiten zur individuellen Chancenverwertung. Ob in Beruf oder Freizeit, ob im Umgang mit Führungskräften oder in der eigenen Clique: Die Fülle der Möglichkeiten ist groß und will mit Genuss und mit Professionalität genutzt werden. Hierbei sind nicht nur die Chancen selber interessant, sondern zudem ihre nahezu beliebige Kombinierbarkeit.

Genauso wie Alicia Silverstone als Cher gekonnt
Stilrichtungen und Kleidungsstücke kombiniert,
fügen Opportunisten ihr Leben patchworkartig zusammen.

Das Ergebnis ist dann eine individualisierte Zusammenstellung aus Freizeitaktivitäten ebenso wie Berufs- und Weiterbildungstätigkeiten, mit fließenden Grenzen, aber immer ausgerichtet auf den Eigennutz. »Opportunity-driven« nennt man zutreffend diese Lebenseinstellung, die für Cher zur optimierten Party, für andere zum Börsengang oder zum lebenslangen Urlaub aus Sozialkassen führt.

Die Wurzeln: Individuelle Nutzenmaximierung als gesellschaftlicher Wert?

Industriepark Sophia Antipolis. Wir fahren auf sanft geschwungenem Wege durch die noch eher spärlich bewachsenen Hügel, in denen wie Ostereier Industrieansiedlungen von Start-ups versteckt liegen. Eigentlich sind es weniger Start-ups, als vielmehr Dependancen von internationalen Großunternehmen wie SAP und Aventis. Irgendwie glaubt man noch einen Wirtschaftsminister zu sehen, der zur Einweihung ein gut gebügeltes rotes Band zerschneidet – angesichts der extremen Subventionen für diesen Industriepark ist dieses Zerschneiden aber eine verschmerzbare Verschwendung.

Nennen wir ihn Tom: Im neuen Super-Store von Levi's in San Francisco trifft er zufällig einen alten Schulfreund. Dieser sucht händeringend Profis für Linux-Applikationen. Tom kennt sich mit Linux aus, schließlich hat er gerade im Silicon Valley die ersten Prototypen für eine Applikation entworfen. Dieser Job hat ihm wirklich Spaß gemacht. Nächste Woche soll die langweilige Dokumentation beginnen. Da Tom der Einzige ist, der sich mit dieser Applikation auskennt, muss er wohl ran. Wirklich? Noch im Levi's-Store schickt Tom seinem Arbeitgeber eine E-Mail: »Handbuch schreiben? Wie langweilig! Und sorry, komme nicht mehr. Habe neuen Arbeitsplatz. Restgehalt bitte per Scheck schicken.«

Im *Spiegel* findet man unter den Headlines »Jugend '99 – die pragmatische Generation«[8] und »Keiner schenkt dir was«[9] und in *Focus* fast zeitgleich unter »Die Generation @«[10] Beschreibungen dessen, was man in Anlehnung an Douglas Couplands *Generation X*[11] auch als das »Phänomen der Generation Y« bezeichnet. Diese 15- bis 25-Jährigen prägen zur Zeit nicht nur die virtuellen Computer- und realen Konsumentenwelten, sie treten jetzt auch ins Berufsleben ein.

Dort treffen sie auf Unternehmen, die ebenfalls einen bemerkenswerten Wandel durchlaufen.

Vor allem die damalige New Economy lieferte Beispiele für die Form des Opportunismus, der besonders gut im mehrfachen Doppelpaß zwischen Industrie, Politik und Medien gedeihen konnte, immer noch gedeiht und immer noch das Denken prägt.

Stellvertretend und in seinem Ablauf typisch ist hier das IT-Unternehmen Brokat:[12] Geprägt vom McKinsey-Berater Anderer und vom Studienabbrecher Röver entsteht 1994 eine Firma mit bald mehr als 1 000 Mitarbeitern, mit mehr Visionen als Produkten und mehr Expansion als Gewinn. Die Firma wird in den Medien gefeiert und feiert sich selbst auf den Bahamas in den teuersten Hotels. Geld macht sexy und unabhängig von der wirtschaftlichen Substanz derartiger Unternehmen – und der intellektuellen Potenz derartiger Unternehmer – interessant für Politiker: Deshalb überrascht es nicht, wenn man im Jahr 2000 davon träumt, Röver zum Wirtschaftsminister zu machen. Im Jahr darauf ist die Seifenblase zerplatzt und der Aktienkurs von rund 200 Euro auf Null gefallen. Jetzt findet man Röver in seinem Haus in Kalifornien: Allein durch die 26 Millionen Euro aus dem Börsengang hat er ausgesorgt, anders als die vielen Privatanleger, die auch Klein-Opportunisten sein wollten, es aber nur bis zu Großverlierern brachten.

Das traditionelle Menschenbild der Betriebswirtschaftslehre ist der Homo oeconomicus: Er orientiert sich streng rational am Input, den er liefert, und am Output, den er dafür bekommt. Was aber ist mit dem Altruisten, der sich für das Unternehmen aufopfert? Der seine eigenen Wunschvorstellungen hintanstellt? Der also offenbar alles andere ist als ein Opportunist? Hierfür gibt es eine klare Antwort, die bereits Hermann Simon und Edgar Schein vor vielen Jahren gegeben haben: Auch bei dieser Gruppe geht es letztlich um Opportunismus und um eigene Interessen, nur liegen diese hier mehr im sozialen Kontakt (Homo socialis).

Wie man es auch dreht und wendet – und daran ist überhaupt nichts verkehrt: Das zentrale Motiv in diesen Fällen ist immer die eigene Bedürfnisbefriedigung. Und wenn man das Zugehörigkeitsbedürfnis zur »großen Familie« eines Unternehmens genießt, dann wird man auch das etwas besser dotierte Angebot des Konkurrenten ausschlagen und sich für das »familiäre« Unternehmen entscheiden. Wenn man aber – wie Tom – primär auf spannende Projekte aus ist, wird man so lange beim Unternehmen bleiben, wie es spannende Projekte gibt. Fehlen diese und steht das Schreiben einer langweiligen Dokumentation an, wird man das Unternehmen verlassen, unabhängig von den negativen Konsequenzen für das Unternehmen.

Opportunisten sind somit nicht nur auf das schnelle und viele Geld aus:

Das Lebensmotto der Opportunisten lautet:
»Optimierung der individuellen Lebenssphäre«.

Für einige bedeutet dies, »man lebt nicht, um zu arbeiten«, sondern »man arbeitet, um zu leben«. Spätestens hier beginnt der Mythos einiger Personalchefs zu verblassen, die glauben, dass viele Mitarbeiter nichts anderes zu tun haben, als sechzig bis siebzig Stunden pro Woche hinter der Unternehmensvision herzuhecheln. Dass es plötzlich für einige interessant erscheint, zu Hause gar keinen PC mehr zu haben oder ihn allenfalls zum echten Privatvergnügen zu benutzen, ist vielen Unternehmensvertretern schwer zu vermitteln. Der Trend ist aber inzwischen eindeutig: Viele wollen zur Zeit nicht mehr unbedingt nur in einem Start-up arbeiten. Sie sehen ihre Chancen in ganz traditionellen Unternehmen mit traditionellen Arbeitszeiten.

Eine typische Aussage eines unzufriedenen Chefs: Die Mitarbeiter sind selten erreichbar und deshalb kaum einsetzbar für spontane Auftragserledigung. Sie verhalten sich nach dem Motto »Komm ich heute nicht, komm ich eben morgen«. Aufträge vor Ort werden oft nur schlampig erledigt, da die Identifikation mit dem Unternehmen zu wünschen übrig lässt und man einfach nur schnell fertig werden will. Dass man dadurch den Ruf seines Arbeitgebers schädigen und gute Kunden verlieren könnte, spielt dabei keine Rolle.

Opportunismus bezieht sich aber nicht nur auf den Beruf, sondern auf alle Aspekte des Lebens. Und auch wenn es angesichts der schon überheblich klingenden Motivationskonzepte, die viele Wirtschaftszeitungen so unkritisch wiederholen, fast schon als irreal anzusehen ist: Einige der extrem gut ausgebildeten IT-Professionals wollen um 17.00 Uhr die Bürotür hinter sich schließen und bis zum nächsten Tag keinen einzigen Gedanken mehr an ihren Beruf verschwenden.

Alternative Opportunismus-Entwürfe: Das Treffen der Generationen

Es tut sich etwas in Sichtweise und Verhalten der Generationen. Dabei verblüfft es wenig, dass es so etwas wie einen Generationswechsel gibt. Derartige Verschiebungen sind üblich und sicherlich nichts Neues. Trotzdem:

Gerade die Veränderungen der letzten
drei Generationen sind interessant,
weil sie einen wichtigen Erklärungsbeitrag
für das Phänomen »Darwiportunismus« liefern.

Um von vornherein ein Missverständnis auszuräumen: Nachfolgend soll nicht argumentiert werden, dass drei klar abgrenzbare Generationen existieren, deren Unterschiedlichkeit sich unmittelbar aus den Geburtsdaten ableitet – auch wenn es Publikationen gibt, die eine solche extreme Lesart nahe legen. Es soll lediglich auf unterschiedliche Denkrichtungen hingewiesen werden, die sich an diesen drei »Generationen« festmachen lassen, ohne jedoch eine eindeutig und zwingend ausfallende Alterszuordnung vorzunehmen.

Die erste Generation, auf die hier hinzuweisen ist, sind die Babyboomer (wie sie in Amerika genannt werden) beziehungsweise – mit etwas anderem Inhalt – die 68er (wie sie in Deutschland manchmal genannt werden). Diese Gruppe wird geprägt von den bis Anfang der fünfziger Jahre Geborenen. Die Babyboomer hatten zumindest in der Zeit von 1966 bis 1974 Visionen und Ideale. Fundamental gegen den Krieg eingestellt, suchte man friedliches Zusammenleben, Selbstentfaltung, also »Love and Peace«. Trotzdem musste diese Generation wie keine andere mit erheblicher Widersprüchlichkeit leben: Prägende Momente wie das Woodstock-Festival wechselten ab mit Demonstrationen gegen den Vietnamkrieg, eine neue deutsche Ostpolitik verlief gleichzeitig mit dem Terrorismus der Rote Armee Fraktion.

Die Generation der Babyboomer war zwar in vielerlei Hinsicht idealistisch und wollte eine »bessere Welt«, sie agierte aber trotzdem opportunistisch: Gerade angesichts der Fülle von wirtschaftlichen Chancen, die sich durch Wiederaufbau und beginnende Globalisierung auftaten, war und ist dies auch nicht überraschend. Ähnliches gilt für die Politik, wo aus einem Strafverteidiger für Terroristen ein Innenminister und aus einem ehemaligen Kriegsgegner ein Militäreinsätze favorisierender Außenminister wurde. In vielen Fällen hatte gerade diese Generation eine Fülle spezifischer Chancen, die sie auch jeweils für sich selbst zu nutzen verstand.

Persönliche Vision + gesellschaftlicher
Idealismus = Babyboomer

Die zweite Generation, die so genannte Generation X, wird üblicherweise positioniert als die bis 1978 Geborenen. Sie ist vollkommen anders: ohne jegliche Illusion über die Gesellschaft, aber auch ohne eine positive Vision der eigenen Zukunft. Besonders markant hat Douglas Coupland diese Generation beschrieben und ihr den Weg in die mentale Wüste vorhergesagt.[13] Die Xer hatten das Gefühl, dass eigentlich ihre Eltern kreativer und erfolgreicher gewesen sind, als sie es je sein könnten. Deshalb fühlten sie sich überwiegend hilflos und als »verlorene Generation«. Entsprechendes tat sich in der Musik: Plötzlich prägten Punkbands die Szene. Sie waren nicht nur – wie die meiste Jugendmusik – als Rebellion gegen die Generation der Eltern gemeint. Sie drückten vielmehr häufig eine lebensverneinende Grundthematik aus. Die private Perspektivlosigkeit ging einher mit einer vermeintlichen, teilweise aber auch sehr realen beruflichen Chancenlosigkeit. Die Xer hatten nicht mehr das Gefühl und nicht mehr die Erwartung des Aufstieges oder des Aufschwungs. Für sie gab es im Extremfall nur noch eher schlecht bezahlte Arbeit, auch als »McJobs« bezeichnet.

Persönliche Perspektivlosigkeit + gesellschaftliche
Desillusion = Generation X

Der Unterschied zwischen den Generationen betrifft auch die Grenze zwischen Privatleben und Beruf: So nimmt inzwischen der

Babyboomer den Laptop am Abend und am Wochenende mit, damit er auch zu Hause arbeiten kann; die Generation X bringt im Gegenzug ihre persönlichen Probleme mit ins Büro und erwartet, dass das Unternehmen dies versteht und entsprechend hilft.[14]

Und dann bildete sich Ende der neunziger Jahre plötzlich die Generation Y heraus[15], überwiegend bestehend aus Anfang der siebziger Jahre Geborenen, was die Überlappung der Generationen zeigt. Die Vertreter der Generation Y haben zwar ebenfalls keinerlei Idealvorstellungen von Staat und Gesellschaft, wohl aber markante Ideen zur eigenen, ganz individuell-persönlichen Zukunft. Reichtum, Selbstentfaltung und Eigenbestimmung rücken als Werte in den Vordergrund. »Miss Clueless« lässt ebenso grüßen wie Michael Schumacher und die Gruppe der Internet-Millionäre!

Die Generation Y ist ähnlich wie die Generation X konsumverwöhnt, allerdings in ihrem Konsumverhalten wesentlich selektiver und eigeninitiativer. Oder um es anders auszudrücken: Sie investiert bewusst Arbeitszeit, um damit bewusst Konsumzeit zu realisieren. Deshalb ist Geldverdienen keine Schande, sondern abgesehen von der materiellen Funktionalität eine deutliche Bestätigung für den Erfolg des eigenen Handelns. Die Lebensästheten der Generation Y sind damit extrem egoistisch, engagieren sich aber für die Natur und weniger privilegierte Bevölkerungsschichten. Sie sind jedoch eindeutig politikverdrossen.

Persönliche Vision + gesellschaftliche
Desillusion = Generation Y

Nennen wir sie Manuela: Nach einem langen Auswahlverfahren wurde sie zum Graduiertenkolleg einer deutschen Universität zugelassen. Das bedeutet mit einem Stipendium zwei bis drei Jahre promovieren, an einigen Tagen pro Jahr zur Uni fahren und dort mit Kommilitonen und Professoren diskutieren, die hohe Erwartungen in sie stecken. Zwei Jahre später: Noch keine fertige Doktorarbeit, wohl aber das Angebot, mit »einer wesentlich interessanteren Input-Output-Relation« (Manuela) an einer anderen Uni ihre überarbeitete Magisterarbeit zur Promotion einzureichen. Manuela dachte sich überhaupt nichts dabei: Wieso sollte es ihr jemand verübeln, wenn sie diese Chance ergreift (»Manuelaisierung«)? Opportunismus? Ja!

Verwerflich? Hier scheiden sich die Geister. Im Übrigen sei sie durchaus bereit – falls sie das Stipendium weiterhin erhalte – noch für einige Zeit offiziell dem Graduiertenkolleg anzugehören. Natürlich ohne die ursprünglich geplante Dissertation anzufertigen.

Dieses opportunistische Verhalten passt zu den heute überall mit Eifer publizierten Erfolgsstorys. Seien es die Gründer von Yahoo, AOL oder Microsoft, sie gehören zwar nicht zur Generation Y, sind aber deren Vorbild: Immer steht ganz klar der eigene Vorteil im Mittelpunkt. Die eigene Person ist der Anfang der geraden Linie zum Erfolg. Schule, Universität und Unternehmen (außer dem eigenen) stören nur und werden allenfalls als Hilfsmittel instrumentalisiert.

Doch was ist »gut«, was ist »schlecht«? Einerseits werden rücksichtslose Karrieren gefeiert, andererseits wird der nackte Egoismus der Generation Y beklagt. War das Verhalten von Manuela »korrekt« beziehungsweise »fair«? Die Antwort hängt vom Wertesystem ab. Für die Generation Y ist es »volkommen okay«, sich das Leben genauso genüsslich wie eine Pizza zusammenzustellen, für die Generationen, die bürgerlichen Arbeitstugenden anhängen, dagegen nicht.

Was kann die Universität im Fall Manuela tun? Drei Optionen bieten sich an: Sie kann das Stipendium zurückfordern, durch gruppendynamische Motivationskonzepte derartige Vorfälle in Zukunft zu verhindern suchen, oder die Professoren tun es der Generation Y gleich, verhalten sich opportunistisch und ziehen sich aus dem Programm zurück.

Zur Charakterisierung der neuen Generation bietet sich eine Analogie zu den Menschentypen von McGregor[16] an: Generation Y ist eindeutig McGregors Typ Y, also selbstmotiviert und ehrgeizig. Nur verfolgt sie nicht zwingend die Ziele des Unternehmens, sondern ihre eigenen Ideen: Postmaterielle Werte nach Noelle-Neumann[17] haben deshalb für sie ebenso wenig Bedeutung wie puritanische Arbeitstugenden nach Inglehart[18]. Es gilt aber auch nicht das auf die vorige Generation X (vielleicht) zutreffende Attribut der »freizeitorientierten Schonhaltung«[19], wohl aber ein »Neo-Opportunismus«[20] im Spannungsfeld aus Glaube und Zynismus.

Die Generation Y ist das Produkt der Medienrevolution, was auch zur Bezeichnung »Generation @[21]« führte: Hierzu gehört vor allem der massive und speziell erlebnisorientierte Umgang mit der Telekommunikation (von E-Mail über SMS zur Video-UTMS), das gesteigerte Tempo, die permanente Vernetzung und Erreichbarkeit. Ergebnis ist eine Rast- und Ruhelosigkeit, die auf der einen Seite durch die finanzielle Lage der Telekommunikation eingeschränkt, permanent aber wieder durch die unüberschaubare Informationsflut verstärkt wird.

Gerade im Zusammenhang mit der Generation Y kommt daher sehr rasch die Diskussion auf die These des allgemeinen Werteverfalls. Nur: Im Prinzip waren/sind alle Generationen egoistisch auf das Eigenwohl aus, also durchaus zu einem gewissen Maß auch opportunistisch. Gleichzeitig stehen sie aber – auch wenn es erhebliche Streuung gibt – im Wechselspiel zur jeweiligen Situation: Wenn es im aktuellen Umfeld kaum mehr eine Loyalität des Unternehmens gegenüber den Mitarbeitern gibt, ist es nicht verwunderlich, wenn umgekehrt auch die emotionale Bindung der Mitarbeiter an das Unternehmen zurückgeht?

Zu den verschiedenen »Generationen« gibt es eine Fülle von tief gehender Literatur[22], die im Wesentlichen auf die oben gemachten Aussagen hinausläuft. Für unsere Diskussion sind daraus primär drei Befunde wichtig:

Jede Generation hat »ihren« Opportunismus!

In allen Generationen nimmt er
gegenwärtig zu!

»Generation« ist nicht gleich Geburtsdatum!

Ein zusätzliches Problem, das sich aus diesen Beobachtungen ergibt, liegt im gleichzeitigen Auftreten der unterschiedlichen Werthaltungen: Wie im Film »Treffen der Generationen« aus der Serie Star Trek treten diese Generationen zeitgleich auf und sollten sinnvoll miteinander umgehen – ein fast unmögliches Unterfangen, wenn man sich die unterschiedlichen Wertesysteme und die konträren Verhaltensmuster vor Augen hält, trotzdem aber eine unvermeidliche Aufgabenstellung!

Die Ich-GmbH: Vision mit beschränkter Haftung

An meiner Wand hängt zur Warnung eine Skizze für ein Kooperationsprojekt mit einer kleinen Beratungsfirma, das erheblichen Aufwand, aber kein Ergebnis brachte. Ich weiß bis heute nicht, ob die beiden Geschäftsführer (aus viel mehr bestand die Firma nicht) gemeine Betrüger oder einfach nur grenzenlos dumm waren. Sie hatten auf jeden Fall eine gute und eine im Trend liegende Geschäftsidee, aber noch mehr Gier nach Geld und Größe. Ergebnis: Sie sprachen mehr mit Kapitalgebern als mit Kunden. Ob sie persönlich ihr »vieles Geld« bekommen haben, weiß ich nicht, der Markt selber aber hat sie ausselektiert als Firma und vermutlich auch als nicht mehr im Trend liegende Manager.

Ein beliebtes Wortspiel bei der Ich-GmbH steckt in der Tatsache, dass eine GmbH bereits dem Namen nach eine Gesellschaft mit beschränkter Haftung ist. Es gibt also eine relativ niedrige Obergrenze für die Haftung, die der Opportunist trägt. Wie bei Boo.com spielten und spielen viele Unternehmer mit dem Geld anderer Leute, reduzieren damit ihr eigenes Risiko, schaffen es aber dennoch, die Gewinne auf sich zu verlagern.

Die Ich-GmbH ist eine Gesellschaft mit beschränkter Haftung, aber mit unbegrenzten Chancen.

Die Generation der Y-Opportunisten erreichte gerade Mitte des Jahres 2000 ihre absolute Blüte. Hier wurden Spitzengehälter von Führungskräften kolportiert, die jenseits von Gut und Böse lagen. Nimmt man die Gesamtgehälter, zu denen auch Boni und Gewinne aus ausgeübten Aktienoptionen gehören, so erhielten einige der Führungskräfte – vor allem in Amerika – phänomenale Gehälter[23]: Viel zitierte Beispiele sind Steve Case von American Online (rund 1,1 Milliarden Dollar Jahresgehalt) und vor allem Timothy Koogle von Yahoo, der rund 1,7 Milliarden Dollar Jahresgehalt erzielte. Dass hier Zeitungen schnell ausrechneten, dass Letzterer selbst bei neunzig Arbeitsstunden pro Woche einen Stundenlohn von 400 000 Dollar bekommt und damit pro Stunde doppelt so viel wie der Präsident der USA pro Jahr, zeigt die Problematik dieser Entwicklung. Übrigens: Bei einer Regelarbeitszeit von vierzig Stunden pro Woche ergibt sich daraus ein Stundenlohn von rund 1 Million Dollar.

Aber auch in Deutschland müssen Vorstände nicht ins Armenhaus, sondern hatten spätestens im Jahr 2000 zumindest ihr Grundgehalt optimiert:[24] So hat inzwischen gegen rund 6 Millionen Euro bei DaimlerChrysler und 8 Millionen Euro bei der Deutschen Bank der Aufsichtsrat nichts einzuwenden, wobei allerdings der Aufsichtsratschef bei Siemens auch schon auf mehr als 300 000 Euro pro Jahr kommt. Es sind auch Sondervergütungen im zweistelligen Millionen-Zahlenraum möglich. Selbst bei schwäbisch-sparsamen Firmen wie Bosch kam der Vorstand im Jahr 2000 auf rund 2,5 Millionen Euro und konnte damit in drei Jahren seine Bezüge vervierfachen. Angesichts von diesem vom *manager magazin*[25] als »Cash as cash can« betitelten »Ende der Bescheidenheit« ist hier das Wort »Opportunismus« sicherlich nicht falsch gewählt!

Wohlgemerkt geht es bei dieser Argumentation nicht um Klassenhass oder Neidkultur, allenfalls um Angemessenheit. Passen 6 Millionen Euro wirklich zu einer Marktwertvernichtung von 15 Prozent? Ist die Erhöhung der Bezüge der Telekom-Vorstände um fast 90 Prozent auf 17,4 Millionen Euro wirklich »leistungs- und erfolgsorientiert«, wenn der Aktienkurs gleichzeitig rapide gefallen ist?[26] Und wenn es viele Millionen Euro Belohnung für einen guten Aktienkurs gibt, sollte der Firmenchef nicht für einen miserablen Aktienkurs eine »Strafe« zahlen müssen?

Vor allem aber geht es um Leitbildfunktion: Wer will es vor diesem Hintergrund der jungen Generation (oder überhaupt irgendjemandem) verübeln, nur noch dann arbeitsbereit zu sein, wenn zusätzlich zum Spaß auch noch das Gehalt »wirklich« stimmt?

Und genau damit beginnen die Schwierigkeiten im Umgang mit der Generation Y: Im Prinzip bedeutet Opportunismus nichts Schlechtes, sondern lediglich Zielorientierung und Ausnutzen von Chancen. Ausdrücke wie »Generation Ich«, »Ich-GmbH« und »Generation.de« implizieren zwar ein Fokussieren auf das Interesse des

Einzelnen, aber auch Eigeninitiative, Selbstmotivation und Leistungswillen.

Damit gibt es wieder einen deutlichen Unterschied zur Generation X: Diese wurde – wie es Douglas Coupland[27] in seinem Buch *Generation X* so treffend beschreibt – dominierend geprägt vom Gefühl der Orientierungslosigkeit. Selbst als reale und potenzielle Lebensräume immer vielfältiger und faszinierender wurden, fühlte sich die Generation X eher desinteressiert und abgekoppelt.

Anders dagegen die Generation Y! Für sie sind Beziehungen zu Institutionen weniger bedeutsam als Beziehungen zu einzelnen Personen: Hier hören auch Egoismus und Opportunismus auf, was dazu führt, dass Partnerschaften inzwischen wieder bewusster als stabiler Zusammenschluss angelegt werden (was jedoch natürlich auch noch keine höhere Stabilität garantiert).

Waren Babyboomer mit dem Unternehmen verheiratet,
war die Generation X mit sich selbst verheiratet,
so pflegt die Generation Y bewusst
persönliche Partnerschaften.

Y-Opportunisten haben die Fähigkeit, viele Dinge gleichzeitig anzupacken (»Multitasking«), und genießen dieses Aktivitätsmuster. In der Flatterhaftigkeit der Informationsgesellschaft sind sie simultan in eine Vielzahl von unterschiedlichen Aktivitäten involviert und lassen Grenzen zwischen Privat- sowie Berufsleben verschwimmen.

Die »Null-Bock«-Einstellung der Generation X ist durch den
Konkurrenzkampf und die Chancenvielfalt
der Generation Y überwunden.

Beim individuellen Entfaltungsstreben der Generation Y geht es nicht um irgendein Bekämpfen von System- und Klassengrenzen, es geht um Spaß und Leistung. Die Ich-GmbH steht im Vordergrund und Mittel dafür sind das Internet und die gegenwärtige oder zukünftige New Economy. Jeder investiert ausschließlich in sich und ist ausschließlich für sich selbst verantwortlich. Dass dies mit Politikverdrossenheit verbunden ist, mag zwar von manchen als traurig empfunden werden, spielt aber an dieser Stelle keine große Rolle.

Festzuhalten ist jedoch, dass für die Generation Y Ökologie und Menschenrechte eine wichtige Rolle spielen: WWF und Amnesty International, Kriminalität und Arbeitslosigkeit sowie Umgang mit Ausländern sind Themen, mit denen sich gerade die Generation Y auseinander setzt. Anders als in klischeebelasteten Zerrbildern sitzt die Generation Y nicht apathisch und asozial vor Computern, sondern sucht bewusst den realen Bezug zu realen Personen, um sich zu messen und natürlich auch, um sich zu optimieren.

Sicherlich stellt sich dabei für einige Opportunisten die Welt etwas sehr einfach dar: Warum hart arbeiten, wenn man viel leichter durch eine mehr oder weniger geniale Geschäftsidee zu Wohlstand kommt, primär aus Venture Capital und ohne eigenen Input? Im Zweifelsfall werden bestehende Geschäftsideen irgendwie kopiert. Wenn Studenten, statt sich solide mit Geschäftsplänen auseinander zu setzen, einfach »mal so schnell« nach dem Vorbild von MP3.com einen Internetversand von Musiktiteln schaffen wollen und dafür ihr Studium aufgeben, so zeigt sich spätestens jetzt, dass die Lebenssicht der Y-Opportunisten durchaus ihre Schattenseiten hat.

Die Goldgräberzeit im Internet ist zunächst – aber vielleicht nicht auf Dauer – vorbei, ebenso die Epoche, in denen im Silicon Valley jeden Tag zwei neue Millionäre entstanden. Trotzdem: Wenn man allein die ausgeübten Stock Options und die bereits kapitalisierten Gewinne einrechnet, bleibt die Grundbotschaft erhalten, wonach es einige Firmen gibt, in denen die gesamte Führungsebene in den Kreis der Millionäre aufgestiegen ist. Im Prinzip heißt das Spiel »Suche die Chance und nutze sie sehr sehr rasch«. Und Chancen gibt es, so weit man blicken kann: Ob die Million im Quiz, ob die Unsummen für das Überleben in einem (Big-Brother-)Metallcontainer, ob die Millionen, die der FC Barcelona als Ablösesumme für einen vierzehnjährigen Fußballspieler zahlt[28] – für die Y-Opportunisten sind Chancen da und werden genutzt. Makaber aber wird es, wenn der teuer eingekaufte Spieler plötzlich und vielleicht auf Dauer auf der Ersatzbank sitzt.

Sind wir nicht alle Opportunisten?

Der New-Economy-Leitsatz »Warum soll ich schuften, ich gehe lieber an die Börse!« drückte ein Lebensziel aus, das im Wesentlichen dem persönlichen Nutzen verpflichtet ist und die Handlungen an einem ökonomischen Maßstab misst. Und ansonsten gibt es die kleinere Variante davon: Wer nur eine Grundahnung von Informationstechnologie hat, Wörter wie SAP überzeugend aussprechen kann und als Berater ohne moralischen Zweifel seinen »Klienten« riesige, aber teilweise unnötige Projekte verkauft, für den ist auch heute noch die Zukunft gesichert.

Natürlich ist es krass: Auf der einen Seite Thomas Haffa von EM.TV mit seiner Segelyacht »Avanta«, auf der anderen Seite protestierende Kleinaktionäre, die diesen Reichtum mit ihren Ersparnissen finanziert haben. Gleiches gilt für Stefan Röver von Brokat und Bernd Kolb von ID Media. Die weitere Forschung mag herausfinden, wie lang oder groß das Zeitfenster war beziehungsweise ist, in dem man in der New Economy zu raschem und umfassendem Vermögen kommen konnte. Unbestreitbare Tatsache aber ist, dass es gerade im Jahr 2000 eine Vielzahl von Personen gab, die – wie *Focus*[29] es bezeichnete – der »jungen deutschen Gründerelite« angehören und die mit unheimlicher Geschwindigkeit in Milliardenvermögen gerutscht sind. Analoges gilt für manche lokale »Gründerpersönlichkeiten«, die skrupellos auf dem Rücken von anderen einen Zufallstreffer gesucht und gefunden haben, mit denen sich aber trotzdem die Politik so gerne schmückt und oft zweifelhafte Symbiosen eingeht.

Auch bei den »normalen« Mitarbeitern bewegt sich einiges in Richtung auf verstärkten Opportunismus: In diesem Zusammenhang kann man gar nicht oft genug auf die Ambivalenz des Begriffes »interner Unternehmer« hinweisen, der sich in vielfacher Form in den Anforderungskatalogen wiederfindet, mit denen Firmen ihre Wunschkandidaten beschreiben. Denn unabhängig davon, ob das Top-Management tatsächlich zum Gewähren von damit verbundenen Freiräumen bereit ist, führt dies zu einem bewussten Denken in Chancen und letztlich dazu, dass der Mitarbeiter ausschließlich als Unternehmer in eigener Sache auftritt – mit allen Konsequenzen im Hinblick auf Loyalitätsgefühl und Kontinuität betrieblicher Prozesse. Selbst so etwas »Neutrales« wie das Wissensmanagement ist zu hinterfragen, wenn es auf dem Wettstreit von Opportunisten basiert.

Der Erfolg aller Opportunisten basiert allerdings nur selten auf genialen Geschäftsideen, sondern meist nur auf dem sehr raschen und skrupellosen Ausnutzen von Chancen – wobei es für die Sieger gleichgültig bleibt, ob am Schluss die Steuerzahler oder frustrierte Kleinaktionäre die Parties der erfolgreichen Unternehmer finanzieren.[30]

Globaler Opportunismus: Grenzenlose Chancen in einer grenzenlosen Welt

Formel-1-Rennen – und wieder hat Michael Schumacher gewonnen. Fast schon langweilig: Er gewinnt immer! Er nutzt die Globalisierung, denn selbst die Italiener mit ihrem Nationalstolz freuen sich, wenn »ein Deutscher« (mit Ferrari natürlich) Weltmeister wird. Und er nutzt die Globalisierung im Hinblick auf seine Steuern. Dass er kaum Steuern zahlt, stört niemanden – im Gegenteil: Politiker sonnen sich in seinem Ruhm und erklären sich zum »Schumi-Fan«. Auf meinem hohen Zeitschriftenstapel liegt die BUNTE und dort findet sich eine Gegenmeinung[31]: «Schumi ist einer der prominenten Steuerflüchtlinge. Er ging bei uns zur Schule, hat die vom Steuerzahler finanzierten Einrichtungen Deutschlands gern genutzt, zu denen auch die Straßen gehören. Aber als der finanzielle Erfolg da war, setzte er sich in eine Steueroase ab. Viele Reiche werden zu vaterlandslosen Gesellen, die sich durch Wohnsitzverlagerung oder Firmengründung der nationalen Besteuerung entziehen. Das rechtschaffene Volk zu Hause finanziert unseren Staat. Würden sich alle so verhalten wie Schumi und seinesgleichen, unsere Republik hörte auf zu existieren.« Diese Aussage stammt von Oskar Lafontaine – aber interessiert sie irgendjemanden? Wohl nicht, denn: Wer Erfolg hat, der bestimmt in der globalen Wirtschaft die Regeln.

Den Opportunisten steht zur Zeit die Welt offen. Hier gilt der Microsoft-Slogan »Where do you want to go today?« wirklich in seiner vollen Tragweite.

Ob New oder Old Economy, ob München oder Berlin,
ob Deutschland oder Amerika,
die Chancen der Globalisierung sind unendlich.

IT-Fachkräfte aus Bangalore oder IT-Fachkräfte aus München – sie alle optimieren ihre Lebens- und Arbeitsbedingungen. Man sucht sich das Umfeld, das einem gefällt, und man vermeidet Unangenehmes. Wenn in Frankreich Stechuhren und eine 39-Stunden-Woche für Manager eingeführt werden, rutscht Frankreich in der Prioritätenliste mancher international ausgerichteter Fachkräfte nach unten, wenn dies die individuelle Leistungsentfaltung blockiert. Umgekehrt macht dies aber Frankreich für andere sogar attraktiver.

Egal aus welcher Sicht man die Globalisierungsdebatte und die Diskussion um die Green Card führen möchte, in jedem Fall tut man gut daran, sich auf die Globalisierungsopportunisten einzustellen. Und wenn diese eben zum Beispiel aus familiären Gründen nicht von Hamburg nach San Francisco umziehen wollen, so drückt dies ebenfalls eine spezielle Ausprägung von Globalisierungsopportunismus aus.

Ganz besonders ausgeprägt ist der Opportunismus bei der Gruppe der Nachwuchsführungskräfte, die oft mit dem Etikett »High Potential« umschrieben wird. Sie sind die Spezies Mensch, derentwillen Unternehmen den »Krieg um Talente« führen. Man hält es kaum für möglich: Hier gibt es junge Leute, die bereits mit 23 Jahren schick im dunkelblauen Anzug mit Weste und professionell gebundener Krawatte auftreten. Sie haben im Regelfall sieben bis acht Semester Studium hinter sich, die Ferien zielorientiert mit Praktika bei den »richtigen Firmen« verbracht, zielorientiert, ohne jede Kehrtwendung und ohne jeden Umweg studiert und haben es doch – oh Wunder – fertig gebracht, eine »interessante Persönlichkeit« zu werden (oder zumindest als eine solche zu erscheinen). Vor allem Unternehmensberatungen reißen sich um diesen Typ Mensch.[32] Für sie werden »Recruitment-Events« in Buenos Aires, in Cannes, in Hongkong, in Stockholm oder in New York organisiert: vornehme Hotels, vornehmes Essen und vornehme Gesprächspartner, die Gelegenheit zur Selbstpräsentation geben. Wenn das Unternehmen Agilent 500000 Euro für eine Werbereise von Bewerbern nach Palo Alto und Roland Berger 20000 Euro »Signing Bonus« für Unterschriften unter die Arbeitsverträge zahlen[33], spätestens dann erkennen die Kandidaten ihre Chance, selbst wenn kurz danach die »freiwillige« Kündigung mit erneutem Bonus folgt – den man dann eigentlich als »Resigning Bonus« bezeichnen müsste.

Die Lebensläufe dieser High Potentials beinhalten alle eine ganz spezifische »Story«, die den Sprung an die Unternehmensspitze als folgerichtige Konsequenz suggeriert. Wenn bekannte Unternehmensberatungs- und Medienfirmen einen derartigen Aufwand betreiben, nur um sich in einem derartigen Umfeld interessierten Studierenden zu präsentieren, ist es kein Wunder, wenn sich die High Potentials wie das schöne blonde Mädchen fühlen, das in der Tanzstunde umschwärmt und mit Anträgen überhäuft wird. Opportunismus bedeutet das Ausnutzen von Chancen – und Chancen bieten sich für diese Jugendlichen unabhängig von der Konjunkturlage mehr als genug.

Dass diese Chancen nicht nur in der Wirtschaft, sondern auch in der Forschung anzutreffen sind, zeigt der Fall des 32-jährigen Physikers Jan Hendrik Schön: Er hat mit sechzehn Fälschungsfällen nicht nur für einen der größten Fälschungsskandale der Wissenschaft gesorgt, sondern sich auch eine rasante Bilderbuchkarriere verschafft, die ihn von der Universität Konstanz zu den Bell Laboratorien von Lucent Technologies in Murray Hill führte und erst vor den Toren des Stuttgarter Max-Planck-Instituts für Festkörperforschung endete.[34] Das Frappierende war, dass nicht nur der vermeintlich geniale Forscher selbst von seinem Fehlverhalten profitierte: Gerade seine Mentoren auf der Suche nach internationalem Renommee und die im globalen Wettbewerb befindlichen Forschungsinstitute schafften erst den Rahmen, in dem der symbiotische Opportunismus gedeihen konnte.

Aber Vorsicht:

Die Denkhaltung der globalen Y-Opportunisten
ist nicht auf die »nach 1978 Geborenen« beschränkt!

Als Beleg für radikalen Opportunismus auch in älteren Generationen bietet sich dazu der Übernahmekampf zwischen Vodafone und Mannesmann an, vor allem ein historischer Rückblick zum Frühjahr 2000. Hier gab es die schönen ganzseitigen Anzeigen »Achtung! Zusammen mit Vodafone würde es mit dem Wachstum bergab gehen«. Zudem erschien im März – drucktechnisch etwas verspätet – in der *Zeitschrift für betriebswirtschaftliche Forschung*[35] ein Aufsatz von Klaus Esser. Als damaliger Vorstandsvorsitzender der Mannesmann AG beschrieb er dort die »Wertorientierte Unternehmensführung bei Mannesmann« und betonte das Ziel der Unternehmenswertsteigerung. Was aber wurde wirklich durch Klaus Esser gesteigert? Mannesmann verliert die Unabhängigkeit und wird von Vodafone übernommen; genau das war aber für Klaus Esser die persönliche Wertsteigerung, die ihm 30 Millionen Euro[36] einbrachte: Also wieder Opportunismus pur – wogegen im Aufsichtsrat weder Klaus Zwickel als Gewerkschaftsvertreter noch der Deutsche-Bank-Vorstand Josef Ackermann votierten[37]. Vor diesem Hintergrund wirkt das Photo im *Fortune Magazin,* wo Klaus Esser – wie ein kleiner Schuljunge – traurig neben dem Sieger Chris Gent steht[38], etwas befremdend, bedenkt man die Summe, die er soeben durch seine »Niederlage« im Übernahmekampf verdient hat und die seinen Wert als Manager sowie Vortragsredner offenbar nicht schmälert.

Loyalität: Ein Traum, den man nicht hinterfragen darf?

Unternehmen sind zu einem gewissen Grad auf die Loyalität von Arbeitnehmern angewiesen. Untersuchungen belegen allerdings eindeutig die äußerst niedrige Loyalität von Mitarbeitern gegenüber dem Unternehmen.[39] Dies ist insofern allerdings plausibel, als Opportunisten überhaupt keine Notwendigkeit dazu und keinen Vorteil darin sehen, einem Unternehmen gegenüber loyal zu sein.

Die Welt belohnt vieles, Unternehmen die Loyalität
eines Mitarbeiters aber bestenfalls
nach zwanzig Jahren mit einem vergoldeten Kugelschreiber
oder einem vorgezogenen Ruhestand.

Interessant ist es schon, wenn Unternehmen, ohne offenbar die Bedeutung des Wortes zu kennen, mit Phrasen wie »join the Y-Generation« werben. Oder wollen sie vielleicht freiwillig Söldnertruppen, denen es egal ist, wo und wie sie arbeiten, solange die Kasse stimmt? Ein Unternehmen, das sich auf die Opportunisten der Generation Y ausrichtet, ist weit reichenden Gefahren ausgesetzt, die letztlich gerade aus dem Opportunismus der Mitarbeiter herrühren: Denn bei der ersten kleinen, aber als bedeutsam eingestuften Krise werden die Y-Opportunisten schlagartig ihre Chance in der rechtzeitigen Flucht suchen. Dann sind alle scheinbaren Loyalitätsbekundungen nur mehr Makulatur und die zentralen Erfolgspotenziale des Unternehmens kollabieren.

Y-Opportunisten befinden sich in einer traumhaften Machtposition. Je nach Konjunktur werden auf dem Arbeitsmarkt immer wieder händeringend Leute gesucht, die zumindest ansatzweise Kenntnisse in Informatik – oder noch besser – in Informatik und Betriebswirtschaftslehre haben. Wenn Unternehmen diese Arbeitskräfte dringend brauchen, sind sie in der wesentlich schwächeren Machtposition. Mitarbeiter haben oder nicht haben – das ist dann für viele Firmen die Überlebensfrage.

Opportunisten schaffen es durch zähes Verhandeln, alte Regeln in Unternehmen aufzubrechen und selbst senioritätsbasierte Entlohnungssysteme aufzulösen. Dass es hier für die opportunistischen Mitarbeiter kontraproduktiv ist, in Loyalität zu einem Unternehmen brav am Arbeitsplatz zu verbleiben, liegt auf der Hand: Nur durch ein permanentes Ausloten der Chancen auf dem externen Arbeitsmarkt kann ein Opportunist seinen Marktwert bestimmen. Gerade bei den Gehaltsverhandlungen entwickeln sich Opportunisten inzwischen zu wahren Meistern der Verstellung und des Taktierens: Sie sehen – ohne Böses damit zu verbinden – in Entlohnungssystemen das entscheidende Anreizsystem und in Geld ein wichtiges Statussymbol. Wenn sie dann ihre Verbleibensfrage zu einer Existenzfrage im Unternehmen hoch stilisieren können, sind ihrer Einkommensentwicklung keine Grenzen mehr gesetzt.

Hier kann man durchaus auch den Hochschulbereich als Untersuchungsfeld nehmen: Wer brav seinen Job macht, seriös lehrt und solide forscht, hat heute keine Chance im Kampf um Ressourcen. Er verliert, resigniert und wird zuletzt als unmotiviert beschimpft. Gefragt sind heimliche Netzwerke und bewusstes Jonglieren mit modischen Konzepten. Will man sich finanziell optimieren, helfen statt ernsthafter Arbeit mehr die Allianz mit der grauen Eminenz im Hintergrund, statt empirischer Grundlagenforschung braucht man plakative Pragmatik. Die viel zitierte leistungsorientierte Entlohnung im Hochschulsystem wird alles noch extremer machen, da hier nur mehr die überleben, die sich besonders gut mit dem »System« und ihren (un-)heimlichen Fürsten arrangieren können. Wer heute frech bei Berufungsverhandlungen Unsummen verlangt und diese aufgrund seiner persönlichen Netzwerke auch bekommt, der wird auch alle Evaluationen und Leistungsbeurteilungen zu seinem Nutzen instrumentalisieren können; wer dagegen auf Fairness und das Einhalten mündlicher Zusagen setzt, gilt als der Dumme, der nicht clever genug seine Chancen wahrnimmt.

Besonders spannend wird es, wenn das System nur mehr aus Y-Opportunisten determiniert wird!

Loyale Mitarbeiter, die ordentlich ihre Arbeit machen, sind die Verlierer in diesem System. Sie haben keine andere Chance, als selber Opportunisten zu werden, also ihre Firmenloyalität aufzugeben und in scheinheilig verlogene Verhandlungen mit dem Arbeitgeber einzusteigen, der offenbar eher auf illoyalere, aber verhandlungstüchtigere Mitarbeiter setzt.

So gesehen zerstören weniger die Opportunisten Unternehmensfrieden und Produktivität als vielmehr Arbeitgeber, die auf einige wenige Opportunisten extrem weit eingehen und auf diese Weise den »normalen, loyalen Mitarbeiter« in eine Situation bringen, die er nur durch massiven Opportunismus bewältigen kann.

Ergebnis: Opportunismus als individuelles Handlungsmuster

Ähnlich wie der Darwinismus basiert auch der Opportunismus auf einer klaren Logik, nämlich in diesem Fall auf der Umsetzung von Ziel-Mittel-Relationen, die zur Optimierung des eigenen Nutzenkalküls instrumentalisiert werden. Deshalb fokussiert die Auseinandersetzung mit dem Opportunismus – anders als die kollektive Systemlogik im Darwinismus – auf das jeweilige Individuum, ist also ein individuelles Handlungsmuster.

Die besondere Herausforderung im Umgang mit dem Opportunismus entsteht dabei dadurch, dass es bei den Akteuren keine einheitliche Präferenzstruktur gibt, sondern eine »Und-Verknüpfung« unterschiedlichster Ziele: Die Arbeit soll Spaß machen, ein hohes Einkommen liefern, sinnvolle Arbeitsinhalte bereitstellen und zugleich ein Mindestmaß an Karriere mit sich bringen. »Spaß« bedeutet in diesem Zusammenhang mehr als lediglich »Fun« und drückt vielmehr ein umfassendes Lebensgefühl aus, das Motivationssphären wie Lust und Freude ebenso beinhaltet wie Motivation und Sinngebung. »Karriere« bedeutet sukzessive Weiterentwicklung, umfasst allerdings im Regelfall eine eher kurze Planungsperiode, da angesichts der vielfältigen Unwägsamkeiten (von AIDS über BSE bis hin zur Concorde-Katastrophe und dem 11. September in New York) die Idee einer jahrzehntelangen Lebensplanung als Fiktion entlarvt ist.

In den Vordergrund rückt der gegenwärtige Moment.
Die Chance, die sich heute auftut,
will heute genutzt und heute genossen werden!

Manchen fällt es leicht, ihren Opportunismus auszuleben, speziell, wenn sich Opportunisten gegenseitig nach oben schaukeln: Damit sind nicht nur die Unternehmensberater gemeint, sondern auch die geschickten Motivationstrainer, die große Hallen füllen und zusätzlich angeblich[40] »von prominenten Zeitgenossen« bis zu vier Millionen Dollar pro Jahr für Coaching verdienen – und diese Summen vielleicht sogar zu Recht bekommen: Denn wenn erfolgreiche Opportunisten durch ein solches »Training« noch erfolgreicher werden, sind diese Summen vielleicht sogar zu vertreten.

Es gibt aber auch Menschen, bei denen sich der Opportunismus in ganz anderen Sphären abspielt, denn Opportunisten optimieren sich teilweise auch zulasten anderer. Das Ergebnis ist die Gruppe der »working poor«, für die eine ansprechende und Erfolg versprechende Arbeit nicht mehr in Sicht ist. Für sie findet – falls überhaupt – Opportunismus allenfalls auf dem Niveau des Existenzminimums statt.

Spätestens an dieser Stelle tritt die logische Verbindung zwischen Darwinismus und Opportunismus hervor, die es im nächsten Kapitel zu vertiefen gilt!

4
Darwiportunismus als gesellschaftliches Phänomen

Im Juni 2001: Der Lufthansa-Vorstand Jürgen Weber weist in seiner Eröffnungsrede auf dem Kongress der Deutschen Gesellschaft für Personalführung explizit auf den Darwiportunismus hin[1]. Es geht nicht mehr um das »ob«. Vielmehr rückt die Frage in den Mittelpunkt, wie man langfristig damit umzugehen hat. Viele Leute haben jetzt zum ersten Mal das Wort Darwiportunismus gehört. Danke, Lufthansa!

In der Fernsehserie »Einmal Liebe, kein zurück« (Originaltitel: »Bless this House«) gibt es in der zweiten Folge »Frauen haben's schwer« (»A Woman's Work is never Done«) eine besonders gelungene Szene: Dort beschließt die Protagonistin Alice, dass zwölf Jahre bei einem einzigen Arbeitgeber genug sind und diese Länge eines Arbeitsverhältnisses geradezu nach dessen Auflösung schreit. Deshalb bewirbt sie sich woanders um die Stelle als Empfangsdame. Als ihr gegenwärtiger Arbeitgeber dies erfährt, kündigt er das Arbeitsverhältnis! Die Begründung: Sein Unternehmen könne keine Mitarbeiter tolerieren, die mit einem Stellenwechsel liebäugeln, also illoyal sind. Daraufhin die entsetzte Reaktion bei ihr: »Wie können Sie so undankbar sein, mich nach zwölf Jahren einfach rauszuschmeißen?«

Sicherlich entspricht dieser Fall nicht unbedingt der deutschen und auch nicht ganz der amerikanischen Rechtslage, illustriert aber, was man unter »Darwiportunismus« versteht: nämlich die wechselseitige Beeinflussung zwischen der individuellen Suche nach Chancen (»Opportunismus«) und dem kollektiven Mechanismus des Aussortierens von dem, was nicht zur Wettbewerbsfähigkeit des Systems beiträgt (»Darwinismus«).

Darwinismus + Opportunismus
= Darwiportunismus

Gleichzeitig offenbart die Fernsehepisode das emotionale Ungleichgewicht im Umgang mit diesem Phänomen: Wenn die Mitarbeiterin sich nach einer besseren Stelle umsieht, so scheint dies ihr gutes Recht zu sein und ist im Regelfall eher positiv zu bewerten, belegt es doch ihre Karriere- und Leistungsorientierung. Wenn das Unternehmen aber versucht, die Stellen- und Personalstruktur durch Freisetzung zu optimieren, scheiden sich daran sehr rasch die Geister.

Interessant ist deshalb am Darwiportunismus nicht nur das Phänomen an sich, sondern vor allem die Art und Weise, in der man sich mit den zugrunde liegenden Verhaltensmustern auseinander setzt: Zunächst entstand das Konstrukt Darwiportunismus Ende 1999 als eine Extrapolation von Tendenzen, die sich im Rahmen von Forschungen zur Situation von Mitarbeitern in zunehmend virtualisierenden Unternehmen langsam abzeichneten, aber noch nicht eindeutig sichtbar waren. Gleichzeitig gab es eine Reihe von Marktsegmenten, die sich durch eine fast schon grenzenlose Wachstumseuphorie auszeichneten – was teilweise bis Anfang 2001 noch zu beobachten war.

Die Diskussionen waren allerdings mit zwei Einschränkungen versehen:

Zum einen sah man immer nur »Feuer auf den anderen Dächern«. Vertreter von Großunternehmen sahen Darwiportunismus wegen der erhöhten Dynamik eher im Mittelstand, kleine Unternehmen wegen des Fehlens des charismatisch-integrierenden »Eigentümers« eher bei Großunternehmen. Bei Diskussionen in der IT-Szene sah man Darwiportunismus eher im Handel, die Druckindustrie wiederum konnte derartige Tendenzen überwiegend in der IT-Szene erkennen.

Zum anderen – und an dieser Stelle wurde es gefährlich – machte sich ein Denken breit, wonach man über relativ einfache Funktionalitäten ein gutes Betriebsklima, hohe Loyalität und hohe Produktivitäten schaffen, also Darwiportunismus vollkommen vermeiden könne. Wenn ein Unternehmen darwiportunistisch werde, sei es »selber schuld«! Darwiportunismus trat in dieser Denke wie

AIDS fälschlicherweise allenfalls dann auf, »wenn man nicht aufpasst«, und betraf einen selbst somit eigentlich grundsätzlich nicht.

Dieses Diskursmuster der Verdrängung erschwerte eine konstruktive Auseinandersetzung mit dem Darwiportunismus und verhinderte sinnvolle Lösungen.

Gerade die Medien spielten hier im Umgang mit dem Phänomen Darwiportunismus eine gefährliche Rolle. So schufen speziell die Karrieremagazine des Jahres 2000 das Bild der glücklich versammelten Mitarbeiter beim gemeinsamen Frühstück auf dem Firmendach, bei der mitternächtlichen Pizza und vor allem beim Jubel über jede neue Geschäftsidee. Dies war eine schöne Botschaft, die man gut drucken konnte, gerne las und in Vorträgen mit Applaus bedachte: Idealistische Mitarbeiter und sozial verantwortliche Arbeitgeber »hui«, Darwiportunismus »pfui«. Gerade Hochschulabgänger und Berufseinsteiger begannen zu glauben, dass Fitness-Studios und Segeltouren ebenso wie permanente Gruppendiskussionen und das Jonglieren mit Schlagworten automatisch Erfolg nach sich ziehen.

Doch dieses schöne Bild war nur ein Scheinbild, das nicht der Realität entsprach und nicht einmal zur sozial konstruierten Realität werden konnte: Unternehmen, die noch im Jahr 2000 als Vorzeigefirmen intensive menschliche Beziehungen zu ihren »Mitunternehmern« betonten, entließen ab 2001 auf rüdestem Wege »überflüssiges Personal«. Und die gleichen Mitarbeiter, die »nicht wegen des Geldes« an der »Umsetzung einer Vision« mitmachten, suchten beim ersten Abbröckeln des Aktienkurses (und ihrer Stock Options) ihr Heil bei einem Arbeitgeber mit sicherer Gehaltsperspektive.

Also: Märkte sind darwinistisch und Mitarbeiter opportunistisch – wogegen eigentlich auch nichts spricht, wenn man davon absieht, dass in beide Richtungen falsche Erwartungen geweckt und natürlich nicht eingehalten wurden.

Es gab zwar den Darwiportunismus, er galt aber nicht als »salonfähig«.

Die Einstellung zu dem Phänomen, das in diesem Buch mit Darwiportunismus bezeichnet wird, änderte sich also drastisch von Anfang des Jahres 2000 bis zum Anfang des Jahres 2001: Zunächst schien die Welt rosig. Zwar gab es Wettbewerb – aber angesichts generell steigender Aktienkurse am Neuen Markt erschien es absurd, von einem Darwinismus zu sprechen. Allenfalls akzeptierte man Wettbewerb zwischen großen und kleinen Gewinnern. In ähnlicher Form gab es auch Opportunisten, aber eigentlich war doch der Mitarbeiter im Wesentlichen loyal und sprach auf die gesamte Motivationsfülle des unternehmenskulturellen Werkzeugkastens an.

Der eigentliche Kick in Richtung auf eine offensive Auseinandersetzung mit Darwiportunismus kam durch die wirtschaftliche Krise. Plötzlich erschien nicht mehr alles so rosig. Wenn die Telekom in einem Jahr 75 Prozent ihres Wertes verliert, sich auch bei kleineren Unternehmen wie EM.TV als Heimat der Muppets rund 95 Prozent des vermeintlichen Firmenwertes in Luft auflöst und selbst Börsenstars wie SAP noch mit einiger Verzögerung von Ende 2001 an in nur zehn Monaten ihren Börsenwert halbieren, dann wird jedem klar, dass es hier nicht um ein kollektives Verteilen von kollektivem Lottogewinn geht, sondern um knallharten Wettbewerb. Manager besannen sich jetzt plötzlich ihrer Entscheidungsmacht als Arbeitgeber, die es auch erlaubte, weniger erfolgreiche Mitarbeiter als »Underperformer« zu entlassen. Das tat natürlich weh – man fühlte sich schließlich als Familie –, es galt aber als »nötig«.

Kurz gesagt:

Die gute Konjunkturlage der Jahre 1999 und 2000
lag als Grauschleier und Weichzeichner
über dem realen Phänomen.
Dieser Schleier wurde 2001 und 2002 sukzessive weggezogen.

Inzwischen sind wir an einem Diskussionsstand angekommen, bei dem – unabhängig davon, wie man es bezeichnet – die Situation in und zwischen Unternehmen eindeutig als darwiportunistisch erkannt ist. Denn egal, wie stark und wie rasch sich die Konjunktur wieder erholt, niemand wird mehr an die Mythen der jüngsten Vergangenheit glauben.

Ein besonders schönes Beispiel für extremen Darwiportunismus ist die Fernsehserie »Big Brother«, die in Deutschland bis jetzt in drei Staffeln über den Bildschirm lief.

»Big Brother« paart offenen Darwinismus
mit verstecktem Opportunismus.

Auf der einen Seite steht der klar erkennbare Darwinismus, denn das System ist auf permanente Selektion ausgelegt: Laufend müssen »Bewohner das Haus« verlassen. Auf der anderen Seite findet man den persönlichen Opportunismus, denn schließlich will jeder gewinnen und alle anderen besiegen. Vor allem gegen potenzielle Gewinner wird massiv, aber verdeckt gekämpft. Darüber hinaus ist die Gruppe aber in der Lage, sich sehr schnell – vielleicht sogar durch indirekte Rückendeckung der Sendeleitung – auf potenzielle Verlierer einzuschießen, die dann schlagartig zum kollektiven Opfer werden. Bei Big Brother – wie auch in der Quizshow »Der Schwächste fliegt« – geht es um knallharten darwinistischen Wettbewerb: Wer in irgendeiner Weise von der Normallinie abweicht, hat keine Chance. Dies gilt für »Zicken« ebenso wie für »Superfreundliche« oder »offen Verliebte«. Zu viel Kleider, zu wenig Kleider – alles Gründe für sofortige Selektion. Das System ist gnadenlos: Gesucht ist die auffällig-unauffällige Person. Vor allem der Umgang der Teilnehmer miteinander ist an Faszination nicht zu überbieten, denn hier erkennt man als Zuschauer rasch den extremen, allerdings verdeckten Opportunismus: Auf der einen Seite wird nett und freundlich miteinander kommuniziert, auf der anderen Seite aber intrigiert und der Mitspieler zum potenziellen Selektionsopfer gemacht.

Auf der Suche nach Darwiportunismus wird man auch an Stellen fündig, wo man es eigentlich nicht erwartet. Ein Beispiel: Ende der neunziger Jahre kam in der Jugendszene das Wort »Girlie« auf, zu verstehen als hypermodisches und hyperaktives Mädchen mit einer paradoxen Mischung aus nett und arrogant. Doch gerade in dieser Girlie-Szene konnte man (und kann noch immer) sehr schön die Grundmechanismen des Darwiportunismus betrachten. Zum einen gibt es immer wieder Mädchen, die versuchen und es auch teilweise schaffen, neue Trends zu setzen und in den Vordergrund zu rücken. Zum anderen dominiert aber ein gnadenloser Wettbewerb: Wer trägt als Erste den neuen Lippenstift, wer als erste das neue Top? So müssen sich die Girlies permanent auf dem Laufenden halten, beispielsweise über entsprechende Webpages wie die Seite Chickclick.com. Dort erfahren sie, was gerade in ist, erfahren, wo und wie sie am besten einkaufen können und was eigentlich »Karriere« für Girlies bedeutet. Und immer wieder das Pendel zwischen einerseits kollektiver Normierung mit Ausselektieren der Abweichlerinnen und andererseits dem Versuch, sich opportunistisch durchzusetzen und neue Trends zu initiieren. Dementsprechend gibt es inzwischen Autoren, die in der erotischen Aufrüstung von »Girlie-ismus« ein umfassendes Lebenskonzept sehen, das eben nicht nur eine simple Egomanie impliziert, sondern im »kooperativen Ich« auch eine gewisse Form der gemeinschaftlichen Abstimmung[2].

Trotzdem: Weder in der Jugendszene noch in den Stichwortverzeichnissen deutsch- und englischsprachiger Managementbücher kommen die Ausdrücke »Darwinismus« und »Opportunismus« in nennenswertem Umfang vor. Den Grund kennen wir aber bereits aus den vorangegangenen Kapiteln: Beide Ausdrücke sind negativ belegt. Wer will sich schon darwinistisch verhalten? Und wer möchte sich das Etikett »Opportunist« auf die Stirn kleben? Dann möchte man doch lieber als leistungsorientiert, liebenswert, loyal und lebenslustig gelten.

Trotzdem existiert Darwiportunismus als reales Phänomen und drückt eine wechselseitige Beziehung aus, bei der sich der Einzelne permanent nach persönlichen Optionen umschaut (Opportunismus) und die übergeordnete Institution benutzt, um das Gesamtsystem Variation, Selektion und Retention zu realisieren (Darwinismus).

Es gilt den Darwiportunismus
in seiner Existenz zu akzeptieren,
in seiner Dynamik zu verstehen und in einen
für alle Beteiligten sinnvollen Handlungsraum
zu transportieren.

Dieser Darwiportunismus gilt für die Arbeitswelt ebenso wie für die Gewerkschaften, die politischen Parteien und den Staat, die

Rechtsprechung und für die Medien. Darwiportunismus ist damit – ob wir wollen oder nicht – ein gesellschaftliches Phänomen.

Arbeitswelt: Die Darwiportunismus-Matrix

Ein Sonntag im Herbst und ein Hotel am Vierwaldstätter See. Eigentlich sollte jetzt langsam das nächste Kapitel anfangen. Doch See und Bergpanorama lenken ab. Und dann läuft der Fernseher mit der Sendung POPSTARS: Gäbe es dieses Programm nicht, müsste man es erfinden! Zwei bis drei Dutzend Möchtegern-Popstars verbringen mehrere Tage in einem Trainingsworkshop, der aber primär zur Selektion dient, damit am Schluss eine perfekte Teeny-Band entsteht. Und es gab Tausende, die in so genannten »Castings« quer durch ganz Deutschland versucht hatten, es bis zu dieser Endausscheidung zu schaffen. Dass dabei natürlich alle »Popstars« freundlich lächelnd auf ihre individuelle Chance lauern, liegt auf der Hand!
Nachtrag: Das Resultat dieses darwiportunistischen Prozesses hat inzwischen einen Namen (Bro'Sis), riesigen Erfolg und bereits für ihr erstes Lied eine Platinplatte bekommen.

Auf einem Wirtschaftsforum erklärte ein mittelständischer Unternehmer aufgeregt, dass seine (!) Mitarbeiter ihm »treu und loyal ergeben sind, keine Anstalten zum Opportunismus und Karrierestreben machen, deshalb auch garantiert nicht aus dem Unternehmen wechseln« würden. Für ihn war damit Darwiportunismus und speziell Opportunismus allenfalls ein akademisches Problem ohne jeden Realitätsbezug. Als er dann allerdings fortfuhr, auf die Schwierigkeiten seiner strukturschwachen Region und auf die damit verbundenen Probleme von Arbeitssuchenden hinzuweisen, war klar: Hier sucht ein Arbeitgeber in einem darwinistischen Umfeld seine individuelle Chance, während seine Mitarbeiter gegenwärtig keine Chance zu diesem Verhalten haben. Also doch Darwiportunismus, wobei aber hier der Arbeitgeber die besseren Karten hat.

Es geht aber auch umgekehrt: Im Silicon Valley erscheinen Mitarbeiter, die das Unternehmen verlassen wollen, überhaupt nicht mehr am Arbeitsplatz, sondern hinterlassen allenfalls eine Nachsendeanschrift für das ausstehende Gehalt. In Zeiten einer boomenden Konjunktur war dieses Verhalten möglich, und zwar auch von Personen, die nicht gerade in die Rubrik der absoluten Leistungsträger einzusortieren waren. Sicherlich kann man einwenden, dass alle diese Phänomene lediglich Ausdruck einer verfehlten Unternehmenskultur und eines falschen Führungsverhaltens sind. Sie sind aber in jedem Fall Ausdruck einer faktischen Unmöglichkeit des Unternehmens, mit individuellem Opportunismus umzugehen.

Wenn ein Mitarbeiter eine kurzfristige Chance zu einem fantastischen Arbeitswechsel sieht und argumentiert, »diese Chance können Sie mir doch nicht verwehren – also bitte Aufhebungsvertrag unterschreiben«, wird immer davon ausgegangen, dass der Einzelne mit seinem Opportunismus dem Gesamtsystem nicht schadet. Diese Antwort aber ist falsch: In vielen Fällen brechen ganze Produktlinien zusammen, wenn Mitarbeiter das Unternehmen verlassen. Oft sinkt auch die Produktivität mit zunehmendem individuellem Opportunismus. Die fehlende Symmetrie liegt auch der Rechtsprechung von Arbeitsgerichten zugrunde: Wenn Mitarbeiter zur Verbesserung ihrer Position fristlos kündigen wollen, kann dies sogar in gewissen Fällen zulässig sein. Spiegelbildlich dazu haben Unternehmen diese Chance zur fristlosen Kündigung »zum nächsten Freitag als letzten Arbeitstag« eher selten.

Ein solcher Opportunismus als Eigenschaft ist keineswegs auf »Führungskräfte« und High Potentials beschränkt. Vielmehr besteht Opportunismus auch darin, sich bei schönem Wetter krankzumelden und zulasten des Unternehmens seinen Hausbau voranzutreiben. Oder aber man plant seinen Urlaub nach der Devise »Wer zuerst kommt, mahlt zuerst«, ohne Rücksicht auf die Interessenlage der Kollegen. Opportunismus ist auch, sich zulasten der Arbeitsgruppe beim ersten Anzeichen einer Erkältung der häuslichen Erholung zu verschreiben.

Im Hinblick auf den Opportunismus gibt es danach – etwas vereinfachend – zwei Varianten: Entweder verhalten sich die Mitarbeiter nur zu einem geringen Ausmaß opportunistisch, da sie keine andere Möglichkeit haben beziehungsweise weil sie tatsächlich loyal zum Unternehmen stehen. Oder aber sie verhalten sich strikt opportunistisch, wozu dann auch eine geringere Loyalität gehört. Im Hinblick auf den Darwinismus gibt es ebenfalls zwei Varianten: Entweder setzt das Unternehmen auf einen kollektiven Darwinismus, weil es beispielsweise durch den Wettbewerb dazu gezwungen ist. Oder aber es praktiziert ein niedriges Darwinismus-Niveau und verspricht auf diese Weise eine leistungsunabhängige Arbeitsplatzsicherheit.

Fügt man jetzt diese beiden Dimensionen mit ihren jeweils zwei Varianten zusammen, so ergeben sich in ihrer Kombination vier Fälle. Die nachfolgende Abbildung 1 zeigt diese vier Varianten, die es nun näher zu analysieren gilt.

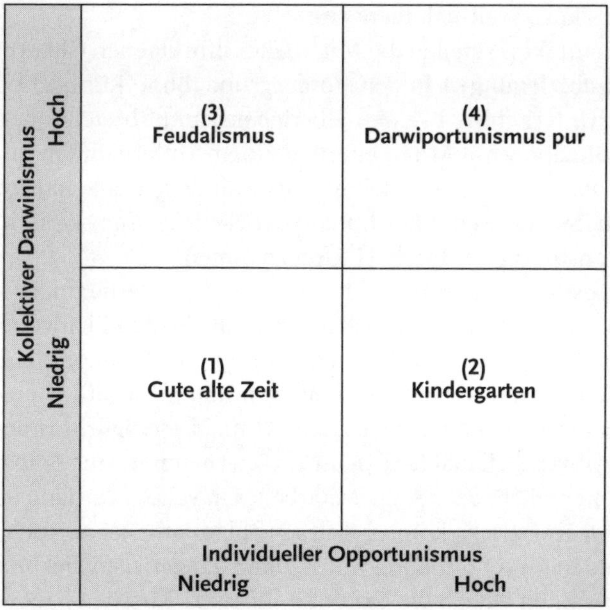

Abb. 1 Darwiportunismus-Matrix

In der Darwiportunismus-Matrix findet man vier verschiedene soziale Kontrakte, die mehr oder weniger bewusst von Arbeitnehmern und Arbeitgebern eingegangen werden:

Kontrakt (1) stellt die traditionelle Arbeitswelt dar, die auf einem gegenseitigen Austausch von Loyalität und Sicherheit basiert. Dieser Kontrakt soll in der Darwiportunismus-Logik als die »Gute alte Zeit« bezeichnet werden, unabhängig davon, ob die »alte« Zeit tatsächlich so gut war. Entscheidend für die Namensgebung ist vielmehr das Wechselspiel von Loyalität und Sicherheit, das sich noch bis vor kurzem in manchen deutschen Großunternehmen beobachten ließ.

Kontrakt (1) kann – wie auch die anderen drei Kontrakte – sowohl positive als auch negative Konsequenzen haben. Im positiven Fall wird eine Stabilisierung des Unternehmens erreicht: Unternehmen und Mitarbeiter verlassen sich aufeinander und arbeiten ohne übermäßigen Wettbewerbsdruck und ohne übersteigerte Profilierungsnotwendigkeit in einem relativ harmonischen Umfeld. Im negativen Fall erstarrt das Unternehmen, weil in das tägliche Handeln weder Marktdruck von außen noch Karrierestreben von innen Eingang finden – kurz: weil sich nichts tut!

In Kontrakt (2) stellen die Mitarbeiter ihre eigenen Chancen- und Nutzenüberlegungen in den Vordergrund, ohne Rücksicht darauf, ob das Unternehmen seinen Überlebenskampf besteht oder nicht. Diese Situation mit Mitarbeitern, die dem Unternehmen quasi auf dem Kopf herumtanzen, soll hier als »Kindergarten« apostrophiert werden. Sie war in der Hochphase der New Economy typisch für einige Consulting- und viele IT-Unternehmen.

Im positiven Fall ermöglicht Kontrakt (2) unternehmensbezogene Innovation, da die Mitarbeiter ihre individuellen Chancen suchen und nutzen, das Unternehmen allerdings auf Wettbewerbselemente verzichtet und so einen »angstfreien Raum« schafft. Gerade dieses angstfreie, kindlich-spielerische Umfeld ermöglicht Innovation. Im negativen Fall etabliert sich im Unternehmen eine Selbstbedienungsmentalität, bei der die Mitarbeiter in vollem Umfang den Ton angeben. Kurzfristig können sich sowohl Mitarbeiter als auch Unternehmen in dieser Situation wohl fühlen, längerfristig bekommt das Unternehmen jedoch die Quittung für sein »Kuschen« auf dem externen Markt präsentiert. Innerbetriebliche Ineffizienz führt zur verringerten Wettbewerbsfähigkeit und zur verringerten Überlebenswahrscheinlichkeit.

In Kontrakt (3) akzeptiert der Mitarbeiter, dass für das Unternehmen ein Überlebenskampf herrscht und es deshalb wenig Rücksicht auf die Bedürfnisse der Mitarbeiter nehmen kann. Auch innerbetrieblich kommt man daher an Darwinismus nicht vorbei. Trotzdem fühlen sich die Mitarbeiter dem Unternehmen gegenüber verbunden – beziehungsweise sie können nicht anders, da sie außerhalb des Unternehmens keine Chancen haben. Der Begriff des »Feudalismus« charakterisiert diese Situation, weil auch im feudalistischen Mittelalter den »Herrschenden« durchaus Unterwürfigkeit plus Loyalität entgegengebracht wurde.

Im positiven Fall führt Kontrakt (3) zur Effizienzsteigerung im Unternehmen. Externer Marktdruck wird in internen Wettbewerbsdruck zwischen den Mitarbeitern transformiert. Dieser spornt die Mitarbeiter zu mehr und besserer Arbeit an. Im negativen Fall wird der Druck, der vom Unternehmen ausgeht, so groß, dass es für die Mitarbeiter zum »Burn-out-Syndrom« kommt: Konsequenz einer solchen ständigen Überarbeitung sind neben Fehlern im Produktionsablauf vor allem steigende Abwesenheits- und Krankheitsraten.

Kontrakt (4) schließlich ist »Darwiportunismus pur«. Beiden Akteuren ist aufgrund einer offenen Kommunikation gleichermaßen transparent und bewusst, dass sie primär ihren eigenen Nutzen verfolgen, aber den Partner dazu benötigen. Die wechselseitige Akzeptanz ihrer Prioritäten bringt mit sich, dass keiner der Akteure in Konfliktfällen mit moralisch-ethischen Kategorien argumentieren kann (»Das ist gemein!«), da von vornherein klar ist, welche Entscheidungskriterien gelten.

Im positiven Fall ermöglicht Kontrakt (4) eine begeisternde Dynamik, die zu einem »High-Performance-System« führt. Auf der Basis klarer Entscheidungsspielräume verstärken sich die individuell genutzten Chancen und der Wettbewerb zwischen den Mitarbeitern in einer Weise, dass die Wettbewerbsposition des Unternehmens auf dem externen Markt steigt. Im negativen Fall ähnelt das Unternehmen einem Linienbus oder der Cable Car aus San Francisco: »Ein- und Aussteigen« findet laufend statt. Immer wenn Wertschöpfungserwartungen des unter intensivem Wettbewerbsdruck stehenden Unternehmens oder Nutzenerwartungen des egozentrischen Mitarbeiters nicht erfüllt werden, ergreift man die Initiative, um sich von dem nicht leistenden Gegenpart zu trennen.

Es gibt vier extreme Möglichkeiten für das Zusammenspiel des Darwinismus und Opportunismus.

Das jeweilige Zusammenspiel aus Darwinismus und Opportunismus kann sich auch im Zeitablauf ändern.

Ein schönes Beispiel dafür, wie Unternehmen gemeinsam mit ihren Mitarbeitern und unterstützt von der Presse durch die Zellen der Darwiportunismus-Matrix wandern, liefert die Firma Aperto:

Rückblende in das Jahr 1999. Die *Wirtschaftswoche*[3] beschreibt unter dem Titel »Gassi gehen als Goody« die für die Mitarbeiter paradiesischen Zustände bei der Multimedia-Firma Aperto: Der Arbeitstag beginnt mit dem kostenlosen Frühstücksbuffet. Tagsüber steht die Süßigkeitenkiste bereit oder kann der Agentur-Hund ausgeführt werden, und einmal pro Jahr fährt die ganze Belegschaft gemeinsam und ebenfalls auf Firmenkosten in den Urlaub. Ergebnis: eindeutige Zuordnung zu Zelle Nummer 2.

Überblenden auf das Jahr 2000 und auf einen Artikel aus der *Computerwoche*[4]: Am Morgen des 28. Juni standen die Beschäftigten der Multimedia-Agentur Cell Network Germany, früher Aperto, vor verschlossenen Türen. Gegen 10 Uhr wurden mit einem Overhead-Projektor 36 Namen an die Wand geworfen. Diese Mitarbeiter durften im Unternehmen bleiben, mussten jedoch den Raum verlassen, da der Geschäftsführer Buddensiek den übrigen mitteilen wollte, dass sie ab sofort freigestellt seien. Dass es bei Cell Network nicht gut lief, zeichnete sich schon länger ab. Der »First Monday Club«, bei dem sich die Beschäftigten an jedem ersten Montag im Monat auf Kosten der Firma amüsierten, fand schon seit Monaten nicht mehr statt. Vom jährlichen Betriebsurlaub am Mittelmeer war keine Rede mehr, und seit fünf Wochen gab es das Frühstücksbuffet nicht mehr gratis. Das familiäre Betriebsklima sah Cell-Network-Chef Buddensiek fürs Erste als gestört an, jedoch nicht aufgrund seines Kündigungsstils, sondern wegen der Entlassenen, die sich an die Presse wandten.

Was war das Ergebnis dieser Veränderung im Hinblick auf die Darwiportunismus-Matrix? Der Start entsprach sicherlich

Zelle 2 und verlief im Prinzip wie ein Kindergeburtstag bei McDonald's. Dann die radikale Veränderung. Vermutlich zielte jetzt der Firmenchef auf Zelle 3 und auf einen feudalistischen Stil. Dies dürfte kurzfristig auch gelungen, aber nicht gerade effizienzfördernd verlaufen sein, da ein solches Vorgehen die Tendenz zur Angst- und Repressionskultur mit sich bringt. Vermutlich endet deshalb die Neuorientierung auch nicht in Zelle 3, denn der lange gepflegte Opportunismus der Mitarbeiter wurde nicht schlagartig geringer, sondern lediglich kombiniert mit unternehmensseitigem Darwinismus. Resultat: ein Ankommen in Zelle 4, da die Mitarbeiter ihre traumatischen Erfahrungen beim nächsten Konjunkturanstieg nicht vergessen werden!

Das Unternehmen hat es nicht immer beziehungsweise nicht auf Dauer in der Hand, »die Zelle« zu wählen. Denn im Extremfall setzt sich der Opportunist an die Spitze des Systems und schafft »seine Regeln«.

Wenn sich von elf Bereichsleitern zehn Manager in einer strategischen Akzentverschiebung des Unternehmens einig sind und ein einziger dagegen votiert, so gibt es zwei Möglichkeiten: Entweder das System selektiert darwinistisch die Abweichung beziehungsweise den Abweichler aus, oder aber dieser setzt sich opportunistisch gegen die Gesamtheit durch. In einer Zeit, in der Aktivitäten zunehmend miteinander verflochten sind und einzelne Akteure sich monopolartig wichtige Kernkompetenzen sichern, wächst die Gefahr, dass Letzteres passiert: So ist das Durchsetzen gegen die Mehrheit – auch wenn es tragisch ist – bereits dadurch möglich, dass man konsequent die eigene – allerseits benötigte – Kompetenznische freihält und ausbaut, anstatt sich überhaupt mit den Kollegen um die Lösung anstehender Sachfragen zu kümmern.

Die Logik des aktuellen Darwiportunismus besteht darin, dass es gerade auch der Einzelne sein kann, der sich »gegen« das System durchsetzt, der das System steuert und dieses für seinen Opportunismus instrumentalisiert.

Im Beispiel der elf Bereichsleiter bedeutet dies, dass sich die »Nummer 11« auf diese Weise sukzessive einen Sonderstatus erkämpft, und zwar vor allem dadurch, dass sich »Nummer 11« überhaupt auch nicht ansatzweise an die Gruppennormen hält: Während sich die zehn Bereichsleiter mit Wertschöpfung beschäftigen, gibt »Nummer 11« Pressekonferenzen, während sich die zehn den Regeln von Vertraulichkeit und Gemeinsamkeit unterwerfen, koaliert »Nummer 11« mit externen Meinungsführern und Machtpromotoren. Auf diese Weise verschiebt sich das Machtgefälle immer mehr in Richtung auf »Nummer 11«, bis sich das Gesamtsystem nicht mehr dagegen wehren kann. Der Stärkere setzt sich durch! Am Ende wird »Nummer 11« mit seinem Bereich umziehen, vom Gesamtunternehmen abspalten, an die Börse gehen, sich erst eine Segelyacht im Stile von Thomas Haffa bauen und dann irgendwann die anderen zehn Bereiche kaufen. Damit sind die früheren Kollegen schlagartig seine Untergebenen, die sich zwar darüber ärgern, aber nichts mehr ändern können.

Frage: War das Verhalten von »Nummer 11« ethisch einwandfrei beziehungsweise juristisch vertretbar? Antwort: Die Frage ist überhaupt nicht relevant, denn es zählt nur der Darwiportunismus! Und im Extremfall wird »Nummer 11« letztlich sogar zur moralischen Autorität und darf entscheiden, was gut und richtig ist.

Hätten im obigen Beispiel die anderen zehn Bereichsleiter verstanden, dass die Spielregel eben nicht Fairness, reale Leistung oder Teamgeist lautet, hätten sie also den Darwiportunismus erkannt, so hätten sie sich anders verhalten.

Die Darwiportunismus-Matrix zeigt somit, auf welche Arten von Zusammenarbeit man sich in einer Arbeitsbeziehung einlassen will beziehungsweise einlassen muss. In den Kapiteln 5 und 6 werden diese Überlegungen vertieft, wozu aber erst einmal das Umfeld näher betrachtet werden soll, in dem sich dieser betriebliche Darwiportunismus abspielt.

Emergenter oder erzwungener Darwiportunismus: Die Metamorphose von Hewlett-Packard

Das Unternehmen Hewlett-Packard steht seit langem als Vorbild für sein unternehmenskulturelles Management in den Lehrbüchern. Basierend auf dem Wertesystem der beiden Gründer, Bill

Hewlett und Dave Packard, entwickelte sich im Laufe der Zeit eine spezifische Kultur des Miteinanders.

Heinz Fischer, der damalige Arbeitsdirektor von HP-Deutschland, beschrieb die HP-Kultur[5] wie folgt: »Der zentrale Grundwert für eine partnerschaftliche Zusammenarbeit ist bei Hewlett-Packard gegenseitiges Vertrauen. Um diese Grundlage leben zu können, müssen im Umgang miteinander weitere unterstützende Werte wie Sicherheit, Ehrlichkeit, Offenheit, Würde, Partnerschaft und Toleranz erfüllt werden. Um diese Kultur zu stabilisieren, wählt und betreibt HP seine Betätigungsfelder mit dem Ziel, seinen Mitarbeitern langfristige Beschäftigung und Möglichkeiten zu ihrer persönlichen Entwicklung zu bieten.« Denn: »Mitarbeiter sind das größte Vergnügen« – so die Aussage von Hewlett und Packard, die Mitarbeiter nicht als Problem ansehen, sondern als »Chance und Teil der Lösung«. Also: Eine ganz besondere »Kultur des Hauses«, mit Mitarbeitern, die alles andere als opportunistisch sind, sondern sich in treuer Loyalität in das Unternehmen einfügen? Und ein Unternehmen, das eine unternehmenskulturelle Werte- und Normengemeinschaft liefert, in der sich jeder Mitarbeiter gerne aufhält und in der niemand an so etwas wie Darwiportunismus denkt?

Spätestens im Jahre 2001 wurde der Wandel bei HP für jeden sichtbar, was HP und seiner Chefin Carly Fiorina wegen dieses krassen Wandels einen exponierten Platz in Wirtschaftsgeschichte und Lehrbuchmeinung einbringen wird.

Januar: Bei HP erscheint auf der Intranet-Seite im »HR-Exchange« vermutlich teilweise zufällig ein Zitat von Charles Darwin und läutet den Darwiportunismus bei HP ein. Ebenfalls im Januar stirbt mit 87 Jahren William R. Hewlett.[6]

März: Der *Spiegel* berichtet[7]: Die »Konzern-Chefin degradiert 3 000 Manager. Hewlett-Packard-Chefin Carly Fiorina sucht verzweifelt nach Wegen, um ihren Laden wieder in Schwung zu bringen. Jetzt will sie 3 000 Managerstellen streichen.« Eine Sprecherin der deutschen Hewlett-Packard-Tochter sagte, die betroffenen Manager würden nicht entlassen, sondern lediglich ihre Führungsaufgaben verlieren.

Juni[8]: HP löst Compaq als Weltmarktführer bei Heimcomputern ab. Aber alles ist relativ: Beide verloren Marktanteile, nur HP weniger!

Juli[9]: Compaq will allein in Europa 1 750 Mitarbeitern kündigen und droht zudem dem Betriebsrat mit Entlassung! Gleichzeitig bei HP[10]: Rund 5 500 Mitarbeiter bekommen einen Brief, in dem sie gebeten werden, freiwillig für vier Monate auf zehn Prozent Lohn oder acht Tage Urlaub oder auf eine Kombination von beidem zu verzichten.

August[11]: Compaq will 8 500 Mitarbeiter entlassen und HP trotz Gehaltsverzicht ebenfalls 6 000. Gleichzeitig erscheint unter der Überschrift »Wer viel feuert, verdient mehr« eine Studie des Institute for Policy Studies[12], wonach amerikanische Spitzenmanager, die Massenentlassungen ankündigten, 80 Prozent mehr als ihre zurückhaltenderen Kollegen verdienten. Die Kündigungs-Spitzenreiter, darunter Disneys Michael Eisner und Hewlett-Packards Carly Fiorina, verdienten danach im Jahr durchschnittlich 23,4 Millionen Dollar. Die Chefs der 365 größten US-Unternehmen erhielten durchschnittlich »nur« 13,1 Millionen Dollar.

September: HP gibt die Fusion mit Compaq bekannt. Die Fusion wird laut HP-Presseerklärung »als Kauf ausgewiesen werden, wodurch sie vermutlich für die Aktionäre beider Firmen unter US-Einkommensteuerregeln steuerfrei sein wird«[13] und HP und Compaq zu einem weltweiten Technologieführer machen. Und wieder Stellenabbau: Laut *Süddeutscher Zeitung*[14] allein 15 000 weltweit bei HP. Die Presse und die Börse reagieren insgesamt negativ: Unter der Überschrift »Wie betrunken war Carly?«[15] erscheint die Geschichte der »zwei Betrunkenen, die sich gegenseitig am Fallen hindern, aber keinen Schritt vorwärtskommen.« Böse Zungen munkeln zudem von einer Verzweiflungstat, mit der Carly durch die spektakuläre Offensive ihren Job zu retten versuche.

Oktober[16]: Für 1,9 Millionen Euro kauft HP die Garage, in der HP gegründet wurde. Zuvor musste Fiorina in einem Werbespot noch vor einer Garagen-Attrappe posieren.

November[17]: Immer mehr Widerstand gegen die Fusion, aber immer intensiverer Druck der designierten Chefin des Superkonzerns.

Dezember[18]: Compaq sucht nach Alternativen zur Fusion, Fiorina hält an der Übernahmeidee fest und wird sich – bei kolportierter Belohnung von 115 Millionen Dollar »Sonderleistung« in den nächsten beiden Jahren für sich und den ehemaligen Chef von Compaq[19] – mit ihrem Wunsch auch durchsetzen.

Ansonsten bleibt aus dem Jahr 2001 zu berichten, dass die Konzernchefin Carly Fiorina vom *Fortune Magazine*[20] zur mächtigsten amerikanischen Managerin des Jahres 2001 gekürt wurde, obwohl das Unternehmen ein Drittel seines Börsenwertes verloren hat. Dass auch das Folgejahr keine entscheidende Wende bringt, wird spätestens im September 2002 klar, als HP die Entlassung weiterer 1 800 Mitarbeiter ankündigt[21].

Wie lässt sich die Entwicklung bei HP in das Denkschema des Darwiportunismus übertragen? HP begann in Zelle (1). Zunehmend aber – und da sprach zunächst auch nichts dagegen – bewegte man sich in Zelle (2): Das Anspruchsdenken der Mitarbeiter stieg. Bei zunehmend schwächerer wirtschaftlicher Lage und schärferen externen Marktbedingungen merkte HP, dass man eigentlich ein wettbewerbsadäquates High-Performance-System bräuchte, das nur in Zelle (4) mit dem »Darwiportunismus pur« zu erreichen ist. Doch der externe Marktdruck wurde zunächst weder intern kommuniziert noch intern weitergegeben. Dann war Handeln angesagt, und hier sah die Unternehmensleitung ihre Chance in einer Fusion mit Compaq, einem Unternehmen, das schon früh begonnen hatte, seine Vertriebseinheiten durch Entlassungen in die wettbewerbsintensive »Feudalismus«-Zelle (3) zu bewegen. Ergebnis war damit ein durch äußeren Druck erzwungener und aufgrund innerer Werteveränderungen emergenter Weg HPs in den konsequenten Feudalismus (3) – aber bei weitem nicht nach (4), wo das Unternehmen nach aktuellen Branchencharakteristika hingehören würde.

Damit ist klar: Hewlett-Packard stellt kein Gegenbeispiel für Darwiportunismus – also das Gesamtspiel der Darwinismus- und Opportunismus-Kräfte – dar, sondern einen Prototyp für verspäteten und deshalb umso schärfer umgesetzten Darwiportunismus! Denn wenn ein Unternehmen die veränderte Situation nicht sieht und nicht versteht, wird es allenfalls spät reagieren. Manche Unternehmenslenker glauben, durch die Illusion der schönen heilen Welt die Realität zu ändern. Dass dies nicht funktionieren kann und Mitarbeiter plötzlich noch in ein viel tieferes Tal der Tränen stürzt, sieht man an diesem Beispiel. Vielleicht wäre ein frühzeitiges und offenes Bekenntnis zum »Darwiportunismus pur« besser für die Mitarbeiter und Kunden von Hewlett-Packard gewesen.

Gewerkschaften: Die Antithese zum Darwiportunismus!

Was passiert, wenn bei rückläufiger Konjunktur der Sozialdarwinismus wirklich (wieder) überhand nimmt? Was ist die Konsequenz, wenn Unternehmen aus wirtschaftlichen Gründen plötzlich in großem Umfang Mitarbeiter freisetzen, entweder weil es in Relation zur Auftragslage zu viele Mitarbeiter gibt oder aber weil Betriebsanalysen »Ineffizienz« signalisieren? In all diesen Fällen steigt das Interesse der Mitarbeiter an den Gewerkschaften.

Kaum eine gesellschaftspolitische Gruppe müsste sich so intensiv mit Darwiportunismus auseinandersetzen wie die Gewerkschaften.

Unternehmen rationalisieren und versuchen, ihre betriebswirtschaftliche Wertschöpfungskette zu optimieren. Dies ist ihr gutes Recht und ihre betriebswirtschaftliche Aufgabe. Trotzdem betrifft dies auch die Allgemeinheit, denn die Millionen Arbeitslosen, die im Krankenstand »Geparkten« oder die in Frühpensionierung Abgeschobenen müssen irgendwie finanziert werden. Die Spirale beginnt sich zu drehen: Die individuellen Steuern der im Produktionsprozess Verbliebenen steigen, was Motivation reduziert und zudem Kaufkraft mindert. Oder aber es werden Unternehmenssteuern erhöht. Konsequenz: Die Kosten steigen und damit wächst der Druck, weitere Mitarbeiter zu entlassen.

An dieser Stelle beginnt der ideologische Diskurs über die Rolle der Gewerkschaften. Ihren historischen Ursprung findet man in den feudalistischen Systemen, wo mächtige Grund- und Fabrikbesitzer ihr Eigentum an Produktionsmitteln zum Individualnutzen opportunistisch verwandten. Ihnen gegenüber stand die Arbeiterklasse und sie steht nach Ansicht mancher Gewerkschaften immer noch dort. Diese Arbeiterklasse arbeitet entweder unter mehr oder weniger schweren Bedingungen oder aber wartet vor den Toren der Fabriken darauf, die Plätze von Unwilligen oder nicht mehr ausreichend fähigen Mitarbeitern einzunehmen.

Nach dieser Logik werden ältere oder aufgrund sonstiger Eigenschaften nicht mehr unbedingt geeignete Mitarbeiter durch neue, frische Mitarbeiter ersetzt. Diese für viele dramatische Horrorvision war aber nicht nur in den Fabriken des späten 19. Jahrhunderts Realität, sondern findet sich durchaus auch in modernen Beratungsunternehmen wieder. Hier arbeiten junge High Potentials für einen begrenzten Zeitraum, um danach – wenn sie das Produktionstempo nicht mehr mithalten können – in andere Unternehmen abzuwandern. Soweit das Klischee des Klassenkampfes, wie man es aus den Schriften von Karl Marx kennt oder aber in den Reden am 1. Mai immer wieder findet.

Trotz des Untergangs des real existierenden Sozialismus hat man sich nur wenig von der Klassenkampfideologie entfernt und will noch immer den schwachen, unmündigen Mitarbeiter vor dem Arbeitgeber als »bösem Wolf« schützen.

Das erste in diesem Zusammenhang forcierte Stichwort ist die Waffengleichheit: Danach hat der Arbeitgeber die Möglichkeit, den Mitarbeiter beliebig auszuwechseln, der Mitarbeiter selbst aber keine Chance, seinem Opportunismus zu frönen. Das Risiko des Mitarbeiters ist demnach wesentlich gravierender, denn bei ihm geht es um Arbeitsplatz und Existenz, während der Arbeitgeber im Sinne einer Kapitalinvestition lediglich ein Kapitalrisiko trägt.

Doch wie sieht es gegenwärtig wirklich aus? In manchen Branchen gibt es so wichtige Schlüsselpositionen, dass hier die Unternehmen durch die Mitarbeiter vollkommen erpressbar geworden sind. Wenn in High-Tech-Unternehmen Mitarbeiter gehen, bedeutet dies im Extremfall für den Entwicklungsbereich Totalverlust und für den Vertrieb Verlust kompletter Kundenstämme. Wer schützt an dieser Stelle die Arbeitgeber vor der Willkür der Arbeitnehmer? Was passiert, wenn es weiterhin immer weniger Schüler und Studenten gibt, und wenn vielleicht die Wünsche der Arbeitgeber nach einer flexiblen Zuwanderungsregelung nicht erhört werden? Spätestens dann hat sich die Machtlage gedreht und der Arbeitgeber systembedingt die schlechteren Karten.

Gewerkschaften beziehungsweise Betriebs- und Personalräte schützen und forcieren sogar manchmal individuellen Opportunismus.

Jeder kennt unzählige Geschichten von Mitarbeitern, die sich zulasten des Gesamtunternehmens in Arbeitsplätze einklagen oder diese ohne Wertschöpfung blockieren. Das gewerkschaftliche Fazit scheint verkürzt, entspricht aber – gerade auch was die betrieblichen Interessenvertretungen betrifft – ihrem gesellschaftlichen Auftrag: Für den Einzelnen muss eine Schutzzone errichtet werden!

Ein zweites Stichwort ist die Selbstausbeutung: Mitarbeiter, die wie in der Hochphase der New Economy sechzig bis siebzig Stunden pro Woche arbeiten, nur in den flimmernden Bildschirm oder in die stets gefüllte Kaffeetasse schauen, leisten ein Arbeitspensum, das durchaus mit dem vergleichbar ist, was in den englischen Fabriken des Charles Dickens beschrieben wurde. Dieses Phänomen darf nicht verharmlost werden. Workaholics, Leistungsstress und brutales Konkurrenzdenken auch innerhalb dieser glücklichen Teams führen zu Arbeitsbedingungen, die langfristig gesundheitsschädlich sind. Aus Sicht der Gewerkschaften macht es an dieser Stelle auch gar keinen Unterschied mehr, dass Mitarbeiter in diesen Unternehmen freiwillig dieses Arbeitspensum erledigen. Denn:

Selbstbestimmung schützt nicht vor Selbstausbeutung.

Aber: Welche aufstrebende IT-Fachkraft, ausgerüstet mit umfassenden Stock Options, will schon von einem Betriebsrat daran gehindert werden, rund um die Uhr zu arbeiten? Da ändert auch kein Arbeitsschutzgesetz etwas, wonach Mitarbeiter grundsätzlich nur eine bestimmte Anzahl von Stunden arbeiten dürfen. In einem solchen Umfeld machen sich Betriebsräte im Regelfall eher unbeliebt, und zwar nicht nur bei den Arbeitgebern (das wäre noch verständlich), sondern auch bei den Arbeitnehmern, die nicht bereit sind, sich von ideologischen Klassenkampfsystemen vertreten zu lassen. Gerade in den kleineren und mittleren Unternehmen der New Economy wollten Mitarbeiter weder einen Betriebsrat noch als Mitarbeiter eines progressiven IT-Unternehmens der IG Metall beitreten. Die Situation änderte sich Ende 2000, als es auch der New Economy schlechter ging. Plötzlich war Kündigungsschutz kein theoretisches Konstrukt mehr, sondern brutale Realität: Unternehmen aus der New Economy entließen Mitarbeiter, und zwar aus betriebswirtschaftlichen Gründen eher solche mit geringerem Marktwert und niedrigerem Unternehmensnutzen: also wieder Darwinismus!

Als nahe liegende Konsequenz stieg die Akzeptanz von Betriebsräten und Gewerkschaften.

> Plötzlich will sich die flotte IT-Fachkraft von Pixelpark durch einen Betriebsrat vertreten lassen, der im Zweifel einen Sozialplan aushandeln kann.

Vor diesem Hintergrund ist die Diskussion um die Erweiterung der betrieblichen Mitbestimmung zu sehen. Danach soll es wesentlich mehr Unternehmen geben, die gezwungen werden, Betriebsräte zu gründen und Betriebsräte freizustellen. Dies ruft zwangsläufig die Skeptiker auf den Plan. Dass bei einem Unternehmen von 200 Mitarbeitern ein zusätzlich freigestellter Betriebsrat automatisch den durch Personalkosten hervorgerufenen Kostenblock um 0,5 Prozent erhöht, liegt auf der Hand. Noch gravierender ist aber, dass gerade in den kleineren Unternehmen vor allem im Dienstleistungsbereich und in der Internet-Economy rasche Entscheidungen gefragt sind. Hier hilft die Ausweitung der betrieblichen Mitbestimmung wenig – ganz im Gegenteil.

Nennen wir ihn Werner[22] und machen wir ihn zum Betriebsratsvorsitzenden, und zwar zu einem aus seiner Sicht sehr erfolgreichen. Beispiel seiner Arbeit gefällig? Das Unternehmen, das ihn brav für die Betriebsratstätigkeit freigestellt hat und weiterbefördert, lagert seine Postvertriebsstelle auf einen externen Anbieter aus. Von 120 Mitarbeitern widersprechen 30 dem Übergang ihrer Arbeitsverhältnisse. Jetzt beginnt die große Stunde des Betriebsrates, die auch dann nicht mit dem Spruch der Einigungsstelle (5 000 Euro pro Mitarbeiter) beendet ist. Vielmehr strahlt Werner beim Verlassen des Verhandlungssaales und prophezeit allen: »Das kostet das Unternehmen mindestens 50 000 Euro pro Arbeitsplatz!« Es geht aber um viel mehr, denn Werner widerspricht den einzelnen Kündigungen mit dem Hinweis auf die Existenz von freien Arbeitsplätzen. Dies ist zwar faktisch falsch, aber nach deutscher Mitbestimmung wirksam und führt den Arbeitgeber in eine mehrjährige Endlosschleife, Werner aber in den Status eines »gewieften Fuchses«, der es dem Arbeitgeber wieder einmal so richtig gezeigt hat!

Was bedeutet dieser Fall aus darwiportunistischer Sichtweise? Wenn das Unternehmen seinen (ehemaligen) Mitarbeitern weit mehr als 1,5 Millionen Euro für nicht geleistete Arbeit zahlt, wer ist dann der Gewinner? Sicherlich gehört Werner zu den Gewinnern, denn bei zwei oder drei derartigen Fällen steht nicht nur seiner Wiederwahl nichts mehr im Wege, sondern ihm darüber hinaus eine glanzvolle Gewerkschaftskarriere bevor. Hierbei spielt es keine Rolle, ob das Unternehmen seinen Betriebsratsvorsitzenden Werner überlebt oder von ihm in den Konkurs gerissen wird. Werner hat ein Spielfeld für seinen individuellen Opportunismus und der besteht eben darin, Darwinismus auszuschalten. Diese individuelle Optimierung ist völlig legitim, genauso legitim wie die »vornehme Zurückhaltung« des Personalchefs, der in der lokalen Zeitung lieber nichts zum neuen Mitbestimmungsgesetz sagen möchte, weil er das Wohlwollen seines Betriebsrats und der Gewerkschaft nicht verspielen will – und auch nicht seinen Job und seinen tollen Firmenwagen mit zwei eingebauten DVD-Spielern.

Vor diesem Hintergrund ist es verständlich, wenn ein Gewerkschaftsfunktionär, der es schafft, Minister zu werden, als Erstes die betriebliche Mitbestimmung drastisch ausweitet. Alles weitere – und jetzt kommt der Darwinismus ins Spiel – hängt aber wieder von den Marktkräften ab: Hätten auf diese Weise tatsächlich die Flexibilität des Unternehmens und seine internationale Wettbewerbsfähigkeit zugenommen, wäre die Zahl der Arbeitslosen gesunken und neue Jobs entstanden, dann wären seine Chancen gestiegen, auch nach der Bundestagswahl 2002 Arbeits- und Sozialminister zu bleiben. Auf jeden Fall hat er sich – wie Werner – allein durch die Vergrößerung der Betriebsräte in seiner primären Zielgruppe, den Gewerkschaften, neue Verbündete geschaffen – und sich ein Bundestagsmandat verschafft. Gewerkschaften und Betriebsräte wittern Morgenluft: Plötzlich können sie nicht mehr nur Mitarbeiter vor dem unternehmerischen Darwinismus schützen – sie können vielmehr auch (opportunistisch) ihre eigene Chance zur Ausweitung ihres Mitgliederstammes suchen. Gewerkschaften und Betriebsräte sowie die an diese Gruppe gebundenen Politiker sehen opportunistisch ihre Chance, das Rad der Zeit gegen die freie Entfaltung der Kräfte zurückzudrehen. Denn bei allen diesen Bestrebungen geht es darum, Marktmechanismen zu reduzieren, also Darwinismus zu bekämpfen und teilweise auch Opportunismus einzuschränken. Hierzu passt es auch ins Bild, mehr Leistung durch hohe Steuersätze zu bestrafen.

Gewerkschaften treten als die personifizierte
Antithese zum Darwiportunismus auf:
Darwinistische Markttendenzen sollen ausgeschaltet
und Mitarbeiter vor eigenem Opportunismus geschützt werden.

Auch wenn dieser Trend gegenwärtig deutlich ausfällt, gibt es doch eine weiterführende Frage, nämlich die nach der Stabilität des Gesamtsystems. Denn Systeme, die Marktmechanismen zur zentralen Abstimmung ersetzen und die leistungsunabhängige Schutzzonen errichten, funktionieren nicht auf Dauer. Dies hat auch das historische Experiment im kommunistischen Osteuropa gezeigt, wo Funktionäre als selbst ernannte Vertreter der Arbeiterklasse versucht hatten, Marktbedingungen auszuschalten. Letztlich konnten der Markt nicht eliminiert und persönlicher Opportunismus nicht unterbunden werden. Im Gegenteil: Der Kampf gegen Markt und Opportunismus verursachte einen derartig hohen Aufwand, dass das gesamte System zusammenbrechen musste.

Im Sport kann man sich eine Besitzstandswahrung analog zu der durch die Gewerkschaften verfolgten überhaupt nicht vorstellen: Denn sonst bekämen die Spieler tariflich zugesicherte »Rechte« auf einen bestimmten Arbeitsplatz (zum Beispiel »linker Verteidiger«) und somit auf einen Stammplatz. Damit liegt die Konsequenz auf der Hand:

Für die Gewerkschaften liegt
im Bekämpfen von Darwinismus und Opportunismus
keine Perspektive!

Welche Rolle aber sieht eine darwiportunistische Welt für die Gewerkschaften vor?

Wollen sie überleben, müssen die Gewerkschaften sich selbst klarer als Vertreter der opportunistischen Individuen, gleichzeitig aber auch offensiver als (Mit-)Gestaltende der darwinistischen Selektionsmechanismen im darwiportunistischen Spiel einordnen. Dies bedeutet nicht nur (weiterhin), als Gewerkschaft opportunistisch Chancen zu suchen, sondern vor allem, vielfältige neue Verhaltensmuster auszuprobieren und in die freie Selektion des Marktes zu bringen. Verkehrt ist in diesem Zusammenhang die gegenwärtige Bewegung der Gewerkschaften in Richtung auf »Macht durch Größe«, also der Zusammenschluss von Gewerkschaften. Entsprechend der Grundthese der Evolution wäre es wesentlich sinnvoller, kleine und flexible, vor allen Dingen aber in ihrem Verhaltensmuster unterschiedliche Gewerkschaften zu forcieren, die sich dann relativ rasch unterschiedlichen Marktbedingungen anpassen können und müssen.

Dies hat auch Auswirkungen auf die Inhalte und das eigene Selbstverständnis. Die Rolle von Gewerkschaften besteht danach nicht mehr darin, klassenkämpferisch den Darwiportunismus zu bekämpfen. Diese Epoche ist vorbei, wie man es selbst in Großbritannien im Zusammenhang mit »New Labour« sieht. Gewerkschaften – ebenso wie Betriebsräte und Personalräte – wären danach gefordert, eine eigene konstruktive Rolle zu entwickeln und sich auf die vertrauensvolle Zusammenarbeit zum Wohle des Unternehmens und damit der Mitarbeiter zu konzentrieren.

Gerade in einem darwiportunistischen Umfeld
gibt es Bedarf für »neue« Gewerkschaften!

Diese Rolle zu finden fällt den Gewerkschaften zwangsläufig viel schwerer als beispielsweise den Arbeitgeberverbänden: Wie die Gewerkschaften sind auch sie zumindest in ihrer jetzigen Form immer dann ein historisches Relikt, wenn sie von einer strikten Dichotomie zwischen Arbeitgebern und Arbeitnehmern ausgehen. Bei einer zunehmenden Beteiligung der Mitarbeiter am Produktivvermögen des Unternehmens und der immer stärker werdenden Vermischung von Managern und Eigentümern passt dieses Bild nicht mehr. Aber anders als die Gewerkschaften können sich die Arbeitgeberverbände relativ leicht der Logik des Darwiportunismus verschreiben und dieses Grundprinzip weitgehend unterstützen.

Dies bedeutet natürlich nicht, dass die Arbeitgeberverbände einen radikalen Sozialdarwinismus mit Ausselektion des sozial Schwachen forcieren sollten. Ganz im Gegenteil: Vielmehr können Unternehmen gerade in einer Arbeitssituation, die den Interessen der Mitarbeiter voll gerecht wird, einen spezifischen Wettbewerbsvorteil sehen und diesen realisieren. Kein Unternehmen wird in eine Situation abrutschen wollen, wo Mitarbeiter demotiviert und frustriert arbeiten, da dies zwangsläufig zu schlechten Unternehmensergebnissen führt.

Parteien und Politiker: Darwiportunisten mit aufgesetztem Heiligenschein

In den Spätnachrichten erklärt ein Ministerpräsident und zukünftiger Bundesminister, ohne rot zu werden, vor den laufenden Kameras der internationalen Presse: »Ich habe den Koalitionsvertrag gebrochen, wir müssen sehen, wie es weitergeht«. Aber überrascht das wirklich jemanden? Geht es nicht für den einen wie für den anderen nur um (Regierungs-) Macht? Das ist sicher keine Verfassungskrise und keine Systemkrise:
Das ist das politische System mit seiner Mischung aus persönlichem Eigennutz und gnadenloser Auswahl durch das »politische System«.

Will ein Politiker in einer Partei aufsteigen, so gibt es klare Verhaltensmuster, die sich in der Vergangenheit bewährt haben: Dazu gehört das frühe Engagement in der Jugendorganisation und die intensive Unterstützung von Spitzenfunktionären. Wichtig ist auch, dass es bei allen Aussagen und Handlungen nie »um einen selber, sondern nur um die gemeinsame Sache« geht. Diesen Satz gilt es immer wieder zu bekräftigen. Ebenfalls in allen Parteien karrierefördernd ist eine politische Auffassung, die sich mit der Grundauffassung der Partei vollkommen deckt und chamäleonartig an veränderte Positionen anpasst. Folgt man diesen Prinzipien, so ist es letztlich nur eine Frage der Zeit, bis man zu Rang und Würden kommt.

Aber allenfalls erfolglose Idealisten glauben, dass es »um die Sache« oder »um den Bürger« geht: Erfolgreiche Politiker machen es anders! Bei ihnen stehen nie primär Sachziele im Vordergrund, sondern ausschließlich individuelle Netzwerkziele. Hier beginnt der individuelle, persönliche Opportunismus von Politikern: Sie sehen die mit dem Job verbundenen Vorteile der »Aufwandsentschädigung« und der Versorgung ebenso wie die indirekt damit verbundenen Annehmlichkeiten. Ob als kleiner Gemeindesekretär, ob als strammer Parteisoldat mit Zugriff auf die Planungen von Neubaugebieten oder als Aufsichtsrat in Firmen: Politiker haben Chancen und sie nutzen sie. Dies mag zwar unfair gegenüber normalen Bürgern sein, ist aber üblich und vom System toleriert.

Parteien sind zwangsläufig darwinistische Systeme
und erfolgreiche Politiker grenzenlose Opportunisten!

Nicht etwa, dass der Darwinismus politischer Parteien oder der Opportunismus von Politikern »schlecht« ist. Nur wird beides nicht offen kommuniziert, sondern sogar das Gegenteil behauptet: Politiker betonen immer wieder ihre altruistische Weltauffassung, nach der es ihnen nur darum geht, die Welt »ein bisschen besser« zu machen und allenfalls ihre eigene Position im Buch der Geschichte zu optimieren. Und Parteien wollen immer wieder den Eindruck suggerieren, bei ihnen gäbe es so etwas wie eine Demokratie und eine Basisnähe, im Extremfall sogar eine Basisdemokratie.

Was aber ist die Wirklichkeit? Die Antwort: Darwiportunismus pur!

Das Entscheidende an dem evolutionären System ist die Variation im System, bei gleichzeitiger Bewahrung. Genau das passiert in der Politik durch solche Politiker, die ihre Chance gerade darin sehen, durch ein (geringfügig) verändertes Verhaltensmuster an die Macht zu kommen. Diese Änderung kann sich auf Inhalte ebenso beziehen wie auf den persönlichen Stil oder generell auf die »Verpackung«. Ein schönes Beispiel dafür war Bill Clinton: jung, dynamisch und

Saxophon-Spieler, wobei sich gerade Letzteres besonders gut zur Selbstinszenierung eignet.

In dem hier zu diskutierenden Zusammenhang interessiert es aber jetzt nicht, ob Politik lediglich Theater ist. Es geht vielmehr um das Schaffen von Variation. Beispiele für derartige Variationen gibt es mehr als genug: In der Steuerpolitik sind es das Jonglieren mit Berechnungssätzen oder die Ökosteuer. In der Hochschulpolitik variiert der eine, indem er zulasten der Volkswirtschaftslehre die Betriebswirtschaftslehre forciert, während der Nächste zulasten der Betriebswirtschaftslehre die Wirtschaftsinformatik ausbaut. In der Gesundheitspolitik wird so ziemlich alles variiert, was variierbar ist – bis hin zur Gentechnik. Und im Hinblick auf die Verpackung sind gängige Variationen »frischer Wind« und »neues Gesicht«, sofern das Ganze nicht zu frisch und zu neu ausfällt.

Wenn also opportunistische Politiker das Verhaltensmuster (etwas) ändern, entsteht eine Variation. Jetzt entscheidet das System, ob es diese Variation akzeptiert oder ob sie ausselektiert wird. So galt es lange Zeit in allen Parteien als förderlich, sich intensiv mit der Akquisition von Parteispenden zu beschäftigen. Aber ab einem gewissen Zeitpunkt war gerade das Aufdecken von illegalen Parteispenden das karrierefördernde Verhaltensmuster.

Diese Mischung aus Opportunismus und Darwinismus findet sich in allen Parteien und in allen Ländern. So waren die Grünen 1983 kollektiv gegen NATO-Doppelbeschluss und Castor-Transporte, was ihnen die Chance zur Identitätsentwicklung gab. Jetzt sind sie wieder – aus purem Opportunismus – einer etwas anderen Meinung, weil diese sie in die Lage versetzt, ihre Partei- und Regierungsämter weiterhin auszuüben.

Es gibt Politiker, die als Charaktermerkmal Opportunismus im Sinne von fast schon instinktivem Erspähen von Chancen aufweisen. Ein typisches Beispiel dafür ist Oskar Lafontaine, wie er beispielsweise 1995 auf dem Mannheimer Parteitag im Handstreich Rudolf Scharping vom SPD-Vorsitz ablöste und an die Macht kam. Dass er dann seine größere Chance vermutlich darin sah, statt der harten Arbeit des Finanzministers ein hoch dotiertes Buchprojekt und ein idyllisches Familienleben zu realisieren, ist ebenfalls Opportunismus – wenn vielleicht in diesem Fall teilweise auch durch Spätfolgen des Attentates auf ihn erklärbar. Ob und inwieweit dabei

Parteifreunde auf der Strecke bleiben, ist für einen Opportunisten gleichgültig, da es ausschließlich um die Optimierung der eigenen Position geht.

Es ist daher auch nicht unwahrscheinlich, dass Oskar Lafontaine mit seinem Rücktritt als Parteivorsitzender und als Finanzminister einer Entscheidung anderer zuvorkam. Sein individueller Opportunismus kam somit in einen für ihn fatalen Konflikt mit dem parteipolitischen Darwinismus. Denn:

Parteien sind als darwinistische Systeme permanent darauf aus, Abweichler auszusortieren.

Im internationalen Umfeld gilt inzwischen Ronald Reagan im Nachhinein als einer der erfolgreichsten Politiker. Er konnte sich inszenieren, er konnte intuitiv auf Chancen adäquat und insbesondere medienwirksam reagieren. »Mister Gorbachev, tear down this wall!« war eine Aussage, die vor allen Dingen wegen ihrer Authentizität die Wirkung nicht verfehlte. Bürokraten hätten an dieser Stelle wohl eher über Bauvorschriften, über Denkmalschutz oder über Zulässigkeitsklagen nachgedacht.

Gerade Amerika ist ein gutes Beispiel dafür, wie Opportunisten Zeitgeist erspüren und so auch darwinistische Systeme in Bewegung setzen. Aus jüngster Vergangenheit ist hier das Duell zwischen Al Gore und George W. Bush ein markantes Beispiel.[23] So gewann Al Gore an Popularität, als er auf dem entscheidenden Parteitag seine Frau länger küsste als George W. Bush die seine! Doch am Schluss gewann George W. Bush: Nicht nur, weil er den wahlentscheidenden Supreme Court quasi kontrollierte, sondern vor allen Dingen, weil er zum Liebling der Journalisten wurde und diese deshalb über diesen kleinen »Schönheitsfehler« seiner Wahl hinwegsahen. Beliebt bei der Presse wurde George W. Bush dabei nicht trotz (!) seiner vielen Fehler, sondern gerade wegen (!) seiner vielen Versprecher und seines originellen Auftretens. Wenn sich George W. Bush bereits vor dem 11. September in seiner Bomberjacke militärisch als oberster Heeresführer präsentiert und gemeinsam mit Tony Blair eine entsprechende Pressekonferenz gibt, inszeniert er sich selbst. Das ist seine Chance und die nutzt er.

Dass Politiker für sich selbst beziehungsweise in ihren Parteien auf Darwiportunismus setzen, ist die eine Seite. Setzen sie aber auch Darwiportunismus »im Lande« um? In der Politikersprache ausgedrückt lautet die eindeutige und klare Antwort »Jein«!

Beispiel Subventionspolitik: Bei der Sanierung des Bauunternehmens Holzmann entschloss sich die Regierung, auf Banken einzuwirken, um ein vom Konkurs bedrohtes Unternehmen (und den eigenen Ruf als »Macher«) zu retten. Die Konsequenz: Ein großer Konzern konnte zunächst saniert werden, allerdings zulasten der Steuerzahler und vieler kleinerer Betriebe. Diese mussten, um mit den gesenkten Preisen von Holzmann mithalten zu können, ihre Preise so stark reduzieren, dass sie selbst in Schwierigkeiten gerieten. Opportunismus pur bei der Regierung und bei Holzmann – nur hat es den Arbeitnehmern bei Holzmann dauerhaft doch nicht geholfen. Und erstaunlich, wie sich Geschichte wiederholt: Das Déjà-vu-Erlebnis stellt sich ein, wenn man in dieser Schilderung »Holzmann« durch »MobilCom« ersetzt und den Zeitpunkt kurz vor die Bundestagswahl 2002 verlegt: Bereits eine Woche nach dieser Wahl wird dann der Abbau von 44 Prozent der Arbeitsplätze verkündet[24].

Dass in diesem Umfeld teilweise privatisierte Unternehmen wie die Post zwangsläufig versuchen, Wettbewerb auszuschalten und auf diese Art und Weise dauerhafte Vorteile zu generieren, ist nur natürlich. Warum sollte die Post nicht versuchen, ihr Briefmonopol zu erhalten? Und warum sollte eine Deutsche Telekom nicht ihre faktische Monopolstellung bei der »letzten Meile« verteidigen – wenn sie gleichzeitig die lästige Pflicht der flächendeckenden Versorgung (Stichwort DSL) abschütteln kann?

Aber auch manche Großunternehmen bekommen Probleme, wenn sie in Staatsmonopole wie etwa die IT-Qualifizierung vordringen. So wollte Ford allen Mitarbeitern kostenlos einen PC zur Verfügung stellen, um die Angestellten auf die Anforderungen des 21. Jahrhunderts vorzubereiten. Die Aktion wurde eingestellt, nachdem der Finanzminister 20 Millionen Euro Steuern dafür verlangte.[25]

Subventionspolitik ist nichts anderes als der geglückte Opportunismus einiger Begünstigter, sich kurzfristig der Marktradikalität zu entziehen.

Viele Regierungen in Europa bekennen sich zu einer Privatisierung. Dies begann mit Margaret Thatcher in Großbritannien und ging bei uns bis hin zu der viel zitierten Privatisierung der Müllabfuhr. Das größte Privatisierungsvolumen entstand nach der Wiedervereinigung, als die Privatisierungsbehörde von Birgit Breuel in vielfältiger Weise Staatsbesitz in Privatbesitz transformierte. Privatisierungspolitik zielt im Ergebnis auf Markt, öffnet aber gleichzeitig auf dem Weg dorthin dem Opportunismus der Begünstigten Tür und Tor.

Beispiel Steuerpolitik: Wenn Kleinstunternehmer mit serienweisen Steuerprüfungen so belästigt werden, dass sie den Spaß am freien Unternehmertum verlieren, gleichzeitig aber Großunternehmen anscheinend unter politischem Schutz stehen, so zeigt dies eindeutig eine Richtung: Kleinere und mittlere Unternehmen bekommen immer weniger Chancen, der Darwinismus greift und die Siegerstraße der bereits großen Unternehmen wird noch breiter.

Besonders deutlich aber sieht man das Grundmuster für den Umgang mit Darwiportunismus bei der Hochschulpolitik: Auf der Ebene der Willensbekundung will man durchaus Markt und Individualisierung, also Darwinismus und ein Gefühl von Opportunismus einführen. Das klingt gut, passt in die allgemeine Stimmung und beweist Zeitgeist. Doch was passiert wirklich? Auf der Handlungsebene scheut man davor zurück, Leistung wirklich zu honorieren. Beliebte Aktion: Absenken von sowieso schon niedrigen Gehältern, Verschärfen von Nebentätigkeitsregelungen und Einschränken der Autonomie. Vor allen Dingen hat man Angst vor bürokratiefreiem Markt und Wettbewerb. Deshalb will man durch professionelle Evaluatoren und zentrale Regelungsmechanismen die Marktmechanismen wieder eliminieren. Das Zauberwort in der Hochschulpolitik heißt also »Markt«, das Instrument auf der Handlungsebene allerdings Reglementierung durch zentrale Planung und Steuerung – eigentlich schade, aber trotzdem verständlich, denn sonst gäbe es ja weniger Posten für entsprechende Verwalter und Evaluatoren. Aber die Geschichte ist damit noch nicht zu Ende, denn das wirklich Spannende findet auf der nächsten Ebene statt.

Egal was die Politiker sagen oder tun:
Der Darwiportunismus wird sich durchsetzen –
allerdings in einer Form, die nicht jedem gefällt.

Auf der Ebene der realen Konsequenzen setzt sich dann aber doch der Darwiportunismus durch, ausgelöst durch negative Selektion: Wenn viele Hochschullehrer weniger verdienen als ihre Absolventen beim Berufseinstieg und gleichzeitig ihr letzter Rest von »Spaß durch Autonomie« zerstört wird, werden sich junge Wissenschaftler zwangsläufig gegen eine Universitätskarriere in Deutschland entscheiden[26]. Viele Hochschulen in Deutschland werden im globalen Darwinismus zum Auslaufmodell, gute Wissenschaftler und gute Studenten werden ihre Chance im Ausland suchen!

Der einzige Lichtblick: Da ein gewisses Restmaß an Freiheit bei den jeweiligen Landesregierungen und teilweise in den Hochschulen liegt, können diese opportunistisch eigene Wege im Umgang mit diesem Gesetz suchen. Auch dann werden Marktmechanismen zum Zuge kommen. Manche Bundesländer werden unabhängig von der Bezahlung etwas attraktiver sein, weil hier die Autonomie der einzelnen Lehrstühle eher erhalten bleibt. In anderen werden die Professoren zum Morgenappell beim Universitätspräsidenten zitiert, um dort symbolisch ihren Kniefall zu machen und dafür von ihm vielleicht doch Forschungsgelder zu erhalten. Insgesamt also ein interessantes darwiportunistisches Szenario, bei dem es gerade wegen der schwierigen Ausgangssituation extreme Chancen für Bundesländer und Hochschulen mit professionellem Management gibt!

Dieses Grundmuster setzt sich auf den verschiedensten Feldern fort, wie auch das Gesetz gegen die Scheinselbstständigkeit zeigt, das nur eines bezweckte, nämlich darwinistische Tendenzen auszuschalten. Die Einzigen, die als wirkliche Sieger aus dieser Aktion eine Chance zur Entfaltung bekamen, waren die Behörden, da diese die Einhaltung der gesetzlichen Vorschriften überwachen und entsprechende Aktionen einleiten konnten. Ähnliches bahnte sich Anfang 2002 an, als die Jobaqtiv–Initiative erst einmal in der Arbeitsvermittlung 3 000 neue Arbeitsplätze schaffte und zeigte, dass Arbeitslosigkeit nur schwer über Gesetze beseitigbar ist.

Man sieht, dass der Umgang mit Darwiportunismus eine hochgradig politische Komponente hat: Akzeptanz von Darwiportunismus bedeutet Flexibilisierung von Arbeitsbedingungen. So hatte Walter Riester als Arbeitsminister Anfang 1999[27] aus seiner Sicht das Problem, dass sich die Anzahl der »freien Mitarbeiter« in den letzten zehn Jahren von 1,5 Millionen auf 6 Millionen erhöht hatte. Nach dem freien Spiel der Kräfte kann das sinnvoll sein. Riester wollte aber – aus seiner gewerkschaftlichen Sicht folgerichtig – »ordentliche Arbeitnehmer« und wurde gesetzgeberisch tätig. Ob er die Zahl der »freien Mitarbeiter und Scheinselbstsständigen« wirklich reduzierte und die der »ordentlichen Arbeitnehmer« erhöhte, kann bezweifelt werden. Denn eines ist klar: Darwiportunismus lässt sich auch von Walter Riester nicht abschaffen, die Märkte reagieren entsprechend. Auch die so genannte »aktive Arbeitsmarktpolitik« und die von ihr verschlungenen Milliarden, deren Wirksamkeit niemand belegen kann[28] und deren Akzeptanz durch die Arbeitslosen auch nicht gerade übermäßig erscheint, wirken insgesamt in vielen Fällen wie der missglückte Versuch, Darwinismus und Opportunismus einzugrenzen. Da lässt sich nur noch über opportunistische Strategien der 2002 gewählten Bundesregierung spekulieren: etwa die der Redefinition von »Arbeitslosen«, die in die Statistik nur dann aufgenommen werden, wenn sie wirklich in neue Jobs vermittelt werden können[29] – dies wäre dann so, als würde eine Bank bei ihren Kreditkunden auf dem Kontoauszug nur die Posten als Schulden aufführen, die ihre Kunden auch zurückzahlen können.

Analoges gilt für den »Hartz-Bericht«[30], der in seiner Entstehungsphase im Juni 2002 zunächst auf ein Schaffen von Chancen durch mehr Wettbewerb abzielt, um die Arbeitslosigkeit drastisch zu vermindern. Also eigentlich ein »Zelle (4)«-Konzept! Die ersten, noch relativ radikalen Vorschläge wollen beispielsweise unter anderem das Arbeitslosengeld auf ein Jahr begrenzen oder die Arbeitslosenhilfe nach zwei Jahren auf Sozialhilfeniveau absenken. Doch letztlich kommt alles ganz anders:[31] Während der Wirtschaftsexperte der Opposition, Lothar Späth, die vorläufigen Vorschläge noch als »revolutionär« lobt, bekommen die gewerkschaftlichen Politiker plötzlich Angst vor der eigenen Courage – und Druck von ihrer eigenen Klientel. So werden die meisten wettbewerbserhöhenden Vorschläge wieder gestrichen. Übrig bleibt ein eher unscharfes und auf

Versorgung ausgerichtetes Konzept, das im Wesentlichen auf Zelle (1) in der Darwiportunismus-Matrix zielt. Das fertige Konzept wird zu allem Überfluss noch durch zusätzliche Forderungen an den Haushalt der Bundesanstalt für Arbeit relativiert.[32] Fazit: Aufgrund opportunistischer Kalküle der Beteiligten wurde erneut eine Chance zum mutigen Abschied von planwirtschaftlichen Lösungen vertan.

Ob Hochschulpolitik, Holzmann-Krise oder Post AG,
ob Subventions-, Privatisierungs- oder Arbeitsmarktpolitik:
Alle diese Fälle belegen die weitgehende Unfähigkeit
vieler Politiker im Umgang mit Darwiportunismus,
gleichzeitig aber auch die Unmöglichkeit,
Darwiportunismus einzudämmen.

Egal, ob wir in der Politik eine Gerechtigkeitslücke, eine Kompetenzlücke oder »nur« eine Glaubwürdigkeitslücke haben: Zumindest die von uns, die nicht Politiker sind, haben ein Problem, da sie zum Spielball des individuellen Opportunismus der Politiker und ihres kollektiven Darwinismus werden.

Deshalb überrascht es wenig, wenn aus unterschiedlichen Gründen, aber mit dem gleichen Ergebnis, die Generation X ebenso wie die Generation Y den Politikern, den Parteien und erst recht den Regierungen misstraut: Beide Generationen hoffen (bislang vergebens) auf eine Welt, in der sich Regierungen allenfalls auf die Rolle zurückziehen, Marktmechanismen zu sichern, aber nicht mehr aktiv eingreifen.

Im Ergebnis zeigt sich allerdings erneut, dass Darwiportunismus als ein gesellschaftliches Phänomen nur schwer ausschaltbar ist!

Rechtsprechung: Unabhängig oder ungebändigt?

12. Dezember 2000: Der amerikanische Supreme Court entschied mit 5:4 Stimmen die Präsidentenwahl, indem er sich zu einem Zeitpunkt gegen die Fortführung der Nachzählung in Florida aussprach, als Al Gore zunehmend an Boden gewann. Inzwischen ist so ziemlich allen klar, dass diese Entscheidung weniger auf rechtlichen als vielmehr auf parteipolitischen Gründen basierte. Sieben der neun Richter sind von republikanischen Präsidenten eingesetzt worden, teilweise sogar vom Vater des inzwischen zum Präsidenten auserkorenen Politikers. Einer dieser Richter kann unter Bush den Vorsitz dieses Gerichts bekommen, würde George W. Bush an die Macht kommen. Zumindest ein »Richter-Sohn« arbeitete in einer Anwaltskanzlei, die George W. Bush vertrat, und die Frau einer dieser Richter war für eine Parteistiftung der Republikaner bereits mit der Besetzung von Positionen im Weißen Haus beschäftigt. Trotzdem wählte das Gericht weitgehend unbehelligt »im Namen des Volkes« einen Präsidenten aus.[33]

Folgt man dem Mythos der staatsbürgerschaftskundlichen Märchenstunden, so sind Gerichte und Rechtsprechung unabhängig und überparteilich. Ihre Aufgabe ist es danach, dem Recht zur Geltung zu helfen, Schwache vor Starken zu schützen und Wildwest zu vermeiden. Doch sind Gerichte wirklich unabhängig? Oder werden sie nicht zunehmend selber Akteure in darwiportunistischen Szenarien? Sind für sie Gesetze wichtig oder werden diese nur instrumentalisiert, wenn im Namen des Volkes (oder der jeweils an der Macht befindlichen Interessengruppe) »Recht« gesprochen wird?

Was passiert, wenn das Volk lieber eine Flugzeugfabrik statt einen Naturpark hat? Wer nicht gerade zufällig Wachtelkönige, Löffelenten, Kreuzkröten oder Feldhamster auf seinem Grundstück erspäht, hat im Regelfall gegen Wohngebiete, Fabriken, Autobahntrassen oder Gleise wenig Chancen. Gerade Natur- und Tierschutz, beides gesetzlich geregelt, sind eine der schönsten Fiktionen unserer modernen Gesellschaft. Hier zeigen sich die Schattenseiten des Darwiportunismus: Tiere haben keine Lobby, Tiere können ihren Opportunismus nicht ausleben, und Tiere sind für den Menschen allzu häufig allenfalls Objekte. Wenn gesunde Rinder zur »Sicherung des Marktes« getötet werden, dann ist Marktradikalität eine harmlose Umschreibung für diesen Zustand. Doch Gerichte sehen hier im Regelfall kein Problem.

Politiker, eingebettet in ein darwiportunistisches System,
machen Gesetze, deren Gestaltungsspielraum
durch die Rechtsprechung darwiportunistisch genutzt wird.

Wer seinen oder fremden Grund in ein Wohngebiet oder eine Firmenansiedlung umwandeln möchte und deswegen Landschaften zerstören will, hat ebenfalls inzwischen sehr gute Karten. Natürlich gibt es pro forma einen Schutz des Eigentums, der aber de facto zumindest in Deutschland eher inexistent ist: Der politisch oder finanziell Stärkere gewinnt im Regelfall, die Opportunisten, die ihre Lobby installiert haben, besiegen den kleinen Landbesitzer. Auf der ehemals eigenen Wiese vor dem Haus steht dann plötzlich und nicht verhinderbar eine Wohnsiedlung, von der nur derjenige profitiert, der die Häuser baut oder verkauft. Man spricht nicht von Enteignung, man führt sie unter der Bezeichnung »Umlegung« einfach durch, geschützt durch die Rechtsprechung, die sich an den Wünschen der Politik ausrichtet. Wenn politische Amtsträger dann auch noch die Richtigkeit einer derartigen Enteignung bestätigen, dann nützen auch Eigentumsschutz und Naturschutz wenig! Und wenn sich alle politischen Parteien einig sind, dass ein Naturschutzgebiet zulasten einer Flugzeugfabrik geopfert werden soll, nicken auch die Richter eifrig.

Gerade Opportunisten mit Macht haben gute Chancen,
sich mit Gerichtsurteilen gegen Schwächere durchzusetzen
und so die Gerichte zu instrumentalisieren.

Die Rechtsprechung schützt somit kaum noch die Schwachen, wenn ihr Hab und Gut den Starken zum Opfer fällt. Wenn einzelne Personen teure Gerichtsverfahren gegen Städte oder Großunternehmen führen müssen, haben sie praktisch keine Chance. Gerichte sind somit Verstärker im darwiportunistischen Spiel der Kräfte, indem sie die Starken noch stärker machen und die Schwachen zusätzlich schwächen. Anders als Politiker gehen Richter dabei aber überhaupt kein persönliches Risiko ein.

Medien: Opfer und Täter im Darwiportunismus

Auf dem Weg von München nach Stuttgart. Rückblick: In beiden Städten war ich Anfang 2000 zu Podiumsdiskussionen zur New Economy. Dabei immer ein Top-Manager von Brokat mit einer glühenden Laudatio auf Produktidee und Personalarbeit. Applaus für Sätze wie: »Bei uns arbeiten Mitarbeiter gerne und deshalb gut.« Im Prinzip richtig, nur: Galt das wirklich für Brokat? »Unserer Expansion sind keine Grenzen gesetzt.« Inzwischen hat Stefan Röver gemerkt, dass zumindest Aktienkurse mit dem Nullwert eine natürliche Untergrenze haben. Damals aber unkritische Euphorie vor allem von fast schon grotesk unkritischen Medien. Wenn sich Unternehmen und Medienvertreter einig sind über das Paradies auf Erden, wer will da noch Störenfried sein?

Chancenvielfalt und Wettbewerb! Beides charakterisiert gegenwärtig die aktuelle Medienlandschaft. Durch moderne Produktionstechniken sinken die Eintrittsbarrieren: Wenn TV-Sendungen auf einem Laptop entstehen können, wenn sich ganze Zeitungen auf kleinen Homecomputern realisieren lassen und kleine Hochschulinstitute Internetfernsehen produzieren, dann ist eine Chancenvielfalt geboten, die an Faszination kaum zu überbieten ist und vieles einfacher macht. Gleichzeitig explodieren aber die Produktionskosten im gnadenlosen Kampf um die Zuschauer, bedingt durch Spitzengehälter der Akteure und durch den inzwischen als Mindeststandard angesehenen Aufwand für Sendungen.

Besonders fatal: Es gibt kaum einen wirksamen Kopierschutz! Hat ein Sender mit einem spezifischen Format Erfolg (beispielsweise Container-Event oder Quiz-Show), wird dieses Format sofort von allen Sendern kopiert – im günstigen Fall ebenfalls mit guten Zuschauerzahlen, im ungünstigsten Fall wird durch diese Multiplikation das Originalformat zerstört.

Darwinismus und Opportunismus:
Beides liegt in der Medienszene eng beieinander.

Das Paradebeispiel par excellence aber für Darwiportunismus in der Medienszene ist Leo Kirch. Bereits als Person wirkt er in sich widersprüchlich:[34] einerseits charmant, andererseits menschenscheu und misstrauisch, einerseits Katholik aus normalen Verhältnissen, andererseits machtvoller Großaktionär und »Medienmogul«. Er spielt opportunistisch: wenn er strategisch nützliche Allianzen eingeht, Tarnfirmen für seine Geschäfte nutzt, Kritiker aus seinem Konzern entmachtet, heimlich den Einstieg in den Springer-Konzern vollzieht. Er spielt darwinistisch: wenn er versucht, sich im Filmhandel eine Monopolsituation aufzubauen, wenn er wertvolle Senderechte für die Fußballweltmeisterschaft kurz vor der Insolvenz an eine nicht insolvente Schweizer Tochtergesellschaft überträgt. Natürlich ist Kirch nicht allein auf dem Spielfeld: Überall Opportunisten, die ihre Chance auf eigene Geschäfte – und sicherlich auch auf Rache – wittern, als das Kirch-Imperium 2002 wie eine Domino-Kette zusammenbricht[35]. Der Darwinismus im beinharten Medienumfeld kennt keine Gnade, als Kirch die Finanzierung seines Imperiums nicht mehr sicherstellen kann. Kirch ist letztlich beides, Täter und Opfer des Darwiportunismus – und hätte sich im Voraus sicherlich weder die Geschwindigkeit seines rasanten Aufstiegs noch die Geschwindigkeit seines schnellen Falles vorstellen können.

Die Medien zeigen uns, dass Darwiportunismus keinesfalls immer in der Maske des Bösen auftritt. Ganz im Gegenteil: Vieles ist an Freundlichkeit nicht zu überbieten. Selbst die Verlierer bekommen wie bei Big Brother Applaus. Trotzdem: Am Schluss kann nur einer gewinnen und gerade das machte offenbar den Reiz an Big Brother aus, zumindest bevor die vielen Nachahmer den Markt an Container-Shows übersättigten. Big Brother kam also gerade deshalb so gut an, weil es ein Spiegel des gegenwärtigen Zeitgeistes ist.

Medien spielen eine wichtige Rolle bei der Verstärkung beziehungsweise Abschwächung darwiportunistischer Tendenzen in der gesamten Volkswirtschaft. So hielten mindestens bis Anfang 2001 die meisten Medien die bereits 2000 erkennbaren Probleme unter der Decke, weil sie nicht ins Bild passten und man viel lieber an Märchen glaubte.

Damals publizierte man liebend gerne die bereits eingangs geschilderten Märchen: Mitarbeiter arbeiten begeistert sechzig Stunden pro Woche, beginnend mit dem gemeinsamen Luxus-Frühstück und tief hinein in das nicht mehr abgrenzbare Privatleben. In Round-Table-Diskussionen werden das »fantastische Betriebsklima« und das Fehlen von »störender Bürokratie« gelobt, die Bedeutung der »ehrlichen Mitarbeitergespräche« und des »echten Zuhörens« hervorgehoben, auf die Notwendigkeit des »absolut persönlichen Kontaktes« und der »totalen Vertrauenskultur« hingewiesen, vor allem aber das »immer wieder vorwärtstreibende Wir-Gefühl« diagnostiziert.

> Ob Old Economy oder New Economy:
> Alle lieben Erfolgsstorys und spielen mit,
> vor allem die Medien, die unreflektiert
> Märchen zur realisierbaren »Best Practice« erklären.

Die Medien haben lange Zeit im Interesse von Anzeigenkunden und im Interesse einer Story, die »gut ankommt«, beide Seiten des Darwiportunismus massiv heruntergespielt: Darwinismus gab es nicht, denn unsere schöne New Economy bestand nur aus Siegern – und wer nicht frühzeitig die Aktien von Telekom, SAP und Infineon gekauft hatte, war selbst schuld beziehungsweise kann das ja nachholen. Im Unternehmen selbst dominierte zwar Leistungsorientierung, aber eingebettet in eine Kuschelecke aus Harmonie und wechselseitiger Loyalität. Hier hatten Artikel über Opportunismus bei Mitarbeitern keinen Platz. Vor allem in Wochen- und

Monatszeitungen erschienen Lobeshymnen, die fern jeder Realität eine Welt vorgaukelten, die schön und einfach war. Wozu dann noch eine langfristig ausgerichtete Personalentwicklung? Wozu eine aussagefähige Personalstrategie?

Die »Bubble Economy« wurde nur noch übertroffen
von einem »Bubble-Personalmanagement«
aus platten Leerformeln!

In dieser »Bubble-Welt« traute sich offenbar keiner mehr, auf die Realität hinzuweisen: Der Kaiser war nackt! Merkte man es nicht oder wollte man es nicht aussprechen?

Dann das plötzliche Erwachen, denn die Bubble-Personalarbeit beginnt zu zerplatzen wie die Bubble Economy. Aus dem Traum wird ein Albtraum! Am hoch gelobten Neuen Markt kommt es nicht nur zu Massenentlassungen statt Masseneinstellungen, es kommt auch zu einem neuen Betriebsklima mit ganz neuen Ritualen: »... folgende Personen dürfen wieder an die Arbeit gehen, für die anderen haben wir Aufhebungsverträge vorbereitet – sorry!« Und wieder gibt es die gute Story, nur umgekehrt und ohne Rücksicht auf die Unternehmen, die sowieso jetzt nicht mehr am Anzeigenschalten interessiert sind: Keine gemeinsame Arbeitspizza mehr, stattdessen ein trauriges Bier in der Kneipe und massive Sorge um die Zukunft.

Und was machen die Medien? Jetzt überbieten sie sich mit ihren Geschichten über den brutalen Darwinismus und den rücksichtslosen Opportunismus. Denn eines ist klar:

Viele Journalisten haben intuitiv
die darwiportunistische Grundlogik begriffen.

Vielleicht haben deshalb Journalisten ein ausgesprochen gutes Gefühl für den Darwiportunismus, weil die Medienlandschaft selber eine Arena für extrem ausgeprägten Darwiportunismus darstellt, dessen konkrete Ausgestaltung stark von der betrachteten Ebene und dem betrachteten Medium abhängt. So gibt es bei den Zeitungen auf nationaler Ebene einen Wettkampf zwischen den großen Blättern. Auf lokaler Ebene ist der Wettbewerb teilweise bereits entschieden: Deshalb gibt es in manchen Großregionen nur noch eine einzige lokale Tageszeitung. Wenn man dann nur noch zwischen einer einzigen Zeitung wählen kann, entstehen seltsame Auswüchse: So bekommt der Verlagsleiter in einer solchen Region regentschaftlichen Status, von dem aus er huldvoll auf sein Volk herabblickt. Er ist die öffentliche Meinung – alle wissen es und alle richten sich danach. Anders ausgedrückt: Nachdem der Darwinismus alle Wettbewerber hinweggerafft hat und es überhaupt keine Konkurrenz mehr gibt, kann man noch leichter und noch ungebremster opportunistisch handeln. Wenn es keinen Wettbewerb mehr gibt, spielt auch die Qualität keine Rolle mehr.

In einem solchen Umfeld finden sich dort Praktiken, die mit professionellem Journalismus nichts mehr zu tun haben. So dürfen teilweise die Akteure und Betroffenen unter einem Pseudonym ihre Artikel selbst schreiben. Dies hat interessante Vorteile: Zum einen entstehen Artikel mit lokalem Bezug, zum anderen gewinnt man weitere Verbündete. Wenn zum Beispiel ein Städteplaner ein Projekt entwickelt (von dem rein zufällig auch noch sein Amtskollege begünstigt ist), kann er – entsprechende Verbindungen zum Verlagsleiter vorausgesetzt – die Zeitung dazu nutzen, einen vermeintlich objektiven Bericht über sein eigenes Vorhaben zu publizieren. Auf diese Weise kann er Interessenten anlocken, Gegner kritisieren und Gerichtsentscheidungen interpretieren.

In der Weiterführung derartiger Praktiken wird bald der Betreiber eines Atomkraftwerkes selbst den lobenden Kommentar über sein Kraftwerk verfassen, ohne dass es irgendjemandem auffällt. Aber bevor man dies vorschnell verurteilt: Dieser Opportunismus ist nur deshalb möglich, weil sich im darwinistischen Spiel der Kräfte eine Zeitung durchgesetzt und die gesamte Konkurrenz vom Platz verwiesen hat.

Zumindest in der Theorie bestehen derartige Monopole selten auf Dauer. So entfacht das Internet im Medienbereich in vielen Fällen eine neue Marktdynamik. Ob dies aber wirklich Medienvielfalt hervorbringt, hängt von den Akteuren und ihrem erfolgreichen Machtstreben ab. So kann die oben erwähnte Monopol-Tageszeitung versuchen, die Kontrolle über die Online-Berichterstattung in der Region zu erhalten und vielleicht auch noch im Hörfunk oder Fernsehen auf Sendung zu gehen. Eigentlich dürften Politiker dies nicht zulassen, würden sie nicht als echte Opportunisten ihre Chance darin sehen, sich durch eine derartige Erlaubnis mit dem lokalen Pressefürsten zu arrangieren und ihm im Extremfall durch ein entsprechendes Mediengesetz den Weg freizumachen. Politiker agieren also opportunistisch und vergrößern damit den Opportunismus-Spielraum der begünstigten Medien.

Vielleicht ist es altmodisch, an eine gesellschaftspolitische Verantwortung der Medien zu glauben und von ihnen einen Beitrag zur Bewältigung der anstehenden Herausforderungen zu erwarten. Bleibt damit den Medien wirklich nur mehr die simultane Rolle als »Opfer und Täter«?

Einen für die Darwiportunismusforschung interessanten Fall liefern die öffentlich-rechtlichen Fernsehanstalten. Sie setzen Marktmechanismen außer Kraft, wenngleich sie auch entsprechende Formate der Wettbewerber kopieren. Allein die Wortwahl ist hier eindeutig zweideutig: So gibt es auf der einen Seite Free-TV (zum Beispiel RTL oder Sat1), auf der anderen Seite aber Pay-TV wie Premiere, wozu streng genommen auch das Öffentlich-Rechtliche mit seiner GEZ zählt. Öffentlich-Rechtliche kennen kaum Marktmechanismen. Bei ihnen beschränkt sich der Darwiportunismus auf den opportunistischen Aspekt, der inzwischen durchaus zu absoluten Spitzengehältern führt, alles aber eingebettet in ein System sozialer und emotionaler Sicherheit.

Globaler Darwiportunismus mit lokaler Prägung

Vortrag in Japan zum Thema Darwiportunismus: Bei der Zelle rechts unten in der Darwiportunismus-Matrix kommt der höfliche Hinweis, dass man diese in Japan nicht Kindergarten, sondern Universität nennen sollte. Und ganz am Ende der Satz: Auch bei uns gibt es inzwischen wirklichen Darwiportunismus.

Darwiportunismus ist kein rein deutsches Phänomen. Auch in anderen Ländern gibt es Darwiportunismus, allerdings – bei der gleichen Grundregel – teilweise mit etwas anderen Ausprägungen.

Australien: Kindergarten in der Sonne! Australien hat insofern eine symbolische Nähe zum Darwiportunismus, als Charles Darwin Australien bereiste und dort eine Stadt nach ihm benannt wurde. In Australien ist der Darwinismus nicht besonders stark ausgeprägt: Es gibt ein stetiges Wirtschaftswachstum, ein umfassendes System der sozialen Absicherung und eine eher geringe Bevölkerungsdichte. Umgekehrt gibt es aber einen stark ausgeprägten Opportunismus: Mobilität und Fluktuation sind groß, »Easy going« als Formel für angenehmes Leben und die Suche nach der Spaßgesellschaft durchgängige Themen.

China: Der neue Feudalismus! Dass China in der Vergangenheit ein stark feudalistisches System hatte, wo Mitarbeiter keine großen Freiheiten genossen, ist hinlänglich bekannt. Es scheint aber so, als ob die gegenwärtige Modernisierung wieder zu einem Feudalsystem mit hohem Darwinismus und niedrigem Opportunismus führt: So sind nach »Verwaltungsvorschrift 1995-223 des Arbeitsministeriums« diejenigen Arbeitnehmer, die kündigen, teilweise verpflichtet, die für sie angefallenen Beschaffungs- und Qualifizierungskosten zurückzuerstatten beziehungsweise unmittelbare Verluste bei Produktion und Vertrieb zu ersetzen.

Dänemark: Das Land der jungen Darwiportunisten! In Dänemark ist der Trend zum Darwiportunismus stark. Junge Leute haben dank des großen Wohlstandes in Dänemark gute Perspektiven und Wahlmöglichkeiten. Die hohen Beschäftigungsquoten stärken dabei die

Position der Arbeitnehmer. Die jungen Dänen sind individualistisch, fordernd und qualitätsbewusst; sie mögen keine außerbetrieblichen Veranstaltungen wie »Picknicks« oder »Weinverköstigungen«, sondern ernsthafte Seminare oder interessante, unterhaltsame Vorträge. Sie lehnen das gegenwärtige soziale System ab, da sie nicht jahrelang für etwas einzahlen wollen, das sie erst in der Pension erhalten. Für sie zählt, dass Leistung, die jetzt erbracht wird, auch sofort bezahlt wird. Geschichte und Politik haben nur wenig Bedeutung für das eigene Leben, deshalb ist auch die ökonomische Solidarität schwächer ausgeprägt. Die jungen Dänen sind also typische Darwiportunisten.

Deutschland: Vom Darwiportunismus mit überklebtem Typenschild zurück ins Versorgungsamt! In Deutschland gab es lange Zeit den Mythos der sozialen Marktwirtschaft. Dahinter steckte im Wesentlichen das Ziel, Marktmechanismen zuzulassen, aber in sozialen Grenzen. Gleichzeitig sollte die Entwicklung des Einzelnen ermöglicht werden, aber ebenfalls in gesellschaftlich vertretbaren Grenzen. Zeitweise gab es Bestrebungen, Marktradikalität zu erhöhen, allerdings eingeschränkt durch regionale, politische und industrielle Interessenvertretungen. Gegenwärtig sinkt das individuelle Suchen nach Chancen wieder, nicht zuletzt seit man gesehen hat, wie nur einige wenige zulasten vieler anderer rasch zu Reichtum kamen, während die durch eine hohe Abgabenlast gebeutelte Allgemeinheit auch für diejenigen gut sorgt, die sich der Leistung entziehen. Selbst wenn der Darwiportunismus in den letzten Jahren in Deutschland im Durchschnitt zugenommen hat, verteten Politiker noch immer das wahltaktisch klug erscheinende, aber der Realität nicht entsprechende Bild des »sozialen Wohlfahrtsstaates«. So hat die Bundestagswahl 2002 in Deutschland gezeigt, dass die Höhe der nicht verhinderten Arbeitslosenzahlen die Wähler weniger stört, als sie das Versprechen der sozialen Versorgung begeistert.

Frankreich: Ein Hauch von guter alter Zeit! In Frankreich existiert Darwiportunismus, der auf klar abgegrenzten Spielregeln basiert. Dies beginnt bereits beim Arbeitsmarkt: Er ist dadurch charakterisiert, dass es mit den Absolventen einer Grande École von vornherein eine Schicht gibt, die wesentlich bessere Aussichten hat, eine ansprechende, erfüllte und vor allem gut bezahlte Arbeit zu finden. Die Chancen der anderen für ein Ausleben ihres Opportunismus sind also etwas reduziert. In analoger Form wird durch gesetzliche Regelungen wie die der 35-Stunden-Woche dafür gesorgt, dass der unternehmerische Darwinismus nicht überhand nimmt. Im Ergebnis ist der Darwiportunismus deshalb in Frankreich gegenwärtig schwächer ausgeprägt als beispielsweise in Deutschland.

Griechenland: Abgeschwächter Feudalismus kontrastiert mit steigendem Darwinismus! Für viele Griechen spielt Nationalstolz eine wichtige Rolle. Aus ihm wird in gewissem Umfang Leistungsstreben und Darwinismus abgeleitet. Gleichzeitig stufen Griechen die Gruppe (Familie, Abteilung) als wichtig ein, was gegen einen extremen Opportunismus spricht. Das Resultat sieht man vor allem in der Vielfalt der kleineren Unternehmen, wo sich hauptsächlich ein etwas abgeschwächter Feudalismus abspielt: Hierbei handelt es sich überwiegend um Familienunternehmen, die aufgrund der griechischen Mentalität mit Verwandten und Bekannten besetzt sind, was Opportunismus minimiert und Darwinismus einschränkt. Gleichzeitig liefert dies die Sicherheit, die gerade Griechen in ihrem Streben nach Unsicherheitsvermeidung suchen. Anders die Großunternehmen: Hier gibt es seit Anfang des Jahrtausends immer mehr Leistungsdruck, der sich mit immer mehr individuellem Opportunismus verbindet. Deshalb beginnen Unternehmen in Griechenland, sich langsam auf einen etwas stärkeren Darwinismus einzustellen, diese Tendenz wird aber noch nicht durch einen zunehmenden Opportunismus von Mitarbeitern begleitet: Griechen wechseln ihren Arbeitsplatz nicht, solange sie einigermaßen zufrieden sind. Entscheiden sie sich bei Unzufriedenheit für einen Wechsel, dann meist innerhalb ihres Betriebes. Um jegliche Unsicherheit hinsichtlich der Zukunft zu verhindern, erhalten Mitarbeiter zudem detaillierte Karrierepläne, die ihre zukünftigen Perspektiven, aber auch die bestehenden Grenzen exakt aufzeigen.

Großbritannien: Maggys Darwinismus und Tonys Opportunismus! Großbritannien ist ein Land, wo – eingeleitet durch die Liberalisierung von Margaret Thatcher bis hin zum neuen Sozialismus und dem integrierten Opportunismus von Tony Blair – darwiportunistische Tendenzen immer stärker und immer bewusster in den Vordergrund rücken. Das Ergebnis ist ein System industrieller Beziehungen mit einer reduzierten Macht von Gewerkschaften, einer Neutralisierung des Einflusses von Wirtschaftspolitik und generell einer Reduzierung des Einflusses der Regierung. Unternehmen haben die Chancen, durchaus marktorientiert zu operieren, wenngleich auch umgekehrt die Mitarbeiter zunehmend versuchen zu selektieren. Deshalb überrascht es auch nicht, wenn Unternehmen eine negative Einstellung gegenüber dem Arbeitsmarktsegment »von 16 bis 26« entwickeln, da diese Gruppe weniger als leistungsorientiert, sondern vielmehr als opportunistisch gilt. Aber um in der Logik des Darwiportunismus zu argumentieren: Wer Darwinismus schafft, darf sich nicht über den Opportunismus wundern.

Italien: Opportunismus mit sozialen Stoßdämpfern! Darwiportunismus in Italien, beschrieben von Italienern: Versace-Kostüm, Motorola-Handy, Gucci-Handtasche oder Todt's Schuhe, Armani-Sonnenbrille und coole ausgelassene Espresso-Sessions im Café um die Ecke. Exzessive Konsumgesellschaft? Drang zur Selbstdarstellung? Oberflächlichkeit und Fassade? Während die Generation X in Italien durch Statussymbole wie schnelles Auto, interessanten Arbeitgeber und imposanten Verdienst geprägt war, ist die neue darwiportunistische Generation gekennzeichnet durch Menschen, die Arbeit als Entertainment und nicht nur als notwendiges Übel ansehen. Gut ausgebildete Mitarbeiter werden händeringend gesucht und sind deshalb auch nicht bereit, sich auf jede Tätigkeit einzulassen. Dies gilt besonders stark für diejenigen, die gerade ihr Studium abgeschlossen haben. Hier besteht nach Jahren des Studiums wenig Lust, sich in eine Arbeitswelt zu stürzen, die nicht unbedingt dem Erträumten entspricht. Ermöglicht und erleichtert wird dies durch die italienische Familie als »sozialer Stoßdämpfer«, die Kinder auch dann unterstützt, wenn sie eigentlich bereits erwachsen sind. Allerdings ist Italien auch geprägt von einem starken Nord-Süd-Gefälle, wo es Jugendlichen im Süden wegen der geringen Alternativen zwangsläufig wesentlich schwerer fällt, sich opportunistisch durchzusetzen.

Irland: Darwiportunismus auf der grünen Wiese! Noch vor rund zehn Jahren hätte man Irland weitestgehend mit niedrigem Darwinismus und niedrigem Opportunismus charakterisiert, zwar auf einem niedrigen wirtschaftlichen Niveau, aber bei zumindest partieller sozialer Absicherung. Inzwischen spielt Irland zunehmend eine wichtige Rolle in der IT-Branche, was dazu führt, dass sukzessive ein Trend zum Darwiportunismus entsteht.

Japan: Verdeckter Darwiportunismus und bewusster Bruch mit traditionellen Werten! Über Japan ist sich die Forschung relativ einig: Hier handelt es sich um ein weitgehend kollektivistisches Land, bei dem Werte wie Ehrlichkeit, Ritterlichkeit und Verlässlichkeit ebenso unumstößlich sind wie die enge und wechselseitige Bindung zwischen Mitarbeiter und Unternehmen. Aber ähnlich wie es gegenwärtig im Bereich des Volkstheaters zu neuen Tendenzen kommt und in diesen »Neuen Kibuki« plötzlich sogar Widerspruch nach oben und Ungehorsam »salonfähig« werden, scheint sich auch im Unternehmen einiges getan zu haben. Zunächst gab es immer schon – allein schon im feudalistischen Kontext – einen gemeinsamen Darwinismus, der sich auch in der Vielzahl von gesellschaftlichen Ebenen manifestierte. Auch die berufliche Karriere ist überwiegend geprägt durch ein hierarchisches Ausleseverfahren. Hinzu kommt aber jetzt, dass Unternehmen nicht mehr glauben, sich Loyalität ihrer Mitarbeiter leisten zu können. Viele Unternehmen beginnen Mitarbeiter zu entlassen – aus wirtschaftlichen Gründen und unabhängig von traditionellen Werten. Dass dann gegenwärtige und potenzielle Mitarbeiter ebenfalls immer mehr eine Tendenz zum radikalen Opportunismus entwickeln, liegt auf der Hand und ist offenkundig – wenngleich diesen neuen Darwiportunisten die kulturelle Diskrepanz durchaus bewusst ist.

Mexiko: Südamerikanischer Feudalismus plus nordamerikanischer Individualismus! Mexiko liegt nicht nur geografisch am Übergang von Nord- nach Südamerika, auch gesellschafts- und sozialpolitisch. So findet man auf der einen Seite noch immer einen starken darwinistischen Feudalismus, der auf der anderen Seite immer mehr Ergänzung findet durch einen US-amerikanischen Opportunismus. Auf diese Weise kommt es sukzessive zu einem Übergang von Feudalismus zum reinen Darwiportunismus, der aber noch nicht flächendeckend erreicht wurde.

Österreich: Opportunisten mit Schmäh! Österreicher haben ein schizophren erscheinendes Verhältnis zu »Staat und Obrigkeit«: Auf der einen Seite signalisiert man durch die Anrede Ranghöheren gegenüber Respekt, auf der anderen Seite ist man nicht bereit, individuelle Einschränkungen zu akzeptieren. Deshalb finden Österreicher im Regelfall immer einen Weg, individuelle Chancen zu nutzen. Dass man sich dabei durchaus origineller Methoden bedient, um »die anderen« oder »die da oben« auszutricksen versucht, versteht sich von selbst und zeigt sich im Ausdruck »ein Schmäh laufen haben« aus. Durch enge Bindungen in der Sozialpartnerschaft fällt der Darwinismus eher niedrig aus.

Peru: Darwiportunismus als Verzweiflungstat! Peru hat in den letzten zwanzig Jahren eine Vielzahl von Veränderungen durchgeführt, die immer wieder Konsequenz von und Ursache für soziale Verwerfungen waren. Ob Garcia, Fujimori oder Toledo: Alle drei veränderten das Arbeitsrecht teilweise drastisch. So gab es von 1978 bis 1986 eine Probezeit von drei Jahren. Gegenwärtig gibt es bei Kündigungen kaum noch Schutzmechanismen und auch keine Abfindungen mehr. Gleichzeitig stieg die Zahl der befristeten Arbeitsverträge und reduzierte sich die durchschnittliche Arbeitszeit von mehr als sieben Stunden (1991) auf rund fünf Stunden pro Tag (1997). So wurden bei der Übernahme eines bekannten Kupfer fördernden Unternehmens durch ein amerikanisches Unternehmen die Führungskräfte der zweiten Managementebene befragt, ob sie sich in der Lage sähen, die Jobs ihrer Chefs zu übernehmen. Und auch ohne dass ihnen dafür ein höheres Gehalt versprochen wurde, sagten sie trotz ihrer freundschaftlichen Beziehungen zu den Chefs einmütig »ja!«, wohl wissend, dass dies zur Kündigung ihrer Führungskräfte führen würde.

Polen: Opportunismus noch ohne kontrollierende Darwinismus-Systeme! Die Einordnung von Polen ist insofern schwierig, als sich die polnische Gesellschaft – wie auch einige andere Länder – im Umbruch befindet und vorrangig eine Anpassung an westliche Normen stattfindet. Angesichts gesetzlicher Vorschriften gegen darwinistisches Arbeitgeberverhalten bietet sich zumindest den höher Qualifizierten gegenwärtig eine ideale Spielwiese für reinrassigen Opportunismus. Sie müssen jedoch zusehen, dass sie den Bogen nicht überspannen, denn wenn mit der EU-Erweiterung die Intensität des Darwinismus noch stärker ansteigt, dann müssen sie sich gesamteuropäisch messen lassen.

Russland: Pragmatismus und Feudalismus! Seit Anfang der neunziger Jahre dominiert in Russland ein absoluter Pragmatismus: Alles erscheint machbar, egal auf welchem Weg. Ob man schnell eine Bank gründet oder im Import-Export-Geschäft arbeitet, spielt dabei ebenso wenig eine Rolle, wie die Frage nach Idealen und Wertvorstellungen. Dies gilt speziell für die Jugend. Originalzitat: »Woodstock mit seiner Lebensphilosophie interessiert keinen, wohl aber Fatboy Slim und Moby als Hintergrundmusik für Geschäftserfolg.« Die neue Ordnung kennt kein Mitleid für »Über-Bord-Gegangene«. Wichtig ist allerdings eine Differenzierung in zwei Zonen: In den größeren Städten und modernen Branchen gibt es Darwinismus und Opportunismus pur, in kleinen Städten und Dörfern sowie schwachen Branchen eher eine alt-föderalistische Struktur mit dem mächtigen Direktor und chancenlosen Arbeitern.

Schweden: Gute alte Zeit – weitgehend auch heute! Analysiert man Schweden im Hinblick auf darwiportunistische Tendenzen, so scheinen beide Dimensionen relativ niedrig ausgeprägt: Angesichts des engen sozialen Netzes fallen darwinistische Tendenzen zwangsläufig eher niedrig aus; angesichts der hohen Bedeutung zwischenmenschlicher Beziehungen gilt dies auch für den individuellen Opportunismus. Es kommt aber Bewegung in das System: Die IT-Branche unterliegt zwangsläufig wegen internationaler Verbindungen einem etwas höheren Darwiportunismus. Zudem hat gerade unter den Jugendlichen die Arbeitslosigkeit stark zugenommen. Der Anteil derjenigen, die durchaus bereit sind, ihren Arbeitsplatz zu wechseln und ihre Chance woanders zu nutzen, nimmt zu, wobei die Loyalität der Schweden gegenüber ihrem Arbeitgeber immer noch als relativ hoch einzustufen ist.

Spanien: Irish Coffee – aber ohne Umrühren! Eigentlich ist Irish Coffee kein typisch spanisches Getränk, versinnbildlicht aber sehr schön die Situation in Spanien mit klar definierten und nicht zu vermischenden Schichten. Hier trifft die Unterschicht mit weitgehender Armut und hoher Arbeitslosigkeit auf eine klar definierte Oberschicht. Dies bedeutet, dass sich nur diese Oberschicht tatsächlich erfolgreich opportunistisch verhalten kann. Gleichzeitig haben Unternehmen in Spanien aber alle Möglichkeiten zu ausgeprägt darwinistischem Verhalten. Das Ergebnis ist weitgehend ein hochgradig darwinistisches System und darüber schwebt ein Kindergarten, in dem man glücklich und erfolgreich seinen Opportunismus ausleben kann.

Ungarn: Radikaler Darwinismus plus zunehmender Opportunismus! Extrem ist der Darwiportunismus in Ungarn, wo sich schon seit Anfang der neunziger Jahre ein Trend zur gegenseitigen Ausbeutung von Unternehmen und Arbeitnehmern erkennen lässt. Unternehmen operieren radikal nach darwinistischen Prinzipien, vor allem um Arbeitszeiten und Arbeitsabläufe permanent zu optimieren und zu flexibilisieren. Auf der anderen Seite führt der Konkurrenzkampf zwischen den Mitarbeitern zu einer hohen Spezialisierung. Die gute Ausbildung gewinnt immer mehr an Bedeutung, sie ist auch ein Mittel gegen die Arbeitslosigkeit, die deshalb bei den hoch spezialisierten Mitarbeitern relativ gering ausfällt.

USA: American Dream als purer Darwiportunismus! Einen lehrbuchhaft ausgeprägten Darwiportunismus findet man in den USA, wo »American Dream« fast schon als Symbol für Darwiportunismus gelten könnte: auf der einen Seite geprägt durch ein fast brutales Ausnutzen von Chancen – koste es, was es wolle –, auf der anderen Seite mit einem ebenfalls fast brutalen Institutionalisieren von Marktmechanismen. Deshalb überrascht es auch nicht, wenn Bill Gates und Linus Torvalds – trotz oder gerade wegen ihrer Unterschiedlichkeit – gleichermaßen als Rollenmodelle fungieren. Auch in den USA fällt Darwiportunismus unternehmens- und branchenspezifisch unterschiedlich aus: Gerade im IT-Bereich haben die Mitarbeiter eine große Macht und die Märkte sind trotz Darwinismus generell auf Wachstum ausgerichtet. Umgekehrt gibt es Branchen wie die Eisen- und Stahlverarbeitung oder Lebensmittelproduktion, wo gleichermaßen Unternehmen wie Mitarbeiter in eine schlechte Position gerutscht sind. Darwiportunistische Tendenzen in den USA sind aber nicht nur begrenzt auf das Wirtschaftsleben. Besonders deutlich erkennt man sie auch in der Politik. Politischer Opportunismus des Einzelnen in den USA ist allerdings kombiniert mit systembedingtem Darwinismus: Wer hier gewinnen will, muss durch eine ganze Kette von Auswahlmechanismen hindurch, bei denen nicht die korrekten Antworten gefragt sind, wohl aber – gemessen an Zielkriterien und Anspruchsniveaus des Wählers – die richtigen.

Ergebnis: Globaler Trend zum Darwiportunismus
mit lokaler Ausdifferenzierung!

Die Beschreibungen der internationalen Facetten des Darwiportunismus sind sicherlich rudimentär und somit allenfalls als erster Einstieg zu werten. Sie sind aber trotzdem zumindest deshalb als Diskussionsgrundlage interessant, weil sie überwiegend mit Unterstützung und Analysen von Vertretern der jeweiligen Länder verfasst wurden. Man sieht, dass generell ein klarer globaler Trend in Richtung Darwiportunismus existiert, gleichwohl aber die einzelnen Länder unterschiedliche Nuancen aufweisen.

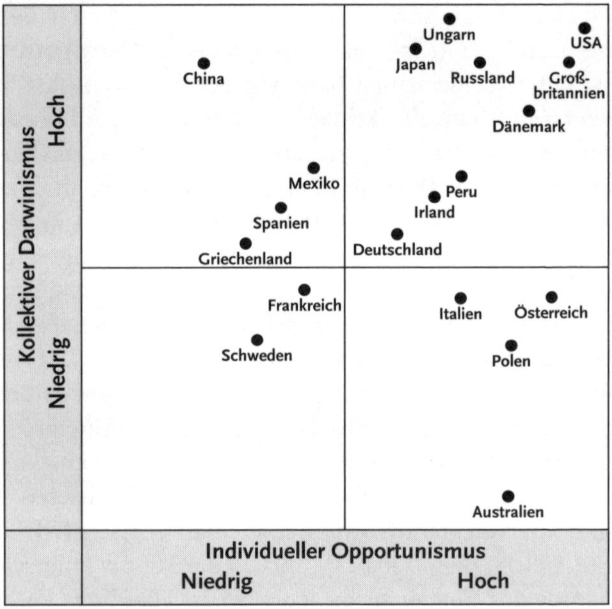

Abb. 2 Globaler Darwiportunismus

Ergebnis: Darwiportunismus als Herausforderung

Rückblick: Etwas selbstgefällig sitzt ein Unternehmerehepaar in einem Führungsseminar. Nein, so etwas wie Darwinismus und Opportunismus gibt es nach ihrer umfassenden Erfahrung nicht. Sie gehen immer vom Guten im Menschen aus und sind damit bei ihren »Untergebenen« (so ihr Ausdruck) immer gut gefahren. Außerdem verhalten sie sich grundsätzlich fair, freundlich und sozial. Was aber nicht dazu passt: die harten Gesichtszüge und die harten Argumente gegenüber den anderen Seminarteilnehmern, wenn diese irgendwo einmal eine etwas andere Meinung vertreten. Doch sukzessive wird klar: Dieses Unternehmerehepaar folgt der Darwiportunismus-Logik und ist vermutlich dadurch so erfolgreich geworden: also brutale Auswahlsysteme im Hinblick auf ihre »Untergebenen«, kombiniert mit individuellem eigenen Opportunismus. Warum aber verleugnen sie ihn? Haben sie Angst, dass ihre »Untergebenen« die Logik verstehen und vielleicht sogar selber anwenden könnten?

Genau um diesen Zusammenhang geht es beim Darwiportunismus, denn gerade seine wechselseitige Rückkopplung vergrößert exponenziell seine Wirkungskraft. Dies gilt für größere Gebilde wie den Staat ebenso wie für Unternehmen und kleinere Einrichtungen. Es ist immer wieder das gleiche Schema, wonach individueller Opportunismus zu kollektivem Darwinismus führt und umgekehrt kollektiver Darwinismus individuellen Opportunismus induziert.

Darwinismus und Opportunismus
sind zwei Seiten der gleichen Medaille,
beziehen sich aber auf unterschiedliche Aspekte!

Beim Darwinismus geht es um eine kollektive Idee, bei der ein übergeordneter Mechanismus durch Selektion aus einer bestehenden Grundgesamtheit überlebensfähige Einheiten herausfiltert. Im Gegensatz dazu argumentiert der Opportunismus aus der individuellen Sicht des Einzelnen heraus.

Regierungen und Politiker ebenso wie Gewerkschaften, Arbeitgeberverbände und Medien haben vor diesem Hintergrund eines gemeinsam: Sie sind gleichzeitig agierende Subjekte, aber auch vom Darwiportunismus getriebene Objekte. Sie beeinflussen zudem – und dies macht ihre Rolle in hohem Maße bedeutsam – den Umfang, in dem eine Gesellschaft aussortiert. Wenn Politiker Darwiportunismus als »nicht kommunizierbar« und Journalisten als »viel zu komplex für den normalen Bürger« bezeichnen und dementsprechend handeln, dann entsteht ein gefährliches Spannungsfeld zwischen gepredigtem Mythos und erlebter Realität. Das klingt ziemlich pessimistisch und ist auch so gemeint. Nur: Wenn wirklich Darwiportunismus Realität ist, bedeutet dies – und hier beginnt ein eher spektakulärer Ausblick –, dass auch diese Gruppen dem Darwiportunismus ausgesetzt sind. Vielleicht kann ja das offene Thematisieren dieses Phänomens verbunden mit dem Propagieren seiner sinnvollen Behandlung zu einer evolutorischen Variation werden, die sich langfristig durchsetzt.

Sicherlich glauben selbst eifrige Verfechter des Wettbewerbsgedankens nicht an den Mythos, dass »perfekte Märkte« erreichbar sind, die automatisch und durch die wunderbare unsichtbare Hand alle Probleme lösen oder zumindest ansatzweise eine »gerechte Lösung« herbeiführen. Interessanterweise aber argumentieren gleichermaßen Marktgegner aus der linken Szene[36] wie wissenschaftliche Marktbeobachter[37] im Regelfall gerade damit, dass der perfekte Markt vor allem am Opportunismus einzelner Personen scheitert. Genau dieser Antagonismus liegt dem Darwiportunismus zugrunde: zum einen der Darwinismus mit seinem zentralen Instrument Marktradikalität, zum anderen der ausgeprägte Opportunismus, der manchmal sogar den Markt ausschaltet.

Spätestens an dieser Stelle stellt sich aber jetzt die Frage, wie Unternehmen auf individuellen Opportunismus und umgekehrt Mitarbeiter auf den kollektiven Darwinismus reagieren beziehungsweise reagieren sollten. Anders als bei Douglas Coupland mit seiner Generation X sind Darwiportunisten – also diejenigen, die das Wechselspiel zwischen Darwinismus und Opportunismus in seinen möglichen Formen durchschauen – in keinster Weise orientierungslos. Darwiportunisten haben eine klare Orientierung, wenngleich ihre Umwelt sie im Einzelfall nicht erfährt.

Wenn Manager Mitarbeiter als eine leicht einsetzbare und leicht ersetzbare Ressource behandeln, so ist es nur folgerichtig, dass die Mitarbeiter das Arbeitsverhältnis ebenfalls als eine leicht ersetzbare Beziehung behandeln.

Gerade wenn Mitarbeiter einen ausgewogenen Lebensstil mit erfülltem Privatleben jenseits der Arbeit suchen, so ist die grenzenlose Verschmelzung von Arbeit und Freizeit – anders als der Mythos der New Economy – nicht für alle das oberste Ziel. Selbst unter den »puren Darwiportunisten« findet man immer weniger »Lebenskünstler«, die eine solche Verschmelzung von Arbeit und Freizeit propagieren, geschweige denn realisieren.

Die Logik des Darwiportunismus wirkt immer stärker, immer weit reichender und immer polarisierender. Die *Business Week*[38] titelte 1999 in der Aufbruchphase der New Economy »The Wild New Workforce: It first emerged in Silicon Valley. Now it's forcing companies to play by new rules.« Die neuen Arbeitskräfte mögen wild sein und dieses Phänomen könnte durchaus auch im Silicon Valley entstanden sein; es sind aber keine wirklich neuen Regeln. Nur die Beziehungsmuster wurden deutlicher und die Konsequenzen drastischer. Früher gab es den von den Soziologen so bezeichneten »sozialen Fahrstuhleffekt«, bei dem alle Schichten durchaus die Möglichkeit hatten, langsam und sukzessive nach oben zu fahren und auch dort zu bleiben. Jetzt gibt es eine Welt aus Drehtüren und Falltüren, bei denen es wenige Gewinner, viele Verlierer und überraschende Abstürze gibt. Gerade deshalb wird Darwiportunismus auch zu einer immer umfassenderen gesellschaftspolitischen Herausforderung, in die sich die jeweils relevanten Interessenvertretungen mit Recht, aber nicht immer mit Erfolg einschalten.

Darwiportunismus ist nicht gleichzusetzen mit »sozialer Kälte« – obwohl er auch nicht zwingend ein Mechanismus ist, mehr »soziale Wärme« in unser Wirtschaftsleben zu bringen.

Aus diesem Grund wird es immer wichtiger, dass alle Beteiligten tatsächlich erkennen, dass sie sich in einem darwiportunistischen Umfeld bewegen. Ein Arbeitgeber, der weiß, dass ein Mitarbeiter bei der ersten Gelegenheit das Unternehmen verlässt, wird sich anders verhalten: Er wird weniger in den Mitarbeiter investieren und natürlich nicht mit Vorleistungen in das Arbeitsverhältnis hineingehen. Das Gleiche gilt umgekehrt auch für den Mitarbeiter. Aus diesem Grund brauchen beide klare Strategien.

5
Individuelle Überlebensstrategien im Darwiportunismus

Kurz nach Mitternacht. Ich sitze an meinem Schreibtisch und versuche krampfhaft und deshalb vergeblich, Ordnung in meine Gedanken zu bekommen. Da ist eine E-Mail eine gute Ablenkung, die gerade auf dem PC ankommt. Ein ehemaliger Student kündigt seine Adressänderung an: Von Tokio jetzt nach Berlin. Und davor ebenfalls interessante Städte. Und überall sicherlich viel Arbeit, sicherlich viel Spaß, sicherlich auch viel dazugelernt: Hier ein Projekt über Relationship Marketing, dort eine Produkteinführung, dazwischen Assistent für den »obersten Chef« und als Zugabe noch etwas »online advertisement«. Interessante Stationen eines Qualifizierungsprogramms für Nachwuchsführungskräfte. »Hochgradig super, was das Unternehmen mir da bietet, wie ich finde.« stand in einer seiner letzten E-Mails. Dies bedeutet aber nicht, dass er bei diesem großzügigen Unternehmen bleiben wird. Denn: Pünktlich zum Ende des Managementprogramms wechselt er zu einem anderen Unternehmen. Vielleicht tue ich ihm Unrecht, wenn ich ihn als extremen Opportunisten bezeichne. In jedem Fall ist er äußerst zielorientiert. Dazu passt auch eine frühere E-Mail von ihm: »Wenn es für Sie interessant ist, kann ich gerne einmal etwas in einer Ihrer Vorlesungen erzählen. Beim Thema bin ich flexibel, ich würde es auch eher aus Zwecken der Steigerung meiner Präsentationsperformance machen.« Leider hatte er dann doch keine Zeit oder eine bessere Plattform zum Üben gefunden.

Unbegrenzte Möglichkeiten, echte Optionen und freie Märkte! Mit diesen und ähnlichen Schlagworten wollen uns Politiker den Zustand der absoluten Marktradikalität schmackhaft machen. Doch wer hat wirklich alle diese Chancen? Wie auch immer die Antwort lautet: Jeder Einzelne muss sich bewusst und systematisch um die Wahrnehmung dieser Chancen kümmern, will er sich nicht in das große Heer der Verlierer einreihen. Denn der Erfolg im Sinne des viel zitierten »amerikanischen Traumes« stellt sich nicht automatisch ein. Für viele bleibt im Regelfall nichts anderes übrig, als sich mosaikartig aus kleinen Chancen ein Überleben auf niedrigstem Niveau zu sichern. Deshalb mehren sich auch Artikel zur »Dark Side of the American Dream«, wo die Betroffenen eine ganze Reihe bescheidener Angebote gleichzeitig wahrnehmen müssen, um nicht zu verhungern.[1]

Aber man muss gar nicht skeptisch und sozialkritisch die USA in Frage stellen, um zu erkennen, dass gerade im Darwiportunismus mehr als früher der Einzelne bewusst eine Strategie für sich formulieren muss, will er sich im kollektiven Darwinismus behaupten.

Die Entwicklung einer eigenen, individuellen Strategie
ist im Darwiportunismus für alle Altersgruppen unerlässlich.

Diese Notwendigkeit einer bewussten Lebensstrategie stellt sich gegenwärtig zunächst schon für diejenigen, die auf ihren 25. Geburtstag zugehen. Ihre vergleichbare Situation früher war anders: Noch Ende der siebziger Jahre befähigte ein beliebiger Schulabschluss zum Start in ein Unternehmen, wo man dann umfassend und geduldig ausgebildet wurde. Eine echte Zukunftsangst brauchte damals niemand zu haben. Heute ist es – unabhängig von konjunkturellen Schwankungen am Arbeitsmarkt – wesentlich schwieriger, Arbeitsplätze zu finden, die der persönlichen Neigung entsprechen: Die Anforderungen der Unternehmen werden immer spezifischer und konkreter, ihre Bereitschaft aber geringer, durch Qualifikationsmaßnahmen die Mitarbeiter in die Lage zu versetzen, ihren Job vernünftig zu erfüllen. Die Frage »make or buy« beantworten die zeitgemäßen Unternehmenslenker bei ihren Mitarbeitern immer weniger mit »Personalentwicklung« und immer mehr mit »Einkaufen der fertigen Mitarbeiter«.

Nicht umsonst wird in Amerika bereits jetzt von einer neuen Krisenmentalität gesprochen, die gerade die Altersgruppe erfasst, die mit der Schulausbildung fertig und in die erste berufliche Sackgasse geraten ist:

Zur Midlife-Crisis der Älteren kommt jetzt die »Quarterlife-Crisis« der Jugendlichen!

Fatalerweise haben diese Jugendlichen, die zunehmend in Schwierigkeiten geraten, gerade die Phase der schulischen Ausbildung hinter sich, die in den USA ein sehr behütetes und organisiertes Stadium darstellt: Hier wird alles vorgedacht und vorstrukturiert – doch umso krasser fällt danach der große Bruch ins Gewicht und umso mehr ist dann planerische Eigeninitiative gefragt.

Die anderen Altersgruppen stehen vor ähnlichen Herausforderungen: Beim Sprung über die Dreißig sollte eigentlich die erste »richtig wichtige« Position erreicht sein. Doch für einige stellt sich diese Situation heutzutage etwas anders dar: Sie hatten bereits Karriere gemacht und waren dann beim Scheitern ihres Unternehmens in der New Economy wieder abgestürzt. Wie beim Mensch-Ärgere-Dich-Nicht müssen sie wieder von vorne anfangen, was aber aufgrund ihrer damaligen Position schwer fällt: *Fortune Magazine*[2] bezeichnet deshalb diese Gruppe als »Thirty Nothing«, weil sie wegen ihrer früheren exponierten und hoch bezahlten Position selbst bei anziehender Konjunktur für »normale Jobs« unpassend erscheinen.

Bei Annäherung an die Vierzig kämpft man dann um die letzte Chance, doch noch den Sprung nach oben zu schaffen. Schließlich gibt es noch diejenigen im Endstadium jenseits der magischen Grenze von Fünfzig, wo viele sich nur noch schwer im Arbeitsleben behaupten können.

Gerade für Ältere hält der Darwiportunismus unangenehme Realitäten bereit – wie es der Film »Ein ganz normaler Tag« (»Falling Down«) mit Michael Douglas brilliant schildert: Der Ingenieur D-Fense verliert seinen Job, obwohl er hart dafür gekämpft und sich engagiert eingesetzt hat. Immer hat er die Zähne zusammengebissen. Der Job war sein Leben und deswegen hatte sich auch seine Frau von ihm scheiden lassen. Jetzt ist er auf dem Weg zur Geburtstagsfeier seiner kleinen Tochter, aber steckt im Stau. Es wird immer heißer, die Klimaanlage funktioniert nicht und er dreht durch. Die Konsequenz: Ein mörderischer Rachefeldzug gegen Frustration, den Alltag, die Gesellschaft und das Unternehmen, das ihn trotz seiner langjährigen Treue einfach gekündigt und auch sein Familienleben sowie ihn selbst zerstört hat.

Ein aktueller realer Fall aus Deutschland: Ein bekanntes Beratungsunternehmen sucht händeringend und mit massivem Akquisitionsaufwand nach neuen Mitarbeitern, bekommt auch viele unterschriebene Arbeitsverträge. Plötzlich stellt man aber fest, dass sich die Auftragslage verschlechtert hat. Das Unternehmen stellt die (potenziellen) Mitarbeiter vor die Wahl: Entweder sie machen – versüßt mit einer »Verschiebeprämie« – umfassend Urlaub, oder aber sie bestehen auf Einhaltung des gültigen Vertrages, werden dann aber vierzehn Tage nach Arbeitsantritt gekündigt.

In beiden Fällen ist das Unternehmen selbst Objekt in einem darwiportunistischen Umfeld und handelt entsprechend, indem es seinerseits Darwinismus initiiert. Darauf müssen sich die Mitarbeiter einstellen: Einigen wird es schwer fallen, wie im Falle des gescheiterten Ingenieurs D-Fense. Andere werden darauf kurz- oder langfristig reagieren, so die oben beschriebenen Jungberater, die statt im gut gestylten Anzug zum Kunden erst einmal in eine Warteschleife geschickt werden. Wieder andere werden die Flucht in geschützte Zonen suchen, wo sie – entsprechend ihrem Bild der »guten alten Zeit« – versorgt und abgesichert werden. Dass dies trotz sozialistischer Versprechen kaum eine langfristig stabile Situation darstellt, ist eine unbequeme Wahrheit, die auch Politiker nur ungern aussprechen.

Gefragt ist ein neuer Realismus und gesucht sind dem Darwiportunismus angemessene Strategien. Auch wenn entsprechende Lösungswege schwierig sind, gibt es doch einige Schritte, die einem helfen, eine »Strategy for Success« in eigener Sache zu formulieren und umzusetzen. Ein Schlüssel dazu ist die angepasste Anwendung des Lebensentwurfs der Generation Y auch auf die Vertreter der anderen Generationen.

Lebensentwurf: Sind wir nicht alle ein bisschen … Gen-Y?

Ein ganz gewöhnlicher Sonntagvormittag. Im CD-Spieler das Lied »Another Brick in the Wall« von Pink Floyd: Es handelt von Jugendlichen, die gegen die Schule aufbegehren, und ist ein typisches Lied der Generation X mit Null-Bock- sowie Anti-Establishment-Einstellung. Habe mir eben den letzten Abschnitt meines Manuskriptes noch einmal durchgelesen. Klingt etwas negativ, ist teilweise auch so gemeint. Trotzdem sollen die positiven Aspekte nicht verloren gehen. Denn diese gibt es. Aktuelles Beispiel: Im Untergeschoss spielen vierzehn Jugendliche an vierzehn Computern ein simultanes Computerspiel. Vierzehn Computer vernetzt, verteilt auf verschiedene Teams und jeweils vereint im »Kampf« gegeneinander. Höchste Konzentration und das jetzt bereits seit siebzehn Stunden. Bisher kein Streit, von zwei Flaschen Bier abgesehen kein Alkohol, kaum Schlaf und keinerlei Notwendigkeit für irgendeinen Schiedsrichter. Stattdessen Fairness und netter Umgang miteinander, vor allem aber absolute Leistungsorientierung plus Teamorientierung. Auch das ist Generation Y – in ihrer positivsten Variante.

Noch einmal zur Erinnerung: Babyboomer, Generation X und Generation Y sind weder in ihrer Lebenseinstellung von vornherein positiv oder negativ zu bewerten, noch sind sie auf bestimmte Altersgruppen zu beschränken. Da gibt es den 25-Jährigen, der eigentlich das Leistungsstreben der Generation Y verkörpern müsste, sich aber voll auf die Null-Bock-Haltung der Generation X eingeschworen hat. Und es gibt den 60-Jährigen, der eigentlich den Idealismus der Babyboomer teilen müsste, stattdessen aber in seinem Nebenjob als Politikberater Fürsorge sowie soziale Verantwortung vorspielt und letztlich ausschließlich sein eigenes Firmenimperium, also seinen individuellen Besitz vergrößern möchte.

Die oben beschriebenen drei Wertesysteme haben also wenig mit dem Alter zu tun und auch nichts damit, ob sie ethisch die Menschen jeweils in eine eher positive oder negative Richtung lenken. Was uns allerdings weiterhilft, ist die Tatsache, dass den drei Wertesystemen jeweils spezifische Entwürfe für die Lebensgestaltung zugrunde liegen.

Der individuelle Lebensentwurf
mit seinen individuellen Verhaltensmustern
hängt vom individuellen Wertesystem ab.

Nennen wir ihn Peter: Er ist ein erfolgreicher IT-Manager. Nach einem vierzehntägigen Urlaub kommt er an seinen Arbeitsplatz zurück, nur um zu erfahren, dass in der Zwischenzeit sein Unternehmensbereich aufgelöst wurde. Sein Job ist weg!

Wie aber geht die Geschichte aus – und zwar abhängig vom individuellen Wertesystem? Ist Peter als Peter I der idealtypische Babyboomer, dann bricht für ihn die Welt zusammen, weil er sich schließlich für das Unternehmen aufgeopfert hat. Ein solcher Babyboomer ist zu einem gewissen Grad idealistisch. Bei ihm steht das Unternehmen wirklich im Mittelpunkt und er erwartet, dass seine Loyalität belohnt wird. Vertritt dagegen Peter II in idealtypischer Form die Generation X, dann wird er zwar resignierend mit den Schultern zucken, sich ansonsten in der Meinung bestärkt fühlen, dass sich Leistung sowieso nicht auszahlt. Er wird sich vor allem mit der Höhe seiner Abfindung beschäftigen und gegebenenfalls das Unternehmen verklagen. Gehört Peter III schließlich zur Generation Y, so hat er eine hohe Leistungsorientierung, aber keine ernsthafte Unternehmensbindung. Deshalb ist seine Antwort klar: Er wird sich zwar auch ärgern – aber nicht lange. Vielmehr lenkt er sehr schnell sein Leistungsstreben auf ein anderes Unternehmen.

Dieses simple Beispiel zeigt drei unterschiedliche, aber durchaus realistische Formen des Umgangs mit Krisen. Trotzdem wird nur eine dem Darwiportunismus gerecht. Denn: Die Leitidee der Babyboomer scheidet aus, weil sie Werte wie Fairness und Loyalität auch auf Unternehmensseite unterstellt, eine nicht der Realität entsprechende Annahme. Die Leitidee der Generation X hat angesichts der Dominanz von darwinistischen Grundtendenzen nur eine geringe Überlebenswahrscheinlichkeit, da die Marktradikalität sukzessive gerade mit der Generation X wenig Geduld hat und sie ausselektieren wird. Es bleibt die Generation Y: Sie entspricht in wesentlichen Teilen dem Wertesystem, das auch dem Darwiportunismus zugrunde liegt, und hat darauf aufbauend einen klaren, individuellen Lebensentwurf.

> Gerade die Philosophie der Generation Y
> kann als Blaupause für sinnvollen Opportunismus
> in der darwiportunistischen Welt dienen.

Dies bedeutet nicht, dass jeder, der dieser Philosophie folgt, mit grenzenlosem Opportunismus gegen seine Mitmenschen vorgeht. Es bedeutet auch nicht, dass das Leistungsstreben gegen das Unternehmen gerichtet ist. Vielmehr sucht die idealtypische Ausrichtung der Generation Y – und nur sie soll als Handlungsmaxime gelten – einen eigenen Weg, der sich auf eine kleine Bezugsgruppe fokussiert und ansonsten von mentaler Unabhängigkeit sowie extremer Realitätsnähe gekennzeichnet ist.

Ein solcher Lebensentwurf vom »Typ Gen-Y« hat im Wesentlichen drei Bestandteile:

Der erste Teil ist die Definition der jeweiligen Bezugsgruppe. Auch wenn diese sich im Laufe der Zeit ändern kann, stellt sie doch das konstante Element im täglichen Leben dar. Dies kann die Familie sein, aber auch ein kleiner, handverlesener Freundes- oder Kollegenkreis. In dieser Bezugsgruppe dominieren Prinzipien wie Offenheit und Vertrauen. Sicherlich kann ein derartiges Vertrauen einmal missbraucht werden. Die Generation Y sieht dies aber in ihrer Kerngruppe als unwahrscheinlich an.

Der zweite Teil ist die bewusst selektierende Ausrichtung auf Chancen, die sich im Zeitablauf bieten. Vertreter der Generation Y teilen ihr Leben in klare Abschnitte ein, für die sie Gewohnheiten und Ziele ändern. An den Übergängen kann durchaus ein systematisches Job Hopping liegen – aber nicht als Ziel, sondern ausschließlich als Mittel zum Zweck. So hat die Top Gen-Y zumindest eine rudimentäre Lebensplanung, die eine Antwort auf die Frage

»Wo sehe ich mich in fünf Jahren?« liefert. Denn charakteristisch für ihr Wertesystem ist eben nicht das fatalistische Gefühl, einer turbulenten Umwelt willenlos ausgeliefert zu sein. Vielmehr gibt es ein eigeninitiatives Denken in Kernkompetenzen und Optionen, worauf die nächsten Abschnitte noch näher eingehen werden.

Der dritte Teil schließlich ist die Gestaltung des jeweiligen Aktionszeitpunktes. Hier liefert der Idealtypus Gen-Y eine interessante Mischung aus Leistungs- und Genussorientierung. Für beides hängt die Messlatte zwar hoch, wird aber individuell definiert und an den eigenen Zielen ausgerichtet: So investiert die Generation Y Arbeit und Energie auch in solche Projekte, die nicht unmittelbar zu einem raschen, finanziellen Erfolg führen.

Sicherlich ist ein solcher »Lebensentwurf vom Typ Gen-Y« angesichts der Probleme, mit denen viele zur Zeit konfrontiert sind, und angesichts unbestreitbarer Existenz- und Karriereängste nicht leicht zu realisieren. Trotzdem eignet sich – bei allen Schwierigkeiten – die Denkhaltung »Gen-Y«, die dann aber auch auf eine klare individuelle Strategie hinauslaufen muss, am besten, um einen erfolgreichen Weg im Darwiportunismus zu finden.

Kompetenzstrategien: ›Überleben durch Fokus!‹ als Antwort auf unternehmerischen Darwinismus!

Der Darwinismus fordert seine Opfer: Die einfache Schreibkraft wird ersetzt durch das externe Schreibbüro, der 08/15-Programmierer durch den Experten aus Indien, die »normale« Putzfrau durch den High-Tech-Service, die Allround-Beraterin für Routineanfragen durch ein computergestütztes Help-Desk-System. Sie alle fahren im Anschluss an die Kündigung – wie Michael Douglas im bereits zuvor erwähnten Film »Falling Down« – mit Wut im Bauch nach Hause und fragen sich: Was habe ich falsch gemacht? Habe ich meine Chancen genutzt? Und vor allem: Droht der soziale Abstieg oder gibt es noch eine neue Chance?

Erste Hinweise zum Überleben in einer darwiportunistischen Welt findet man in der ursprünglichen Kernaussage von Herbert Spencer und Charles Darwin: Überträgt man nämlich dieses »survival of the fittest« auf Individuen in der heutigen Gesellschaft, so führt es uns zur bekannten Diskussion von Schlüsselqualifikationen und Kernkompetenzen, die in unterschiedlichen Facetten inzwischen Einzug in die Personalpolitik vieler Unternehmen gefunden hat.

Für die betroffenen Mitarbeiter gibt es hier aber gerade vor dem Hintergrund des Darwinismus einen ganz wichtigen Unterschied, den es bei der Formulierung der eigenen Kompetenzstrategie zu bedenken gilt: »Schlüsselqualifikation« ist ein Wort, das gut klingt, gerne von Personalexperten und bildungspolitischen Vordenkern benutzt wird, das aber bei näherem Hinsehen seine Tücken hat. Denn in der Praxis versteht man darunter generelle Qualifikationen, die gerade jetzt benötigt werden. Hier argumentiert man im Wesentlichen von der Nachfrageseite her: Es ist also das Unternehmen, das definiert, was gut, richtig und wichtig ist. Dies kann durchaus für einen längeren Zeitraum die Existenz von »normalen« Schreibkräften bedeuten, die dann aber schlagartig abgeschafft werden.

Gefährlich an dieser »Schlüsselqualifikation« ist somit die einseitige Definition durch die Abnehmerseite, der es in einem darwiportunistischen Umfeld letztlich egal ist, wenn jemand dadurch arbeitslos wird, dass niemand mehr seine »Schlüsselqualifikation« nachfragt. Das Unternehmen definiert sich durch neue »Schlüsselqualifikationen«, der vormals umworbene Mitarbeiter steht aber auf der Straße. Dies gilt im Übrigen nicht nur für Unternehmen, sondern analog für die Bildungspolitik: Auch sie definiert – nach sanftem Druck aus der Wirtschaft – für die Hochschullandschaft »Schlüsselqualifikationen«. Dass dann aber plötzlich (wie Anfang der neunziger Jahre) die Massen, die ein Ingenieurstudium aufgenommen haben, keine Arbeit finden, stört niemanden. Sie können sich ja umqualifizieren – auf neue »Schlüsselqualifikationen«!

Aus diesen Gründen ist es gefährlich, wenn der Einzelne seine darwiportunistische Kompetenzstrategie ausschließlich an diesen angeblichen »Schlüsselqualifikationen« ausrichtet. Wesentlich sinnvoller ist das Konzept der Kernkompetenzen, denn dieses geht wesentlich weiter und kopiert das, was Unternehmen auf ihren Märkten im strategischen Management erfolgreich praktizieren.

Opportunismus bedeutet:
Weniger auf (geforderte) Schlüsselqualifikationen des Unternehmens achten, sondern sich auf die eigenen Kernkompetenzen konzentrieren!

Um hier gleich am Anfang einem Missverständnis vorzubeugen: Mit Kernkompetenzträgern sind nicht etwa nur hoch bezahlte High Potenzials gemeint, vielmehr können grundsätzlich sämtliche Mitarbeiter im Unternehmen Kernkompetenzträger sein. Sie alle müssen sich überlegen, wie sie ihre individuelle Wettbewerbsfähigkeit sichern. Der Umgang mit den eigenen Kernkompetenzen als überlebensfähigen Wettbewerbsfaktoren wird damit zum zentralen Aspekt der individuellen Karriereplanung aller Mitarbeiter.

Kernkompetenzfokussierung betrifft auch alle Wertesysteme. Sicherlich war karrierebezogenes Ausrichten an Kernkompetenzen für die Generation der Babyboomer anfangs noch nicht so wichtig, da sie weniger nach materiellem Reichtum strebte und zudem in einer gesicherten Umwelt aufwuchs. Dies ändert sich aber spätestens, wenn der Babyboomer in die Altersgruppe »über fünfzig« rückt – was bei den meisten zur Zeit der Fall ist. Hier gilt es, sich erneut um die eigene Kernkompetenz zu kümmern und Felder mit potenzieller Wettbewerbsfähigkeit zu lokalisieren. Anders ist die Ausgangslage bei der Generation X, führt aber zum ähnlichen Ergebnis: Viele Vertreter dieser Generation sitzen in scheinbar gesicherten Beschäftigungsverhältnissen und auf scheinbar ruhigen Jobs. Da aber der typische Generation-X-Vertreter eine geringere Leistungsorientierung aufweist, kommt er sehr schnell in die Gefahrenzone der darwinistischen Selektion, wenn seine Leistungen und seine Kompetenzen nicht mehr dem Standard entsprechen, der immer höher wird. Deshalb muss auch er sich früh und intensiv um überlebensfähige Kernkompetenzen kümmern. Noch am einfachsten haben es Personen mit dem Wertemuster der Generation Y, da diese durch ihre Leistungsorientierung und individuelle Zielorientierung von vornherein auf Kernkompetenzen hinsteuern.

Das Management der eigenen Kernkompetenzen als individuelle Basisstrategie im Darwiportunismus kann in Einzelfällen über Intuition und »sechsten Sinn« erfolgen, erfordert aber im Regelfall einen systematischen Planungs- und Analysevorgang, der die eigene

Person betrifft. Er besteht – in Analogie zur strategischen Unternehmensplanung – aus dem Erkennen, dem Entwickeln und dem Verteidigen der eigenen Kompetenzen.

Kompetenzstrategie 1: Erkennen der eigenen Kernkompetenzen, eine Herausforderung an die kritische Selbstdiagnose!

Bereits das Erkennen der eigenen Kernkompetenzen ist weitaus schwieriger, als es den Anschein hat. Aber zur Beruhigung: Unternehmen haben bei der Bestimmung der Unternehmenskompetenz ähnliche Probleme, weshalb sie zwar schnell das Wort »Kernkompetenz« aussprechen, dann aber doch manchmal ziemlich naiv im Nebel stochern.

Erfolgreiche Unternehmen und genauso erfolgreiche Einzelpersonen lokalisieren deshalb ihre Kernkompetenzen meistens anhand von drei Merkmalen: Erstens sollte die entsprechende Kompetenz eine originäre Nähe zum Kernkompetenzträger aufweisen. Diese »Nähe« kann realisiert werden durch Herkunft, Neigung oder bisheriger Vergangenheit. Genauso wenig wie ein Hersteller von Computersystemen plötzlich zum Produzenten von Diät-Menüs mutieren kann, sollte ein Mitarbeiter im Rahmen seiner Basisstrategie auf ein Feld springen, für das er weder Erfahrung hat noch Begeisterung verspürt. In diesem Zusammenhang hilft das Prüfkriterium »authentisch«: Wer von einer Sache überzeugt ist und wem sie Spaß macht, der wird auch andere überzeugen. Genau darin liegt das Rezept der erfolgreichen Vertreter der Generation Y.

Zweitens sollte der Kernkompetenzträger eine nachweisbare Überlegenheit in diesem Fähigkeitsfeld aufweisen. Man kann sich nicht selbst zum Kernkompetenzträger erklären, man muss besser sein als der Mitbewerber. Hier lügen sich Unternehmen wie Einzelpersonen leicht in die eigene Tasche! Es gilt also nach klaren Indikatoren zu suchen, die signalisieren, ob man wirklich eine entsprechende Überlegenheit entwickelt hat. Eine beruhigende Botschaft aus dem letzten Mitarbeitergespräch alleine nützt wenig. Interessanter wäre, zu wem die Führungskraft geht, wenn es einmal wirklich eng und wichtig wird.

Drittens setzt eine Kernkompetenz eine entsprechende Nachfrage voraus. Ohne sie macht auch die beste nachweisbare Überlegenheit wenig Sinn. Hier spielt es keine große Rolle, ob diese Nachfrage im Unternehmen oder außerhalb liegt. Bei der Beurteilung dieser Nachfrage sollte man sich allerdings nicht von geforderten »Schlüsselqualifikationen« und kurzfristigen Strohfeuern irreführen lassen, wie sie beispielsweise im IT-Umfeld häufig abgebrannt werden.

Sind alle drei Merkmale erfüllt, ist eine sinnvolle Kernkompetenz gefunden, auf der man aufbauen kann. Die Wahrscheinlichkeit, eine wirklich überlebensfähige Kernkompetenz gefunden zu haben, ist dabei umso höher, je fokussierter und klarer positioniert diese Kernkompetenz ausfällt. Aus dem Spencer/Darwin'schen »survival of the fittest« wird also jetzt ein »survival of the focused«.

Wer aber ist für den Aufbau der Kernkompetenz verantwortlich?

Kompetenzstrategie 2: Entwickeln der eigenen Kernkompetenzen, eine Herausforderung an die eigene Selbstdisziplin!

Im Darwiportunismus ist es Aufgabe des Einzelnen, sich als Kernkompetenzträger zu etablieren und dadurch als Unternehmer in eigener Sache tätig zu werden. Das Unternehmen wird nur in den seltensten Fällen bereit sein, die Investition in diese Kernkompetenzen zu tätigen, da es weiß, dass der Mitarbeiter das Unternehmen von heute auf morgen verlassen kann. Das wichtigste Kapital der Mitarbeiter ist der eigene Kopf: Jeder ist somit der Eigentümer seiner eigenen Kernkompetenzen, für sie verantwortlich und muss laufend überprüfen, ob und inwieweit diese Kernkompetenzen noch Gültigkeit haben. Diese Überprüfung betrifft sowohl die originäre Nähe, die sich im Laufe der Zeit aufgrund einer persönlichen Interessenverschiebung ändern kann, als auch die objektive Überlegenheit sowie die aktuelle und zukünftige Nachfrage. Kernkompetenzen sind somit nicht permanent gültig, sondern haben ein Verfallsdatum.

Aus dieser Überlegung kommt das Bild der Ich-Aktie[3] und die Aufgabe des Mitarbeiters, seinen Aktienkurs zu kontrollieren und zu optimieren. Wie bei Popstars und Fußballspielern: Auch diese haben im Regelfall nur eine ganz spezifische Kompetenz, die es an den Mann und auf den Markt zu bringen gilt.

Wird klar, dass ein Kernkompetenzträger aufgrund seiner spezifischen Kernkompetenzen eine Sonderstellung im darwiportunistischen Umfeld erhält, so sind Nachahmungstäter wahrscheinlich. Nichts zieht so sehr an wie Erfolg!

Kompetenzstrategie 3: Verteidigung der eigenen Kernkompetenzen, eine Herausforderung an die prophylaktische Selbstverteidigung!

Ein schönes Beispiel hierfür ist das betriebliche Wissensmanagement mit seinem (meist vergeblichen) Versuch, Mitarbeiterwissen in EDV-Systemen abzulegen, um es dauerhaft zu sichern. Aber: Was macht ein typischer Darwiportunist, wenn von ihm verlangt wird, sein Wissen in eine Unternehmensdatenbank einzuspeisen? Er kann bei diesem Spiel nicht mitmachen, da jegliches Preisgeben von Wissen seinen persönlichen Wert im Unternehmen reduziert. Ein echter Kernkompetenzträger wird allenfalls durch massive Anreizsysteme (finanzieller und sonstiger Natur) bereit sein, sein Wissen dem Unternehmen in einer Form zur Verfügung zu stellen, dass es auch nach seinem Ausscheiden genutzt werden kann. »Wissen mitnehmen« ist ein beliebtes Spiel von Mitarbeitern, im darwiportunistischen Umfeld ein ganz natürliches. Zum Management der eigenen Kernkompetenz gehört somit – auch wenn Unternehmen dies nur ungern hören und sehen – eine Strategie, die eigenen Kernkompetenzen dadurch abzusichern, indem man möglichst eine Verbreitung auf die Kollegen verhindert.

Wer sich etwas mit Profisport beschäftigt, erkennt unmittelbar, dass Spieler, die sich zumindest mittelfristig in einer Mannschaft halten, alle drei Fokus-Strategien praktizieren!

Portfolio-Strategien: Karriere-Aktien und Sinn-Aktien, gut gemischt!

Muss ich jetzt das ganze Buch umschreiben? Denn Oskar Lafontaine verkündet als Teil seiner Prognose »Deutschland in zehn Jahren« in der Tageszeitung Die Welt *das Ende der Ich-AG*[4]*. Gleichzeitig wird der Marktfundamentalismus in den nächsten Jahren den klassischen Tugenden »Treue und Wahrhaftigkeit« weichen. Also irgendwie scheue ich mich, meinem ehemaligen Ministerpräsidenten zu widersprechen. Nur: Weniger Markt? Das steht vermutlich nicht einmal mehr im sozialdemokratischen Parteiprogramm! Mehr »Treue und Wahrhaftigkeit«? Nun, gegen Treue spricht nichts. Man darf aber Wunschdenken nicht mit Realität und Prognose verwechseln!*
Nachtrag: Das Ende der Ich-AG ist doch nicht gekommen – eher ihre Renaissance! Sie findet sich im »Hartz-Bericht«[5] *als Vorstufe zur vollwertigen Selbstständigkeit. Nur das Prinzip erschließt sich mir noch nicht auf Anhieb: Durchaus interessante finanzielle Zuschüsse für Arbeitslose, die sich neu als Ich-AG anmelden, und bis zur Grenze von 25 000 Euro pro Jahr nur 10 Prozent Pauschalsteuer. Ist das jetzt ein Anreiz für opportunistische Handwerker mit schleppendem Geschäft, dieses aufzugeben und sich als Ich-AG subventionieren zu lassen?*

Die Nachfrage nach einer Kernkompetenz besteht nicht zwangsläufig auf Dauer. Dies führt dazu, dass manche Karriereberater als Überlebensrezept für Arbeitnehmer der Zukunft postulieren: »Spezialisieren, aber flexibel bleiben und sich permanent weiterbilden«.

Hier liegt aber ein problematischer Zielkonflikt, denn Spezialisieren verhindert Flexibilität im Sinne eines Aufbauens von Alternativen.

Mitarbeiter sollen deshalb nicht nur eine einzige Ich-Aktie haben, sondern mehrere, deren Kombination es zu optimieren gilt. Dies entspricht der traditionellen Wertpapierportfolio-Optimierung, bei der jeweils ein anlegerspezifisches Optimum aus Risiko und Ertrag gesucht wird: Auch die Mitarbeiter brauchen somit eine Portfolio-Strategie mit klaren Aussagen zur Mischung ihrer Ich-Aktien.

Viele Unternehmen verwenden zur Planung seit Jahrzehnten die Methode der Portfolio-Matrix, um eine sinnvolle Mischung ihres Produktprogramms herzustellen. Üblicherweise beinhaltet eine solche Portfolio-Matrix vier Gruppen von Produkten: Die »Fragezeichen« sind solche Produkte, bei denen überhaupt noch nicht abzusehen ist, ob sie überhaupt einmal eine Marktreife erlangen. Trotzdem sind sie wichtig, da sie das Reservoir potenziell erfolgreicher Produkte bilden und die langfristige Stabilisierung des Unternehmens sichern. Die zweite Kategorie sind die »Stars«. Bei ihnen hat sich bereits die langfristige Ertragskraft herauskristallisiert, auch wenn sie noch nicht viel Geld einbringen. Die dritte Kategorie sind die »Milchkühe«. Sie sind die solide Basis des Verkaufserfolges und finanzieren letztlich die anderen Kategorien. In sie wird nicht mehr groß investiert, wohl aber versucht, die Ertragskraft abzusichern. Die letzte Rubrik sind die »armen Hunde«. Diese Kategorie beinhaltet alles, was früher einmal Fragezeichen, Star oder Milchkuh gewesen ist, jetzt aber weder aktuelle Ertragskraft noch zukünftiges Potenzial aufweist. »Arme Hunde« versucht man möglichst rasch aus dem Portfolio zu nehmen.

Portfolio-Strategie 1:
Gesucht ist eine solide Ich-Aktien-Mischung aus Fragezeichen, Stars und Milchkühen!

Wie Unternehmen müssen auch Einzelpersonen ihre Ich-Aktien im Kompetenzportfolio mischen: Da gibt es Kompetenzen, die gegenwärtig am Markt voll durchsetzbar sind (»Milchkuh-Kompetenzen«) und andere, bei denen die Ertragskraft zumindest hoch wahrscheinlich ist (»Star-Kompetenzen«). Gleichzeitig besteht aber die Gefahr, zu lange an solchen Kompetenzen festzuhalten, die am

Markt nicht mehr nachgefragt werden (»Arme-Hunde-Kompetenzen«). Und dann gibt es noch die »Fragezeichen-Kompetenzen«, deren Entwicklung noch nicht abzusehen ist.

Optimales Portfolio-Management bedeutet permanent zu prüfen, ob und inwieweit neue Kompetenzen möglicherweise dem Portfolio zugefügt, bestehende Kompetenzen ausgebaut und schließlich nicht mehr marktfähige Kompetenzen aus dem Portfolio entnommen werden sollen. »Aus dem Portfolio entnommen« bedeutet in diesem Fall, dass der Mitarbeiter sie im Extremfall sogar aus dem Lebenslauf weitgehend herausnimmt, um ein fokussiertes Kompetenzprofil zu erhalten.

Sich im Hinblick auf seine Fragezeichen, Stars und Milchkühe zu optimieren genügt allerdings noch nicht, denn die persönliche Portfolio-Strategie im Darwiportunismus betrifft auch die Querabstimmung zum individuellen Lebensentwurf. Denkt man diese Gedanken weiter, so führt er zur Differenzierung zwischen reinen Karriere-Aktien und Sinn-Aktien.

Portfolio-Strategie 2:
Gesucht ist eine solide Ich-Aktien-Mischung aus
Karriere-Aktien und Sinn-Aktien!

Die Sinn-Aktie entspricht dem, was vor Jahren die Ökologiebewegung im Zusammenhang mit Industriebeteiligungen propagierte: zwar Anteile an Unternehmen zeichnen, allerdings nur an solchen, deren Leistung auch ökologisch sinnvoll und deren Produkte ökologisch vertretbar sind.

In ähnlicher Form propagiert das Konzept der Sinn-Aktie, dass sich Mitarbeiter nicht nur daran orientieren, ob mittel- bis langfristig mit der entsprechenden Kernkompetenz ein ausreichendes Auskommen gesichert ist. Interessant ist vielmehr, ob die Tätigkeit zumindest für den Einzelnen sinnstiftend ist. Genau dies ist die Grundüberlegung der Generation Y, die mit ihren Aktivitäten vor allen Dingen sich selbst in einer ansprechenden Form weiterbringen möchte.

Zwischen der Karriere- und der Sinn-Aktie liegen für den Darwiportunisten wichtige Unterschiede: Bei der Karriere-Aktie steht primär die materielle Komponente im Vordergrund. Hier dreht es sich

– vereinfacht ausgedrückt – um Arbeiten, um Geldverdienen, um Noch-mehr-Arbeiten und um Noch-mehr-Geldverdienen. Anders bei der Sinn-Aktie: Hier sieht der Darwiportunist seine individuelle Chance weniger in der Nutzung des Marktes oder in der Vorbereitung für den Markt. Die Sinn-Aktie impliziert vielmehr Sinnschaffung als individuelle, konstruktivistische Aktivität: Auch wenn Schlagworte wie »Selbstverwirklichung« oder »seinen Sehnsüchten nachgehen« illusionär wirken mögen, ändert es nichts daran, dass der Darwiportunist den Sinn des Lebens auf keinen Fall ausschließlich in der Freizeit sucht, sondern auch seine berufliche Sphäre entsprechend umstrukturieren wird.

Portfolio-Strategien 1 und 2 sind kombinierbar!

Der individuelle Lebensentwurf, die Basisstrategie mit dem Kernkompetenzfokus und die zwei Portfolio-Strategien liefern zusammengefasst eine solide Grundlage für eine individuelle Überlebensstrategie im Darwiportunismus. Allen diesen Bausteinen gemeinsam ist, dass sie im Wesentlichen dem logischen und dem auch jedem kommunizierbaren Begriff von Strategiefindung entsprechen.

Überleben im Darwiportunismus geht aber noch wesentlich weiter und berührt auch Strategieinhalte, die man im Regelfall nicht offen kommuniziert – weil sie als »unethisch« oder »unfair« gelten. Trotzdem sind sie es aber, die den Unterschied ausmachen zwischen einer guten und einer sehr guten Strategie.

Karrierestrategien: Von Netzwerk-Opportunisten, Tarnkappen-Opportunisten und vier weiteren Strategen!

Rückblende auf eine bemerkenswerte Szene, die den Ausschlag zu diesem Abschnitt gab: Ich treffe eine Gruppe äußerst erfolgreicher Personen, die alle ihre Chancen genutzt und ihre Ziele erreicht haben. Vielleicht nicht immer auf moralisch sauberem Weg, in jedem einzelnen Fall aber auf einem klar angepeilten Kurs, der konsequent verfolgt wurde. Unterschiedliche Wege, aber alle erfolgreich. Und dann die andere Gruppe der weniger Erfolgreichen, die nur insofern dumm waren, als sie versucht haben, brav ihre Arbeit zu tun. Und deshalb im und am Darwiportunismus scheitern mussten.

Nennen wir ihn Walter. Er ist Abteilungsleiter und hat seine ideale Strategie gefunden. Alles was viel Geld oder viel Prestige bringt, landet irgendwie immer in seiner Abteilung. Sein Erfolgsrezept: Netzwerkbildung mit präventivem Erstschlag! Ein Beispiel gefällig? Walter erfährt, dass ein Abteilungsleiter Fritz ein neues Projekt entwirft, das eigentlich in keinster Weise in den Bereich von Walter gehört, das Walter aber dennoch gerne selber steuern würde. Noch bevor der eher naive Fritz seinen Gedanken zu Ende denken kann, hat Walter bereits einige Kollegen als Netzwerkknoten aktiviert: Diese wiederum erzählen »vertraulich« jedem, der es hören möchte, dass der Abteilungsleiter Fritz wieder mal eine Idee völlig unzulänglich umsetzen will und man ihn stoppen muss. Als der ahnungslose Abteilungsleiter Fritz in der entsprechenden Konferenz seinen Vorschlag vorbringt, ist die Abwehrfront bereits aktiviert. Der nicht einmal am Tisch sitzende Walter hat seine Chance genutzt und gewonnen.

Dieser Typ von Opportunismus ist eine Variante, mit der man im Darwiportunismus erfolgreich bestehen kann. Sie gehört zu den vier

Karrierestrategien, die vor allem Vertreter der Generation Y anwenden, wenn sie beruflich hoch hinauswollen.

Karrierestrategien 1 bis 4 (Generation Y):
Netzwerk-, Ellenbogen-, System- und
Leistungsopportunismus.

Die erste Karrierestrategie ist das Verhaltensmuster, das Walter verkörpert. Er ist der typische »Netzwerk-Opportunist«. Er knüpft auf breitester Front seine heimlichen Verbindungen, um sie dann bei Bedarf massiv einzusetzen. Netzwerk-Opportunisten sind vorsichtige Leute, die sich eigentlich nie öffentlich präsentieren und auch selten die wahre Größe ihres Netzwerkes offenbaren. Ihre Netzwerkbildung basiert also auf dem Prinzip der Schläfer, zu verstehen als diverse Knoten, die ihnen »etwas schulden« und dadurch schlagartig aktivierbar sind. Solche »Freundeskreise« gibt es nicht nur in Unternehmen: In Universitäten etwa sind dies die »Schülerkreise«, wo Professoren zum Aufbau ihrer eigenen Macht gezielt ehemalige Schüler berufen.

Anders dagegen der »Ellenbogen-Opportunist«: Ihm ist es vollkommen egal, was seine Umwelt über ihn denkt, welche Spielregeln er verletzt und wie er letztlich seine Macht bekommt. Hauptsache, er hat sie und er kann sie einsetzen. In der Anfangsphase spielt er ein riskantes Spiel, weil die Übrigen vereint gegen ihn gewinnen könnten. In dieser Phase verhindert er gezielt und mit aller Energie Koalitionen, bei denen er nicht im Mittelpunkt steht. Am Schluss ist er so weit oben angekommen, dass seine ehemaligen Kollegen froh sind, von ihm noch gegrüßt zu werden. Seine Grundprinzipien sind Machtstreben und absolute Skrupellosigkeit.

Der »System-Opportunist« als dritter Typ strebt auch nach Macht und hat ebenfalls keinerlei Skrupel, verwendet aber andere Mittel: Er instrumentalisiert das Unternehmen mit allen geschriebenen und ungeschriebenen Gesetzen für seine Zwecke. Der System-Opportunist fühlt sich in den Windungen der Organisation so zu Hause wie ein Feldhamster in seinem Bau und ehe man sich versieht, ist sein Bau wieder ein Stückchen größer geworden. Er (oder sie – es lebe die Gleichberechtigung!) »riecht« quasi die versteckte Chance und ergreift sie freundlich-sympathisch lächelnd.

Schließlich gibt es noch den »Leistungsopportunisten«, der auf seine Kernkompetenzen aufbaut. Ist er wirklich erfolgreich, wird er sich auch gegen die anderen Karrierestrategen durchsetzen. Im Regelfall aber tritt dieser Typus nicht alleine auf: Er braucht symbiotisch zumindest einen System-Opportunisten, der ihm quasi den Rücken freihält, oder einen Netzwerk-Opportunisten, der ihn in sein Netzwerk aufnehmen möchte. Nur mit dem Ellenbogen-Opportunisten verträgt sich der Leistungsopportunist nicht, da Ersterer Leistungen vorgaukelt, die Letzterer wirklich erbringen möchte.

Am Ende kann es auf dem Spielfeld des betrieblichen Darwiportunismus maximal einen Ellenbogen-Opportunisten geben. Ansonsten sind praktisch alle Mischungen denkbar und können durchaus mit den Unternehmenszielen stimmig sein.

Diese zumindest prinzipiell realisierbare Stimmigkeit mit den Unternehmenszielen gilt nicht für die zwei weiteren Karrierestrategien, die primär für das eher leistungsfeindliche Wertesystem »Generation X« passen und auf eine Maximierung des Freizeitraumes ausgerichtet sind:

Karrierestrategien 5 und 6 (Generation X): Tarnkappen- und Status-Opportunismus!

Der »Tarnkappen-Opportunist« versteckt seinen Opportunismus vollkommen. Anders als bei den vorangegangenen vier Formen des Opportunismus hat er überhaupt kein Interesse, ernsthaft in der Organisation voranzukommen, und schafft es, immer dann unterzutauchen, wenn es um die Verteilung von Arbeit und Aufgaben geht. In der extremsten Stereotype handelt es sich beim Tarnkappen-Opportunisten um einen Vertreter der Generation X mit »Null-Bock-auf-Arbeit«, aber einem hohen Interesse an attraktiver Freizeitgestaltung.

Ebenfalls kein Interesse an Leistung, dafür an hoher Sichtbarkeit hat der »Status-Opportunist«. Typisch für ihn ist die Einleitung eines Satzes mit »In meiner Funktion als ...«. Für ihn sind Titel, Visitenkarten und Ehrenämter wichtig, denn darin sieht er seine Existenzberechtigung im Unternehmen, aber vor allem seine Chance zur Optimierung der Freizeit. Anders als der Tarnkappen-Opportunist taucht er somit nicht unter, sondern stellt sich scheinbar leistungswillig in jedes Scheinwerferlicht, von wo er aber rasch wieder verschwindet, wenn die eigentliche Arbeit beginnt. Status-Opportunisten verfolgen keinerlei eigene Leistungsziele und teilen ihre Welt in zwei Segmente: Nach oben sind sie »der liebe nette Kerl«, weil sie sich mangels eigener beruflicher Ambitionen keiner Veränderung verschließen. In kritischen Sitzungen sind sie gern gesehene Gäste der Entscheidungsträger, weil sie auch negative Entscheidungen staatsmännisch eloquent – aber unterwürfig und oft auch im Namen aller anderen Kollegen – akzeptieren, wofür sie im Gegenzug noch mehr Status bekommen. Diesen Status spielen sie dann gegenüber denen aus, die sie als »unten« einstufen, aber alles mit dem primären Ziel der Freizeitoptimierung.

Tarnkappen-Opportunisten stören niemanden und können deshalb auch in größerer Zahl auftreten, vorausgesetzt, das Unternehmen hat genug Reserven, sie durchzufüttern. Status-Opportunisten in unmittelbarer Nähe zueinander schließen sich dagegen aus. Allerdings: Ein Status-Opportunist ist mit allen anderen Karrierestrategien kombinierbar, gerade weil andere Strategien – natürlich aus unterschiedlichen Motiven – die Koalition mit dem Status-Opportunisten suchen.

An dieser Stelle könnte der Einwand kommen, dass alle sechs Karrierestrategien mehr oder weniger unsympathisch klingen. Trotzdem: Es spricht vieles dafür, dass ein Überleben im Darwiportunismus nur über eine dieser Strategien möglich ist. Aber selbst wenn man aus irgendwelchen persönlichen Gründen keine dieser Strategien spielen möchte oder spielen kann, sollte man sich doch mit diesen sechs Karrierestrategien vertraut machen: Die Mit- und Gegenspieler wenden durchaus diese Strategien an und man tut deshalb gut daran, dies zu erkennen und – je nach eigenem Opportunismus – zu entlarven.

Teamstrategien: Was man von Fußballern und Vogelschwärmen für den Umgang mit seinen Kollegen lernen kann!

Bei aller Fokussierung auf die eigene Person gilt es aber auch das Umfeld nicht grundsätzlich als Kollektiv aus Gegnern wahrzunehmen. Vielmehr geht auch ein Darwiportunismus von zunehmender Arbeitsteilung aus: kaum eine Stellenanzeige, die nicht auf Teamorientierung hinweist, kaum eine Unternehmensbeschreibung, die nicht die Bedeutung der Teamarbeit betont, und kaum eine Projektskizze, die nicht in irgendeiner Form ein funktionierendes Team unterstellt.

Was aber sind die Teammitglieder? Sind es Mitspieler, Gegenspieler oder Verbündete auf Zeit? Hier wird man sich von liebgewonnenen Mythen verabschieden müssen. Sicherlich wäre eine Welt, die nach dem Prinzip der »Elf Freunde sollt ihr sein« funktioniert, ideal, faszinierend und schön. Sicherlich gibt es auch eine Vielzahl von Fällen, in denen Projekte nach diesem Prinzip laufen und gut funktionieren. Wie aber sieht der Normalfall aus?

Teammitglieder sind »Verbündete auf Zeit«,
die jederzeit opportunistisch abspringen,
wenn sich eine entsprechende Chance auftut.

Profi-Fußballer sind hierfür ein gutes Beispiel. Nimmt man ein ganz normales Bundesligaspiel – für ein Pokalfinale mag das anders sein –, so laufen im Kopf des Spielers gleichzeitig zwei Spiele ab: Das eine ist das reale Spiel auf dem Spielfeld. Hier sind die Mitspieler tatsächlich Mitspieler und die gegnerische Mannschaft die Gegenspieler. Man will gewinnen, dies geht im Prinzip nur als Team und deshalb gibt es einen klaren Kampf zwischen der eigenen und der gegnerischen Mannschaft. Im Kopf des Spielers läuft aber nicht nur dieses offizielle Spiel, sondern noch ein zweites auf einem ganz anderen Spielfeld mit ganz anderen Rollen. Dieses Spiel macht die eigenen Mitspieler zu Gegenspielern: Hier geht es darum, besser zu sein als die Mitspieler, möglichst selber Chancen zu bekommen und anderen Spielern Chancen zu verwehren. Nichts Besseres kann einem passieren, als wenn der Konkurrent um den Stammplatz einen gravierenden Fehler macht. Die schöne Aussage von Trainern: »Kein Spieler hat eine Stammplatzgarantie« macht eine solche Denkhaltung fast schon zwingend!

Unabhängig von der persönlichen Arbeitsphilosophie des Trainers ist Teamorientierung zwar wichtig, zahlt sich aber empirisch betrachtet nicht aus:

Mannschaftsdienliche Spieler haben noch
in den seltensten Fällen Karriere gemacht.

Diese vielleicht als unschön empfundene Logik ist leicht nachvollziehbar, wenn man ein einfaches Rechenexempel zugrunde legt: Bei einer 50-prozentigen Torchance darf ein Spieler im eigenen Interesse den Ball auf keinen Fall einem besser postierten Spieler zuspielen! Denn trifft der andere Spieler, so rückt dieser in der internen Rangliste einen Platz nach oben. Trifft er dagegen nicht, so rückt man selber im Platz nach unten, weil man die Verantwortung für den Torschuss abgetreten hat: Also auf jeden Fall selber aufs Tor schießen, auch wenn es rechnerisch nicht dem Team hilft. Denn im Fall des Fehlschusses zeigt man zumindest Initiative. Zudem bedeutet eine 50-prozentige Torchance, dass man zumindest bei zwei Versuchen einmal trifft, sich also durchaus einen Fehlschuss leisten kann. Selbst bei einer 25-prozentigen Torchance werden sich nach dieser Logik die wenigsten Spieler mannschaftsdienlich verhalten.

Und wie sieht es in der Realität des betrieblichen Alltags aus? Ist es da anders?

Natürlich nicht – wie folgendes Gedankenexperiment zeigt: Sie sind (aber nicht als Leiter) gemeinsam mit vierzehn anderen Mitarbeitern in der Qualitätssicherung für Mobilfunkgeräte beschäftigt. In Ihrer Fabrik gibt es ein Problem: Die Farblackierung der Mobilfunkgeräte löst sich nach zwei Wochen vom Gerät und geht auf die Hand des Benutzers über. An einem Abend sind Sie als Letzter vom Team noch im Betrieb und finden zufällig die Lösung: In der Produktionshalle ist die Luftfeuchtigkeit zu hoch und dadurch haftet die Farbe nicht auf dem Mobilfunkgerät. Doch dann treffen Sie im Aufzug den technischen Direktor, der Sie auf das Problem anspricht. Hier ist jetzt die Gewissensfrage: Entweder erzählen Sie ihm von Ihrer (!) Entdeckung, wodurch Sie selber einen wichtigen Sprung auf der Karriereleiter nach oben machen. Oder aber, Sie verweisen darauf, dass das Team gute Fortschritte macht und sicherlich bald gemeinsam (!) das Problem gelöst wird.

Wie würden Sie entscheiden? Egal ob in Deutschland oder in Japan, egal ob Student oder Manager, egal ob Mann oder Frau: Die meisten Befragten teilen bei diesem Gedankenexperiment dem Direktor ihre Entdeckung mit und »verraten« quasi ihr Team. Also Opportunismus pur, soweit man schauen kann.

Aber natürlich wird dieser Opportunismus nicht offen gespielt, weil ein generelles und brutales Durchsetzen gegen die Mitspieler auch im Darwiportunismus kein universelles Erfolgsrezept darstellt. Schließlich müssen Sie ja weiterhin mit dem Team zusammenarbeiten, vielleicht nicht mit genau den gleichen Personen, aber trotzdem mit Kollegen. Dies führt dazu, dass Sie sich »fair« verhalten – zumindest immer dann, wenn die negativen Konsequenzen der Unfairness die positiven Effekte überwiegen.

Zudem sollte das Teammitglied bei allem individuellen Opportunismus nicht vergessen, dass es in einer darwiportunistischen Situation nicht nur darum geht, isoliert eine individuelle Chance zu nutzen: Vielmehr geben gleichzeitig das Zusammenspiel der Teammitglieder und das daraus resultierende Ergebnis den Ausschlag, wenn es um Sieg oder Niederlage, letztlich aber vor allem um die Frage der Selektion geht.

Teammitglieder, die sichtbar den Grundsatz der
Teamorientierung verletzen,
werden mittelfristig vom Team ausselektiert.

Diese Aussage bedeutet letztlich, dass Teammitglieder durchaus opportunistisch ihre Chance suchen können, dennoch aber immer ein Mindestmaß an Teamorientierung aufweisen müssen, damit sie nicht etwa trotz eigenen Erfolgs dem Darwinismus im Team zum Opfer fallen.

Eine interessante Möglichkeit, sinnvolle Kooperationsstrategien für ein erfolgreiches Miteinander abzuleiten, besteht darin, auf das Verhalten von Vögeln in einem Vogelschwarm zurückzugreifen, das hierfür wichtiges Analogiepotenzial liefert:[6] Denn auch der einzelne

Vogel muss selber seine individuellen Chancen suchen, kann aber gleichzeitig nur in der Gemeinschaft vorwärts kommen. Aus diesem Grund haben sich in der Natur evolutionär drei Verhaltensregeln herausgebildet, denen das Schwarmverhalten von Vögeln folgt:

Erstens hält jeder Vogel einen Mindestabstand zu den anderen Vögeln. Er kommt anderen also nicht in die Quere und weiß auch, dass das Wahren der Distanz überlebenskritisch ist, da es sonst zu gefährlichen Kollisionen kommt. Egal was auch passiert, ein gewisser Mindestabstand wird eingehalten. Übertragen auf die Teamstruktur im Darwiportunismus impliziert diese Analogie die permanente Suche nach Freiräumen, die man sich selber schafft, die man aber auch anderen gewährt. Das Ergebnis ist eine Chance zum Aufbau von eigenen Kernkompetenzen, von eigenen Arbeitsfeldern und letztlich auch von einem opportunistischen Wettbewerb.

Zweitens passt jeder Vogel die Geschwindigkeit und die Ausrichtung seines Fluges an die Geschwindigkeit und Ausrichtung der Vögel in der nahen Umgebung an. Übertragen auf den Darwiportunismus bedeutet dies: Jeder Mitarbeiter muss sich an das »übliche« Tempo und die generelle Ausrichtung seiner lokalen Umwelt anpassen, um das Funktionieren des Systems sicherzustellen. Sind hier die Abweichungen zu groß, entsteht ein Ungleichgewicht, das letztlich destabilisierend wirkt und dann auch den Einzelnen trifft. Dies gilt für den Ellenbogen-Opportunisten ebenso wie für den Tarnkappen-Opportunisten: Auch sie dürfen die Grundbewegung des Vogelschwarms, also des Unternehmens, nicht ignorieren.

Drittens muss jeder Vogel seine Position in der Nähe des Ortes halten, an dem die meisten Vögel wahrgenommen werden, wo also der Schwerpunkt des Gesamtsystems ist. Hinter diesem abstrakt klingenden Postulat steckt die nachvollziehbare Logik, dass jedes System immer einen Schwerpunkt hat: Dies gilt für ein Flugzeug und eine Kaffeemaschine ebenso wie für Systeme aus unabhängigen Einheiten, also für Vogelschwärme und für soziale Systeme. Dieser Schwerpunkt liefert die Position mit der höchsten Überlebenswahrscheinlichkeit und bei seiner Verlagerung die entscheidende Richtungsinformation. Deshalb sollte sich selbst das opportunistische Teammitglied – egal wohin es sich selbst weiterentwickeln möchte – bei seinem Handeln die zentrale Vision des

Unternehmens zumindest kennen, im Idealfall auch teilen. Diese Mittelpunktswahrung dient somit dazu, dass jeder seine Aktionen zumindest tendenziell kongruent zum Unternehmen ausrichtet.

Teamstrategien 1 bis 3:
Kollisionsvermeidung!
Bewegungsanpassung!
Mittelpunktswahrung!

Das Interessante an dieser Vogelschwarmmetapher ist, dass es danach zwar auf der einen Seite durchaus opportunistische Individualität gibt, auf der anderen Seite aber ein Ausrichten an einer Gemeinschaft im ureigensten Interesse nötig ist, denn massives Ausscheren wird durch Ausselektion bestraft. Analog argumentiert auch der Nobelpreisträger für Ökonomie 2002, Daniel Kahneman:[7] Anstatt von rationalen, berechnenden Akteuren auszugehen, zeigt er, wie stark menschliches Verhalten im Wirtschaftskontext auch von psychologischen Motiven bestimmt wird – etwa Herdenphänomene im Rahmen ökonomischer Spekulationsblasen und Währungsturbulenzen.

Versteck-Strategien: ›Lug und Trug‹ als Basis für den individuellen Überlebenskampf!

Nennen wir ihn Wolfgang und beobachten ihn, wie er sich engagiert bei einem Unternehmen bewirbt. Doch die ganze Aktion ist nur Bluff: Wolfgang ist Opportunist und verheimlicht, dass er bereits dem Konkurrenzunternehmen ein bindendes Ja-Wort gegeben hat; hätte er diese Information frühzeitig preisgegeben, wäre überhaupt kein Bewerbungsgespräch zustande gekommen. Doch Wolfgang geht noch weiter und sucht einen Fürsprecher, der unsichtbar bleibt, also »verdeckt« für ihn arbeitet. Die wahre Absicht der Bewerbung bleibt vollkommen verborgen: Durch das zusätzliche Job-Angebot will er seine Verhandlungsposition bei dem Unternehmen verbessern, bei dem er schon zugesagt hat.

Egal wohin man schaut: Der gute, altruistische Mensch kommt in der Realität nur selten vor, was sich natürlich auch bis zur Betriebswirtschaftslehre und dort bis zu der »Neuen Institutionenökonomie«[8] herumgesprochen hat. Sie ist insofern für den Darwiportunismus besonders interessant, weil sie explizit Opportunismus als Verhaltensannahme berücksichtigt und dafür drei Verhaltensmuster konkretisiert. Diese Beschreibungen sind aber – und das macht sie so interessant – gleichzeitig Vorschläge für individuelle Überlebensstrategien im Darwiportunismus, sagen also dem Einzelnen, wie er sich Unternehmen gegenüber verhalten sollte – sofern er wirklich opportunistisch agieren möchte.

In dieser Institutionenökonomie spricht man vom Zusammenspiel eines »Prinzipals« mit einem von ihm beauftragten »Agenten«[9]. Prinzipal ist in unserem Fall der Arbeitgeber (Unternehmen), Agent der Arbeitnehmer (Mitarbeiter). Im Regelfall geht man davon aus, dass der Prinzipal (Unternehmen) nicht genau über seinen Agenten (Mitarbeiter) Bescheid weiß, was diesem wiederum interessante Möglichkeiten bietet:

Möglichkeit 1 ergibt sich aus »Hidden Characteristics« (verborgene Eigenschaften). Hier verfügt der Agent über wichtige Informationen zu eigenen Charakteristika, von denen der Prinzipal nichts weiß. Im Arbeitsverhältnis sind dies beim Mitarbeiter unter anderem seine wahren Fähigkeiten sowie seine wirkliche Neigung, in das Unternehmen einzutreten beziehungsweise dort zu bleiben. Unabhängig von der Marktlage haben Mitarbeiter hier einen Informationsvorsprung: Sie präsentieren ihr Wissen als möglichst groß und ihre Bereitschaft, ohne herausragende Konditionen bei dem Unternehmen den Arbeitsvertrag zu unterschreiben, als möglichst klein. Die Mitarbeiter, die diese Strategie am extremsten verfolgen und damit brutal ihr Eigeninteresse forcieren, schließen demnach die besten Verträge ab – ein erfolgreiches, opportunistisches Verhaltensmuster, das sicherlich jeder schon beobachtet hat.

Versteck-Strategie 1:
Durch Verstecken von Informationen
zu persönlichen Eigenschaften wird das Unternehmen
zur falschen Auswahlentscheidung verleitet.

Durch diese Versteck-Strategie können sich Einzelne durchsetzen, und zwar unabhängig von ihrer Qualifikation. Dies führt dazu, dass der Prinzipal (also das Unternehmen) die falsche Entscheidung trifft, weil er sich von den falschen Informationen leiten lässt. Dieses Folgeproblem wird in der Theorie mit »Adverse Selection« (den Absichten entgegenwirkende Auswahl) bezeichnet: Gerade wegen der falschen Information wählt das Unternehmen den falschen Mitarbeiter aus und schadet sich dadurch. Dies führt dazu, dass unmittelbar nach dem Vertragsabschluss der Prinzipal sein »blaues Wunder« erlebt.

Möglichkeit 2 ist die »Hidden Action« (verborgene Handlung). Hier baut sich der Agent – also bei uns der Mitarbeiter – heimlich eine Hintertür ein, durch die er jederzeit das Unternehmen verlassen kann.

Versteck-Strategie 2:
Durch das Schaffen von versteckten Rückzugspotenzialen
kann der Mitarbeiter seine Arbeitskraft verweigern
oder anderweitig dem Unternehmen schaden.

Hierdurch setzt der Mitarbeiter den Prinzipal einem großen (versteckten) Risiko aus, denn der Mitarbeiter kann als opportunistisches Verhalten gezielt die Mitarbeit verweigern: Er zieht sich zurück, macht nicht mehr mit und riskiert dabei selbst nichts. Nur deshalb kann er nach beliebigem Gutdünken opportunistisch agieren. Dieses moralisch bedenkliche, aber leicht durchführbare Spiel nennt die Theorie »Moral Hazard« (moralisches Risiko).

Möglichkeit 3 schließlich zielt ab auf versteckte Absichten. Bei diesen »Hidden Intentions« begibt sich der Prinzipal unbewusst in ein Abhängigkeitsverhältnis zum Agenten, das dieser zum eigenen Nutzen geschaffen hat.

Versteck-Strategie 3:
Der Mitarbeiter verleitet das Unternehmen
zu Handlungen, durch deren versteckte Konsequenzen
er dieses später erpressen kann.

Hier investiert das Unternehmen beispielsweise massiv in einen Mitarbeiter, beschafft für diesen eine spezifische EDV-Infrastruktur oder organisiert das ganze Unternehmen um diesen Schlüssel-Mitarbeiter herum. Das Unternehmen berücksichtigt also nicht die wahren Absichten des Agenten, weil es sie nicht kennt, und rennt deshalb »ins offene Messer«. Gerade auch Lobbyisten, die eine Unternehmensleitung bei einem guten Glas Rotwein in eine bestimmte Richtung lenken wollen, spielen gerne das Spiel der »Hidden Intention«. Das Unternehmen will dem Mitarbeiter »entgegenkommen«, um sich seiner Arbeitskraft zu versichern. In Wirklichkeit zielen die Vorschläge des Mitarbeiters aber nur darauf, Erpressungspotenziale zu schaffen. Jetzt kann er nahezu beliebig alle ihm günstig erscheinenden Alternativen wahrnehmen, da das Unternehmen keine andere Wahl hat, als dem Opportunisten nachzugeben. Dem amerikanischen Ausdruck für »bewaffneten Überfall« entsprechend nennt die Theorie diese dritte Form des Opportunismus »Hold Up«.

Im Ergebnis liefern »Hidden Characteristics«, »Hidden Action« und »Hidden Information« Spielfelder, in denen sich der Opportunist beliebig und meist recht gefahrlos austoben kann.

Nennen wir ihn Anton und machen wir ihn zu einem ehrgeizigen Bereichsleiter, der eine neue Produktlinie einführen möchte. Um damit wirklich erfolgreich zu sein, kombiniert er alle drei Spezialstrategien: Er verschweigt, was gegen seinen Vorschlag spricht, erwähnt also nicht, dass die versteckten Nachfolgekosten dieser Produktlinie von den anderen Bereichsleitern finanziert werden müssen. Das ist nichts anderes als Versteck-Strategie 1, also »Hidden Characteristics«, und führt zur »Adverse Selection«. Sorgt Anton dafür, dass er trotz gegenteiliger Zusage nie eine persönliche Arbeitsleistung erbringen wird, so agiert er nach dem Schema Versteck-Strategie 2, also »Hidden Action«. Gleichzeitig sorgt Anton dafür, dass die neue Produktlinie ausschließlich mit seinem Namen verknüpft wird: Dies trifft die Versteck-Strategie 3, also »Hidden Intention«, denn seine wahre Absicht liegt darin, Erpressungspotenzial gegenüber der Unternehmensleitung zu gewinnen. Sie muss Anton in Zukunft in allem nachgeben, will sie nicht erheblichen wirtschaftlichen Schaden erleiden.

An dieser Stelle kommen die Moralisten mit erhobenen Zeigefingern aus ihren Ecken und bezeichnen diese drei Versteck-Strategien als unethisch. Dieser Vorwurf mag gerechtfertigt sein, kann aber nichts an der grundsätzlichen Existenz dieser drei Strategien ändern: Denn jeder Einzelne muss seinen Weg durch den Darwiportunismus gehen und dabei durchaus auch bewusst auf das Feld »Opportunismus« vorrücken.

Globalisierungsstrategie: Kosmokraten mit selbst inszeniertem Karriereplan!

Erinnerung: Im Haus der Gottfried-Daimler- und Karl-Benz-Stiftung findet die Abschlusssitzung des Ladenburger Kollegs zum Thema »Globalisierung verstehen und gestalten« statt. Der Untertitel: »Nichts geht mehr, aber alles geht!« Immer mehr Möglichkeiten, und immer mehr Flexibilität als Substitut für Eindeutigkeit. Der Trend: Marktradikalität, aber auch Chancenvielfalt. Klare Entwicklungsmuster für die Einzelnen wird es nicht mehr geben, stattdessen unterschiedlichste Erwerbsbiographien und absolute Eigenverantwortung.

Angesichts der fließenden Unternehmens- und Landesgrenzen werden die Chancen für den Einzelnen größer. Gerade auf der globalen Ebene führt dies inzwischen zu einem vollkommen neuen Segment an globalen Mitarbeitern, die über den Euro-Manager hinausgehend »Global Manager« geworden sind: Sie zeichnen sich aus durch eine völlige Normierung in Weltanschauung, Fähigkeiten und Sozialverhalten. Zudem verfügen sie über weltweite Netzwerke und sind – da regional heimatlos – weltweit einsetzbar. Richtiger als der Ausdruck »weltweit einsetzbar«, der eher eine passive Rolle impliziert, ist allerdings die aktive Rolle: Danach sind es gerade diese Mitarbeiter, die sich selbst ihre Chancen suchen, selbst diese Chancen bewerten und dann unabhängig vom Interesse des jeweiligen Arbeitgebers auch nutzen.

Für diese Gruppe wurde der Terminus »Kosmokraten« geschaffen.[10] Sie sind leistungsorientiert und haben eine hohe Konsumorientierung. Vor allem aber sind sie bereit, in den etwas unsicheren

Verhältnissen der Globalisierung zu arbeiten, solange diese Unsicherheit nur gut genug bezahlt wird.

Verstärkt werden die Chancen durch die zunehmende Virtualisierung der Unternehmenslandschaft, zu verstehen als das Schaffen künstlicher Strukturen, die sich schlagartig bilden und genauso schnell wieder auflösen. Gerade das Internet und generell der »Cyberspace« sind der ideale Nährboden für derartige Personen. Hier finden sich Kernkompetenzträger aus der ganzen Welt zu fliegenden Allianzen und kreieren neue Firmen, die sich ebenso schnell wieder auflösen, wie sie entstanden sind. Egal, ob jetzt durch die Globalisierung, durch die Virtualisierung oder einfach »nur« durch die Marktdynamik hervorgerufen: Die Chancenvielfalt steigt, was natürlich denjenigen Tür und Tor öffnet, die auch bereit sind, diese Chancen wahrzunehmen.

Allerdings bedeutet Darwiportunismus nicht nur Chancenvielfalt, sondern in einer darwinistischen Weltordnung auch erhebliche Risiken. Selbstinszenierung alleine genügt ebenso wenig, wie ein Auslandsaufenthalt automatisch einen Karrieresprung hervorruft. So gilt zwar in vielen Unternehmen die klare Direktive, wonach »Karriere« immer entsprechende Auslandsentsendungen voraussetzt. Analysiert man dann allerdings den Lebenslauf der Personen, die Karriere gemacht haben, so stellt man fest, dass sie im Regelfall immer sehr nahe an den Machtzentren geblieben sind.[11] Nur so sind sie in der Lage, sich umfassend auch mit ihren Konkurrenten auseinander zu setzen: Denn das Umfeld ist im Regelfall geprägt von allen diesen faszinierenden Netzwerk- und Ellenbogen-Opportunisten, die das Arbeitsleben interessant, aber auch kompliziert machen.

Beschäftigt man sich nur mit der Frage, ob sich ein Auslandsaufenthalt positiv auf die Karriere auswirkt, so lässt sich dazu eine klare Strategie ableiten:

Globalisierungsstrategie:
Auslandsaktivitäten entwickeln, wenn sie in
Fortführung der anderen eigenen Strategien wirken.

Egal von welchem Feld und von welcher Ebene man redet: Auslandsaktivitäten sind sinnvoll, wenn sie wirklich in Zusammenhang vor allem mit der eigenen Kompetenz-, der eigenen Portfolio-, der eigenen Karriere- und der eigenen Teamstrategie stehen. Ansonsten sind sie im Zeitalter des Darwiportunismus gefährlich.

Vor allem bei der Globalisierung zählen persönliche Kontakte und Netzwerke. Hier gilt speziell für Kosmokraten die Handlungsmaxime der Selbstinszenierung und der Zwang, sich selbst zur eigenen »Marke« zu machen:[12] Ob durch Bekleidung, durch Redewendungen oder durch geschickt gewählte Marotten – jeder kann danach eine eigene Profilierungsstrategie fahren. Hauptsache, man kommt ins Gespräch, und Hauptsache, das Bild ist stimmig. Dann spielt es auch keine Rolle mehr, ob der reiche Firmenchef als Kunstmäzen, als Hobbymusiker oder als Rennbootfahrer auftritt, solange dieses Bild nur entsprechend intensiv kommuniziert wird. Ähnliches gilt – entspreched abgeschwächt – für alle anderen Ebenen im Unternehmen, wo es ebenfalls auf Selbstinszenierung ankommt, allerdings auch hier wieder verbunden mit den anderen Individualstrategien: Denn Selbstinszenierung alleine genügt langfristig nirgendwo!

Gerade weil das marktradikale Umfeld seine Herausforderungen mit sich bringt, haben Mitarbeiter – wenn sie ihr Globalisierungsspiel richtig spielen – im Regelfall recht gute Karten. Dies setzt aber eine klare und konsistente Planung der individuellen Wettbewerbsstrategie voraus.

Ergebnis: Darwiportunismus als individuelle Chance!

Das Schöne am Fliegen sind unter anderem die Zeitungen, die man sonst eigentlich nicht liest. Und dort die Interviews, die man eigentlich sonst auch nicht liest. Diesmal mit Katarina Witt:[13] »Außerdem lebe ich innerhalb jeder Beziehung mein eigenes Leben, habe meine eigenen Regeln. Und das dem Freund plausibel zu machen, ist extrem schwer. (...) Ich habe immer offen gesagt, dass ich ein sehr egoistischer Mensch bin, besonders was meine Karriere und meinen Beruf angeht. Als Einzelsportler musste ich zwangsläufig ein Egoist sein. Sonst wäre ich nie so erfolgreich geworden. Wenn du aufs Eis gehst, musst du zielstrebig und agressiv sein, die Ellenbogen einsetzen und alles andere ausblenden. In dem Moment werden private Dinge unwichtig. Der Beruf hat bei mir die absolute Priorität.« Vielleicht nicht für jeden von uns die richtig Strategie. Aber eine klare Strategie, die Chancen lokalisiert, Wertigkeiten festlegt und dann zum Durchsetzen auf die Ellenbogen setzt!

An dieser Stelle besteht jetzt die unverkennbare Gefahr, doch in die Nähe eines Handbuchs zur individuellen Lebensplanung abzudriften – was aber zumindest für diesen Abschnitt vielleicht gar nicht so verkehrt ist. Denn die Botschaft ist klar:

Gesucht: Die individuelle Strategie!

Hinter dieser Aussage steht das Postulat der Individualisierung: Jeder muss und jeder kann sich an den eigenen Kernkompetenzen ausrichten sowie sich daraus seine individuelle Mischung aus Karriere- und Sinn-Aktien zusammenstellen. Dahinter steht ein relativ komplexes Verhaltensmuster, das es in einen persönlichen Business-Plan zu transformieren gilt: Wie stehe ich zu meinem Unternehmen? Wie zu meiner Arbeitsgruppe? Wie zu meinem konkreten Gegenüber? Diese Strategien gilt es klar zu fixieren. Gefragt sind also konkrete Aussagen zu den eigenen Kompetenzen und deren Entwicklung (Kompetenzstrategie) sowie zu ihrer optimalen Kombination (Portfolio-Strategie). Gleichzeitig braucht jeder ein klares Bild davon, wie er Karriere machen will (zum Beispiel als Netzwerk-Opportunist) und wie er sich im Team verhalten will (zum Beispiel über eine Kooperation mit »Verbündeten auf Zeit«). Spezielle Strategien, die zusätzlich gewählt werden können, kommen aus der Rubrik »Versteck-Strategien« und bedeuten den bewussten Einsatz von »Lug und Trug«.

Die resultierende Gesamtstrategie, die man sich aus diesen Bestandteilen zusammenstellt, ist vielleicht nicht in allen Aspekten so »schön und edel«, dass man sie in der Zeitung oder in autobiografischen Büchern zu Lebensgestaltung veröffentlichen könnte. Denn in diesen Publikationen beschreiben diese erfolgreichen Manager, Unternehmer oder Politiker selten, wie sie wirklich zum Erfolg kamen. Warum sollten sie es auch? Denn entweder geben sie ihr persönliches Erfolgsprinzip preis, oder aber sie demontieren durch die nackte, hässliche Wahrheit den strahlend hellen Mythos, den sie um ihre Person errichtet haben.

Die meisten Erfolgreichen haben nun einmal auf der einen Seite eine »wirkliche Strategie«, in der sie vielleicht hart, brutal und unfair mit ihrer Umwelt umgehen. Und sie haben auf der anderen Seite eine kommunizierbare, öffentlichkeitswirksame Strategie, für die man dann je nach individueller Bedeutung eine silberne Uhr oder einen Verdienstorden bekommt. Nur selber sollte man Wirklichkeit und Dichtung auseinander halten können!

6
Unternehmerisches Handeln im Darwiportunismus

Montag, 20.30 Uhr, Zürich. Ich warte auf mein Flugzeug nach Luxemburg. Auf allen Zeitungen als Titelthema der wirtschaftliche Absturz der Swissair und der damit verbundenen Crossair. Wie kann eigentlich so etwas passieren? Gab es nicht kompetente Banken, teure Manager und noch teurere Unternehmensberater? Vielleicht waren es viele Kleinigkeiten, die zusammenkamen. Auf keinem Flughafen hatte ich so viele Probleme mit verlorenem Gepäck wie auf dem Züricher, nirgendwo hatte ich mehr Schwierigkeiten mit Verspätungen. Und wenn man um 21.00 Uhr auf einen verspäteten Crossair-Abflug wartet und dann noch die Business Class Lounge geschlossen wird, fühlt man sich auch nicht gut. Hat hier der Markt vielleicht zu Recht zugeschlagen und zumindest Swissair aus dem Verkehr gezogen? Vielleicht kommt etwas Besseres nach? Nur: Die wirklich Leidtragenden sind die Mitarbeiter, die lange Zeit in ihrer vermeintlichen Einmaligkeit bestärkt wurden (deshalb heißt der Flughafen auch »Unique«), dann aber doch etwas rüde auf die Straße geschickt wurden. Aber um fair zu sein: Heute fliegt meine Crossair pünktlich.

Unternehmen führen im darwiportunistischen Umfeld einen Kampf an mehreren Fronten: Auf der einen Seite sind sie Objekt in einem größeren darwinistischen Umfeld. Können sie hier mit ihren Kernkompetenzen nicht bestehen, sortiert sie der Markt gnadenlos aus. Firmen wie Compaq, Hewlett-Packard, Dell und Apple stehen in einem Wettstreit miteinander, manche fliegen aus dem Markt, andere sehen ihre Chance darin, den Wettbewerber zu schlucken. Bei allen diesen Prozessen agiert der Markt mit seinen darwinistischen Kräften und bringt Unternehmen in Zugzwang. Auf der anderen Seite sind Unternehmen Subjekte, die nach innen darwinistische Systeme unbewusst fördern beziehungsweise sogar aktiv schaffen. Gleichzeitig treffen Unternehmen auf die opportunistischen Tendenzen der Mitarbeiter, die sich immer mehr auf eigene Chancen konzentrieren und dabei teilweise die Ziele des Unternehmens ignorieren.

Unternehmen reagieren auf Darwiportunismus und Unternehmen initiieren Darwiportunismus.

Doch egal, ob und wie man diese Dualität zu durchdringen versucht: Darwiportunismus ist ein Phänomen, das Unternehmen trifft, das also existiert, auch wenn man es lieber ignorieren würde. Unternehmen müssen sich deshalb mit diesen Zusammenhängen auseinander setzen und sich dazu erst einmal von lieb gewonnenen, aber falschen Ansichten über die Realität verabschieden.

Märchenstunde: Sechs Mythen, an die Unternehmen gerne glauben!

Habe meine Grundthesen zum Darwiportunismus an drei Personalvorstände »mit der Bitte um Diskussion« geschickt. Von einem kam eine Absage. Kein Interesse. Stattdessen ein persönlicher Brief seines persönlichen Referenten: »... möchte ich um Verständnis bitten, dass Herr Dr. ... von ihrem Diskussionsangebot keinen Gebrauch gemacht hat, da ihm aufgrund seiner zahlreichen Verpflichtungen derzeit wenig zeitlicher Spielraum bleibt«. So weit, so gut, aber auch ziemlich aufschlussreich.

»Wir waren alle so naiv!« Mit dieser Schlagzeile beginnt ein Artikel[1] über ehemalige Firmenchefs, die sich nach dem Scheitern ihrer früher hoch gelobten Unternehmen in »normale« Angestellte zurückverwandeln mussten. Sie berichten über ihre Erfahrungen, ihre großen Taten und ihre vielfältigen Fehleinschätzungen. Bei diesen Äußerungen fällt auf, dass man sich damals über die Zukunftsentwicklung absolut sicher war und deswegen alle andersartig ausgerichteten Hinweise kategorisch überhörte. Man war sich sicher – und ist sich jetzt wieder sicher! Erstaunlich, dass man daraus nichts gelernt hat und weiterhin die eigene intellektuelle Unfehlbarkeit unterstellt. »Wir waren alle so naiv!« Vielleicht werden das bald Unternehmen im Hinblick auf die ignorierte Herausforderung »Darwiportunismus« sagen.

Viele Unternehmer und Unternehmen sind und waren immer schon fähig, sich in eine Scheinwelt der inneren Selbstkonstruktion zu flüchten. Deshalb hinterfragen sie manche Annahmen und Aussagen überhaupt nicht mehr. Das ändert aber nichts daran, dass diese Selbstkonstruktion Verhalten prägt – wie bei einer Fata Morgana, wo die blühende Oase zwar auch nicht existiert, gleichwohl aber die Richtung der Wanderer bestimmt. Fatalerweise mündet die Existenz einer derartigen Scheinwelt nicht zwangsläufig in wirtschaftliche

Schwierigkeiten. Ganz im Gegenteil:[2] Zumindest kurzfristig können unternehmenskulturelle Pathologien den Erfolg verbessern, wenn Großartigkeitswahn und Ahnungslosigkeit Kräfte mobilisieren. Mittel- und langfristig aber ist das Fiasko vorprogrammiert, da der Glaube an die eigenen Mythen den Blick auf die reale Unausweichlichkeit verstellt und Unternehmen nicht mehr in der Lage sind, Gefahren auszuweichen und Chancen zu nutzen.

Genau das Gleiche sieht man gegenwärtig beim naiven Umgang mit dem Darwiportunismus: Auch hier konstruieren sich Unternehmen eine eigene Realität, die sie dann von dringend erforderlichen Handlungen abhält und zu falschen Handlungen verleitet. Das am weitesten verbreitete Märchen lautet daher:

Mythos 1:
Bei uns gibt es keinen Darwiportunismus!

Sicherlich klingt das Wort »Darwiportunismus« negativ und sicherlich haben Unternehmen deshalb Schwierigkeiten, sich an den Gedanken des Darwiportunismus zu gewöhnen. In Podiumsdiskussionen kommen daher häufig die Fragen, wie viele Mitarbeiter überhaupt davon betroffen sind und ob dieses Phänomen nicht allenfalls auf eine kleine begrenzte Anzahl von IT-Mitarbeitern zutrifft: also Darwiportunismus allenfalls in einigen kleinen (nicht mehr existierenden) Firmen der New Economy. Ansonsten sind sich kleine Familienbetriebe sicher, gegen Darwiportunismus immun zu sein, da sie eben kleine und erfolgreiche Familienbetriebe sind. Umgekehrt können sich Vertreter von multinationalen Großunternehmen Darwiportunismus allenfalls bei kleinen Familienbetrieben vorstellen, da ihrer Ansicht nach multinationale Großunternehmen schon alleine wegen ihrer umfangreichen Personalarbeit keinen Darwiportunismus aufkommen lassen. Wie herum man es auch betrachtet: Falls es wirklich so etwas wie Darwiportunismus geben könnte, dann allenfalls bei den anderen. Oder, exakter ausgedrückt, die Annahme lautet: Darwiportunisten haben wir nicht, brauchen wir nicht, wollen wir nicht.

Genau das ist verkehrt! Denn: Alle Unternehmen haben darwiportunistische Mitarbeiter, alle Unternehmen brauchen darwiportunistische Mitarbeiter und sollten sie deshalb auch durchaus einstellen.

Allerdings erschwert gerade dieses Verleugnen von darwiportunistischen Tendenzen im Unternehmen eine sinnvolle Strategie. Denn wo es (scheinbar!) kein Problem gibt, braucht man auch keine Lösung. Dies gilt auch für das zweite Märchen.

Mythos 2:
Meine Mitarbeiter arbeiten gerne und loyal für mich!

Unternehmen überschätzen manchmal grenzenlos die Bindungsbereitschaft der Mitarbeiter an ihr Unternehmen. Denn Entscheidungsträger neigen dazu, an die eigene Propaganda zu glauben. Deshalb stufen sie positive Attribute des Unternehmens zu positiv ein und übersehen negative Merkmale in ihrer Bedeutung. Fragt man Unternehmen danach, wo sie sich am Arbeitsmarkt in positiver Hinsicht von der Konkurrenz abheben, bekommt man als Antwort meist »unübertroffene« Merkmale der Arbeitsplätze zu hören. Seien es die Autonomie oder die Möglichkeit zur Selbstverwirklichung, seien es das gute Betriebsklima oder die hervorragenden Karriereperspektiven – bei manchen Unternehmen kommt es zu absolut grotesken Zügen der Selbstüberschätzung.

Besonders gut kann man diese Krankheit auf Bewerbermessen feststellen, wenn man beispielsweise Consulting-Firmen auf ihr Alleinstellungsmerkmal anspricht und nahezu immer die gleiche Antwort bekommt: Bei uns zählt der Mensch, bei uns dreht sich nicht alles um das Projekt, wir bieten breite Beratung und deshalb breite Lernerlebnisse, bei uns hat man Spaß bei der Arbeit und bei uns – zur Sicherheit noch einmal – zählt der Mensch. Analoges gilt für den Mittelstand (»bei uns können sie etwas bewegen«), für Großkonzerne (»findet jeder etwas nach seinem Geschmack«) oder Dienstleistungsunternehmen (»Kontakt mit einmaligen Menschen«).

Unternehmen haben die puren Darwiportunisten falsch verstanden, wenn sie glauben, auf Dauer mit dem Slogan »Biete achtzig Arbeitsstunden pro Woche plus eine faszinierende Unternehmenskultur« arbeiten zu können. Denn so faszinierend kann die Unternehmenskultur im Regelfall nicht sein, dass sie solches Engagement langfristig hervorbringt. Und was nützt auf Dauer der Hund, den das Unternehmen bereitstellt, um ihn durch Mitarbeiter ausführen zu lassen? Dieser »Agentur-Hund« mag zwar hübsch in der Personal-Akquisition klingen, hilft aber auch nicht weiter. Erst recht nicht, wenn mangels Aufträgen das Spazierengehen mit dem Hund zur einzigen sinnstiftenden Tätigkeit wird. Nein: Gerade weil die darwiportunistische Generation sich Selbsterfüllung auf die Fahnen geschrieben hat, funktionieren diese Formeln nicht.

Mitarbeiter sind selten loyal und deshalb anfällig für jede Form der Abwerbung! In diesen Zusammenhang passt ein bitterböser Artikel[3] aus dem *Fortune Magazine*, in dem über so genannte »Body Snatcher« gesprochen wird, in der deutschen Science-Fiction-Literatur als »Körperfresser« bezeichnet. »They Are Coming to Take You Away« lautet die Schlagzeile: Body Snatcher dringen in Unternehmen vor, stehlen Körper aus dem Unternehmen und machen diese über einen Schneeballeffekt zu neuen Kopfgeldjägern. Ob am Golfplatz, ob am Flugplatz oder auf Fachkonferenzen: Der Erstkontakt ist rasch gemacht und die systematische Bombardierung ist die logische Folge. Vor allem Mitarbeiter von renommierten IT-Firmen, bestimmten Beratungsunternehmen oder große Investmentbanker sind begehrte Opfer – und trotzdem glauben Unternehmen immer noch daran, dass Mitarbeiter gerne (nur!) bei ihnen arbeiten und sich deshalb zwangsläufig loyal verhalten.

Auch wenn »Loyalität« weitgehend ein Mythos ist, dürfen Unternehmen nicht von vornherein bei allen Mitarbeitern zwingend Illoyalität unterstellen. Wiederum treffend liefert dazu *Fortune Magazine*[4] im letzten Heft des dramatischen Jahres 2001 unter der Überschrift »What we learned« unter anderem zwei Botschaften: Erstens: niemals Loyalität überschätzen, zweitens: niemals Loyalität unterschätzen.

Mythos 3:
Mitarbeiter lassen sich gezielt motivieren!

Spätestens seit den Thesen Reinhard Sprengers zum *Mythos Motivation*[5] ist Skepsis angebracht beim Versuch, Mitarbeiter durch Anreize zu motivieren. Die simple Mechanik »Biete den Mitarbeitern Anreize und bekomme dafür motivierte Mitarbeiter« funktioniert selten und vor allem lässt sie sich nicht verallgemeinern. Sie funktioniert erst recht nicht, wenn es sich um darwiportunistische Mitarbeiter mit unterschiedlichen Wertesystemen handelt: Da gibt es den Mitarbeiter Y, der hoch motiviert seinem eigenen Karrierepfad hinterherjagt und für den Job Hopping zum Sport geworden ist. Da gibt es aber auch den Mitarbeiter der Generation X, der sich eher im Unternehmen oder auf dem Tennisplatz versteckt, aber ebenso opportunistisch handelt, indem er auf Leistungsanreize nicht mehr reagiert. Oder man hat es mit Mitarbeitern zu tun, deren Krankheitswahrscheinlichkeit in engem Zusammenhang mit schönem Wetter und anstehenden Aufgaben steht. Immer mehr Mitarbeiter handeln opportunistisch und immer mehr Unternehmen müssen versuchen, diese aus unterschiedlichen Motiven tätig werdenden Mitarbeiter in den Griff zu bekommen.

Aber es wird noch schwieriger, wenn unterschiedliche Werthaltungen auf unterschiedlichen Ebenen aufeinander treffen: Wie führt eine Führungskraft der Generation X einen Mitarbeiter der Generation Y und umgekehrt? Was macht man mit einem Team, das aus Mitgliedern mit unterschiedlichen Werthaltungen besteht, wo der eine Teil des Teams begeistert seine sechzig Stunden arbeitet, während der andere eher die Freizeit optimiert? Gleichzeitig tauchen immer mehr Situationen auf, in denen jüngere Mitarbeiter plötzlich ältere Mitarbeiter führen sollen. Getreu der Devise »The Empire strikes back« rennen diese jungen Führungskräfte sehr rasch in so ziemlich alle offenen Messer, die bereitwillig von der älteren Generation aufgeklappt wurden.

Wie herum man es auch betrachtet: Ist Motivieren grundsätzlich schon schwer genug, wird es im darwiportunistischen Umfeld noch schwerer. Unternehmen tun also gut daran, »Motivation« zunächst einmal als Mythos einzustufen – um sich im günstigsten Fall später positiv überraschen zu lassen.

Mythos 4:
Risikobereitschaft und Unternehmergeist!

Ein weiteres Beispiel für Mythen, die den Umgang mit Darwiportunismus erschweren, ist der Glaube an die Risikobereitschaft und das unternehmerische Denken der Mitarbeiter. Hier weisen Manager stolz darauf hin, wie weit sich Mitarbeiter mit ihrem Unternehmen identifizieren und dementsprechend auch bereit sind, Risiko zu übernehmen. Allerdings hat sich dieser Mythos insofern bereits weitgehend in Luft aufgelöst, als man als Indikator für »Unternehmergeist« die Bereitschaft sah, Stock Options zu zeichnen. Inzwischen sind aber viele Stock Options kaum mehr etwas wert und für alle diejenigen zu einem finanziellen Desaster geworden, die sich bei ihren Finanztransaktionen an noch nicht materialisierten Stock Options ausgerichtet haben, also das Geld von Stock Options bereits ausgegeben hatten, bevor sie selbige einlösen konnten.

Daher passt es ins Bild, dass die Mitarbeiter im Regelfall nicht mehr bereit sind, bei Stock Options und unternehmerischem Risiko mitzuspielen: Sie wollen vielmehr zurück zu den Festgehältern – und im Idealfall nicht materialisierte Stock Options als Verhandlungsmasse in Richtung auf höhere Festgehälter einsetzen, gegebenenfalls auch bei einem anderen Unternehmen. Das Gleiche passiert mittlerweile bei der leistungsorientierten Entlohnung: generell »ja«, aber nur, wenn sie risikolos »on top« auf die gesicherte – und selbstverständlich nicht abgesenkte – Grundvergütung aufgeschlagen wird. Nur kann man den Mitarbeitern keinen Vorwurf machen: Sie hatten nie behauptet, risikofreudige Unternehmer zu sein. Vielmehr hatten sie das Gefühl, wonach Stock Options (ähnlich wie anfangs Aktien am Neuen Markt) und leistungsorientierte Bezahlung »einem Lottogewinn« gleichzusetzen sind, bei dem man lediglich noch den Lottoschein mit den bereits eingetragenen »sechs Richtigen« abgeben musste.

Mythos 5:
Rezession schützt Unternehmen vor opportunistischen Mitarbeitern!

Wieder ein Irrtum: Manche Unternehmen glauben, dass eine schlechte Konjunktur einen Rückgang des Opportunismus bei Mitarbeitern hervorruft. Ganz im Gegenteil – das Problem wird sogar größer! Bei einer für Mitarbeiter günstigen Arbeitsmarktlage werden Mitarbeiter tendenziell eher zu den Unternehmen gehen, wo die persönliche Stimmigkeit (»fit«) zwischen Neigung und Arbeitsplatz gegeben ist. Verschlechtert sich dagegen die Konjunktur, werden sich Arbeit suchende Mitarbeiter zusätzlich auch auf solche Arbeitsplätze bewerben, die unter normalen Umständen auf keinen Fall für sie infrage gekommen wären: Auch das ist Opportunismus, und zwar für das Unternehmen ein äußerst fataler. Denn jetzt wird der opportunistische Bewerber beim Vorstellungsgespräch noch weniger bei der Wahrheit bleiben und jetzt ist nicht einmal die Bewerbung als »Indikator für Interesse« zu werten.

Der versteckte Opportunismus gilt aber auch für die Mitarbeiter im Unternehmen. Denn von den eigenen Mitarbeitern werden auch die unzufriedenen Personen auf ihren ungeliebten Arbeitsplätzen bleiben, nur um überhaupt einen beziehungsweise einen möglichst gut bezahlten Arbeitsplatz zu behalten. Sie verhalten sich jetzt opportunistisch, indem sie nicht wechseln, wohl aber tendenziell in die innere Kündigung gehen: Sie verhalten sich in dieser Situation wie ein Siebenschläfer, der bis zum nächsten Sommer überwintert.

Setzen Mitarbeiter ihre individuelle Darwiportunismus-Strategie konsequent um, so führt uns dies noch zu einem weiteren Märchen, das zwar ebenfalls weit verbreitet ist, dennoch aber oft einen unrealistischen Traum darstellt:

Mythos 6:
Wir sind ein Team!

Von Chefs hoch gelobt und immer wieder betont, ist »Teamorientierung« aus der zeitgemäßen Unternehmensführung nicht mehr wegzudenken. Auch Mitarbeiter halten diese Idee für so gut, dass sie meist bereitwillig an entsprechenden Entwicklungsmaßnahmen teilnehmen. Denn: Wer spielt nicht gern »im Team« mit Legosteinen, baut kleine Eiffeltürme oder verbringt den Tag mit einer kreativen »Team Exercise«? Immer noch besser als betrieblicher Alltag – und vielleicht sogar als bezahlte Überstunden anrechenbar!

Nichts gegen diese Aktivitäten. Ganz im Gegenteil: Sie helfen auch im Darwiportunismus, Kooperationsfähigkeit und Kooperationsbereitschaft zu verbessern. Fatal wird es nur dann, wenn man glaubt, auf diese Weise wirklich eine echte Teambildung zu erreichen. Immer mehr entpuppt sich Teamwork – sofern es überhaupt noch praktiziert wird – als absolut tödlicher Karriere-Killer[6]. Die nahe liegende Konsequenz: Wenn es um individuelle Karrieren geht, ist das Team für viele wie eine Larvenhülle, die der entschlüpfende Schmetterling rasch hinter sich lässt.

Trotzdem gibt es den wunderschönen Mythos der Teamorientierung, der allen das Gefühl vermitteln soll, durch gemeinsame Anstrengung im Team besonders schnell nach vorne und oben zu kommen. Daraus leitet sich das Postulat ab, wonach es gerade in einem Team ein einheitliches Grundverständnis, einen geringen internen Wettbewerb und eine fast führerlose Organisation gibt. Die Realität sieht jedoch anders aus: In sehr vielen Unternehmen haben sich – und dies lässt sich empirisch durchaus nachweisen – nicht die Leute durchgesetzt, die tatsächlich die besten Teamspieler waren, sondern diejenigen, die sich in Teamsituationen opportunistisch verhalten haben. Diese gespielte Teamorientierung ist auch typisch für Teilnehmer in einem Assessment-Center. Hier verhalten sich zwar alle scheinbar harmonisch und gruppenorientiert, versuchen sich aber gleichzeitig brutal in ebendieser Teamfähigkeit zu übertreffen. Sieger ist am Schluss derjenige, der den größten Anschein von Teamorientierung weckt, gleichzeitig aber sich selbst massiv in den Vordergrund stellt. Das Erfolgsprinzip ist hierbei ähnlich wie bei der Fernsehshow Big Brother: Hier schneiden insbesondere die Kandidaten gut ab, die sich besonders rührend um andere kümmern, diese dabei allerdings gleichzeitig in die Rolle des »Kind-Ich« drängen und so vom imaginären Siegertreppchen werfen.

Noch schwieriger wird es mit Fairness und Vertrauen in einem virtuellen Team. Hier arbeiten ausgewiesene Kernkompetenzträger räumlich verteilt zusammen, gegebenenfalls auch auf kleinere Gruppen aufgeteilt. Eine solche Konstruktion öffnet dem radikalen Opportunismus Tür und Tor!

Nennen wir sie Dorothy[7]. Sie arbeitete für die in London ansässige Event-Agentur 24EwE. Die Geschäftsidee von »24 Stunden Early Warning Events« besteht darin, Werbung für Veranstaltungen frühestens 24 Stunden vor dem Ereignis zu starten, dann allerdings für einen Event die Werbetrommel äußerst kräftig und zielgruppenspezifisch zu rühren: Dieser »Trick« vergrößert die Spannung, gleichzeitg aber auch die Chance, die aktuelle Stimmung »der Szene« zu treffen. Voraussetzung dafür ist ein flexibles Team aus überwiegend freien Mitarbeitern, das durch eine Zentralfigur zusammengehalten wird. Dorothy betreute das Büro in Venedig. Auch 24EwE-Venice war strikt als virtuelles Team organisiert, wobei aber ein großer Teil der konzeptionellen Arbeit weiterhin in London stattfand. Dorothy integrierte die Mitarbeiter in Venedig, spielte »Kundenschnittstelle« und entpuppte sich als absolutes Kommunikationstalent – vor allem in eigener Sache: Immer mehr rückte Dorothy in den Vordergrund, die Leistungen ihrer Kollegen – speziell in London – verschwanden zunehmend aus der Wahrnehmung in Venedig. Die logische Konsequenz: Als Dorothy die Plattform 24EwE in Venedig nicht mehr brauchte, ließ sie diese einfach abstürzen und gründete ihre eigene Event-Agentur. Die gespielte Teamorientierung war zu Ende, die Einzelkämpferin brach durch.

Aus dieser (fiktiven) Fallstudie entstand die Bezeichnung »Dorothy-Effekt« als die aus dem darwiportunistischen Umfeld resultierende Abspaltung eines lokalen Kernkompetenzträgers, die Teile des ursprünglichen virtuellen Teams zerstört und vor allem dadurch entsteht, dass man zu lange und zu unkritisch an den »Mythos Team« glaubt.

Schwachstellen: Fünf Fehler, die wirklich fatal ausfallen!

Wenn Unternehmen sich an diesen sechs Mythen orientieren, ist es unausweichlich, dass ihnen fatale Fehler unterlaufen!

Fehler 1: Unternehmen analysieren die Situation nicht ausreichend!

Auch wenn Darwiportunismus einen generellen Trend darstellt, steht doch jedes Unternehmen vor einer ganz spezifischen, eigenen Herausforderung: Sie ergibt sich aus dem belegten Marktsegment, der eigenen Geschichte, vor allem der charakteristischen Mitarbeiterstruktur. Wie schwierig eine realistische Analyse von Darwiportunismus ist, erkennt man an der Diskussion der Bedeutung von Arbeitsplatzsicherheit. Hier schrieben eine Zeit lang renommierte Trendforscher vollmundig »Arbeitsplatzsicherheit ist für viele Bewerber kein Anreiz mehr!« und lenkten damit Unternehmen in entsprechende Handlungsmuster: Danach galt als »mega-out«, einen Bewerber auf die Sicherheit des Arbeitsplatzes hinzuweisen, und als »un-cool«, Maßnahmen zur Arbeitsplatzsicherung durchzuführen.

Stimmt aber diese Analyse? Richtig ist sicherlich, dass Arbeitsplatzsicherheit kein Argument ist, das man an die oberste Position der Argumentationskette stellen sollte. Trotzdem wollen auch jüngere Bewerber Arbeitsplatzsicherheit. Nur rangiert dieser Wert subjektiv immer dann sehr weit unten auf der Wichtigkeitsskala, wenn der Zielwert erfüllt scheint, also auf dem jeweiligen Arbeitsmarkt genug Stellen zur Verfügung stehen. Dies ist, als ob man in Teneriffa in der Sonne liegt und gefragt wird, was man sich am meisten wünscht; auch dann antwortet kaum einer mit »Sonnenschein«. Gerade die selbst ernannten Karrieremagazine sind regelmäßig voll von derartigen krassen Fehleinschätzungen und Fehlinterpretationen.

Fehler 2:
Unternehmen reagieren auf Opportunismus zu defensiv!

Paul Leung kam Mitte des Jahres 2000 in Amerika zu ungeahntem Ruhm:[8] Der 23 Jahre alte Investmentbanker bei Salomon Smith Barney schrieb im Namen seiner Kollegen an seinen Arbeitgeber einen Brief mit Wünschen, von denen die High Potentials ihr weiteres Engagement abhängig machen wollten. Abgesehen von reinem Entgelt standen auf dieser Liste unter anderem kostenloser Bring- und Abholdienst für die Reinigung, Zutritt zum unternehmenseigenen Fitness-Studio auch an Wochenenden, die grundsätzliche Berechtigung zu Business-Class-Tickets und eine Unternehmenskreditkarte, von der man »niemals eine Abrechnung zu sehen bekommt«. Interessant bei diesen 36 Punkten war nicht nur der Umfang dieser Liste, sondern dass es sich hierbei um Berufsanfänger handelte.

Und wie reagierte das Unternehmen? Man »zeigte sich sehr bemüht« und signalisierte weitgehende Zustimmung. Dieses Reaktionsmuster ist typisch für Unternehmen, wenn sie sich mit Opportunisten konfrontiert sehen, wobei die Palette der Reaktionen von vollständiger Nachgiebigkeit bis zu völligem Unverständnis und totaler Resignation reicht.

In ähnlicher Form agieren Unternehmen zu defensiv, wenn es um schlechte Mitarbeiter geht. Marc Andreessen und Ben Horowitz von Netscape warnen deshalb so gerne vor dem »Law of Crappy People« (Gesetz mieser Mitarbeiter): Danach entwickeln Unternehmen zwangsläufig die Tendenz, sich bei allen Aktivitäten am Leistungsniveau der schlechtesten Mitarbeiter zu orientieren.[9]

Fehler 3: Unternehmen sehen Opportunismus eher negativ!

Was passiert, wenn ein hoffnungsvoller High Potential darauf hinweist, dass er sich maximal zwei Jahre in dem Unternehmen sieht? Wie reagiert die Führungskraft, wenn der Mitarbeiter das jährliche Zielvereinbarungsgespräch umdreht und danach fragt, was das Unternehmen für ihn zu tun gedenke? Wohlgemerkt bedeutet beides nicht, dass der Mitarbeiter seinen Opportunismus und sein Leistungsstreben gegen seinen Arbeitgeber richtet und nicht vielleicht sogar dem Unternehmen hilft.

Manager interpretieren es meist negativ, wenn Mitarbeiter ihre eigenen Ziele in den Vordergrund stellen und dies vielleicht sogar noch offen kommunizieren. Denn: Auch wenn es im Einzelfall vollkommen falsch sein kann, lehnen Unternehmen diesen Opportunismus zumindest im Unterbewusstsein ab. Dabei sind die Chancen, die Mitarbeiter nutzen und suchen, doch häufig gleichzeitig wertschöpfende Aktivitäten für das Unternehmen!

Fehler 4: Unternehmen übersehen Opportunismus bei den Älteren!

Opportunismus entsteht nicht nur bei egoistischen Teilgruppen der Generation Y und ist auch nicht altersgruppenspezifisch. Aber wenn der Opportunismus nicht in Gestalt des jungen karrierelüsternen High Potentials auftritt, haben Unternehmen blinde Flecken in ihrer Wahrnehmung und sehen überhaupt nicht, wo auch in älteren Jahrgängen insofern gefährlichster Opportunismus heranwächst, als dieser den Unternehmenszielen völlig entgegenläuft.

Ein typisches Beispiel hierfür ist ein Abteilungsleiter, der allenfalls an Golf interessiert ist, seine mangelnde Leistungsbereitschaft aber zu kompensieren sucht, indem er sich mit seinem »Altersbonus« in solche Entscheidungsgremien drängt, wo weniger Leistung gefragt ist, sondern staatsmännischer Habitus. Behindert er mit seinen Statusfragen die anderen in ihrer Arbeit und übersieht die Unternehmensleitung dieses Verhaltensmuster, so paralysiert dieser Status-Opportunismus letztlich die ganze Abteilung.

Ein weiteres Beispiel liefert ein Senior-Manager, der in der Terminologie von Kets de Vries und Miller[10] erst eine depressive Grundstimmung schafft, aus der sich ein kollektives Gefühl der Hilflosigkeit ableitet. In diesem »moralischen Masochismus« suchen ab diesem Zeitpunkt alle nach einem Erlöser mit Durchsetzungskraft, der sie vor den vermeintlichen Gefahren schützt. Fündig werden sie in der Figur des erwähnten Senior-Managers. Hierbei stört es sie nicht, wenn dieser »Erlöser« in Personalunion Krise wie Lösung inszeniert und beides für sich opportunistisch instrumentalisiert: Die willenlosen Objekte werden zum Opfer des Ellenbogen-Opportunisten – und merken es vielleicht sogar nicht einmal mehr.

Der erstgenannte Fall beschreibt einen X-Opportunisten, da im Mittelpunkt die Leistungsvermeidung steht, der zweitgenannte Fall einen Y-Opportunisten, da hier das bewusste Streben nach Erfolgszielen den Handlungsimpuls liefert.

Fehler 5: Unternehmen verrechnen sich beim »Wert der Mitarbeiter«!

Gerade im darwiportunistischen Umfeld mit seiner Orientierung an finanziellen Wertmaßstäben versucht man, dem Wert des Humankapitals auf die Spur zu kommen. Die Absicht mag zwar gut sein, die Durchführung regt aber oft zur Diskussion an. So errechnete ein bekannter deutscher Strategieprofessor[11] Mitte des Jahres 2000 als Wert 46 Millionen Euro für einen Mitarbeiter bei EM.TV und 11 Millionen Euro für einen Mitarbeiter bei Intershop. Dass hier lediglich der Börsenwert durch die Anzahl der Mitarbeiter dividiert wurde, ist zwar problematisch, interessierte aber niemanden mehr: Man begann aus diesen irrealen Millionensummen ganz reale Aktivitäten abzuleiten. Plötzlich spielten Input/Output-Relationen bei teuren Beschaffungsaktivitäten am Arbeitsmarkt keine Rolle mehr. Egal, was es kostete, Mitarbeiter wurden beschafft, und egal, was es kostete, man versuchte sie zu halten!

Was aber passiert, wenn Mitarbeiter erfahren, dass sie angeblich 30 Millionen Euro wert sind? Sie wollen entsprechend bezahlt werden. Vielleicht nicht zwingend 30 Millionen Euro pro Jahr, aber mindestens »sehr viel«!

Als dann innerhalb von wenigen Monaten der Aktienkurs gerade dieser beiden Unternehmen um rund 98 Prozent sank, reduzierte sich der nach obiger Methode errechnete Wert der Mitarbeiter drastisch: Jetzt waren für viele Firmen die Mitarbeiter nicht mehr viel wert und wurden auch entsprechend behandelt. Weder bei hohem noch bei niedrigem Aktienkurs sagte die Berechnungsformel eigentlich etwas über den wahren Wert des Humankapitals aus, sondern lieferte jeweils völlig unsinnige Zahlen: Aus ihnen leiteten sich dann entsprechend unsinnige Aktionen ab, immer verknüpft mit dem Argument »Markt«. Nur: Das hat nichts mehr mit Marktradikalität zu tun, sondern ist schlicht falsches Management!

Die Grundstrategie: Von realistischer Analyse zur kommunizierten Vision!

Heute war für mich wieder einmal Kinotag! Keine Arbeit am Darwiportunismus-Text, nur Entspannung. Oder doch nicht? Denn es gab »A Beautiful Mind« (Genie und Wahnsinn), also die Biografie des Spieltheoretikers und Nobelpreisträgers für Ökonomie von 1994, John Nash. Er wurde bekannt durch das nach ihm benannte »Nash-Gleichgewicht«: Hier kann in einer Kombination aus Kooperation und Konkurrenz kein Spieler seine Position weiter verbessern, ohne die Gesamtoptimalität zu verschlechtern.[12]
Wenn sich alle strikt darwiportunistisch verhalten, führt dies dann zu einem Nash-Gleichgewicht? Die Frage ist mir dann aber doch zu kompliziert! Daher: Lieber Film anschauen und nicht an Darwiportunismus denken.

Es ist inzwischen hinlänglich bekannt, dass viele Hersteller von Markenartikeln besonders hinsichtlich der Vertreter der Generation Y durch hohes Unverständnis aufgefallen sind:[13] Marken wie Nike, Levi's und Pepsi Cola haben zunehmend Probleme, weiterhin als »hip« und »in« zu gelten. Es scheint immer schwieriger, sich den Markt der Zukunft, also den Markt der Jugend, überhaupt vorzustellen: Wer hat erwartet, dass sich Vans Inc., ein Hersteller von Skate- und Snowboard-Schuhen, allein über seine Bekleidungslinie zu einem Börsenliebling mausern würde? Gleichzeitig entstehen schlagartig Massenphänomene: Plötzlich sind T-Shirts der Marke Stüssy »mega-in«, kurz danach wieder in manchen Segmenten »mega-out«. Eine wichtige Botschaft, die sich inzwischen abzeichnet, läuft auf eine Betonung von »Realismus und Ehrlichkeit« hinaus. Die Anzahl der Generation-Y-Vertreter, die Nike-Schuhe nur wegen der Qualität von Michael Johnson als Basketballspieler kaufen, nimmt ab. Wenn aber umgekehrt Street-Rapper außerhalb von Werbespots Hilfiger-Hosen tragen, wirkt dies »markenbildend«.

Wie kann und soll nun ein Unternehmen in einem darwiportunistischen Umfeld richtig reagieren? Wie ist mit einer Situation umzugehen, wo Mitarbeiter die lange hoch gejubelten Attribute »Loyalität« und »Betriebsverbundenheit« in ihrer Wertvorstellung nicht mehr oben stehen haben, wo stattdessen der teilweise verpönte Eigennutz im Mittelpunkt des Handelns steht? Wie reagiert ein Unternehmen, wenn ein Mitarbeiter auf durchaus konstruktive Kritik mit offener oder innerer Kündigung reagiert?

In Kapitel 5 wurde bereits die Ausgangslage beschrieben: Danach beauftragt der Arbeitgeber (»Prinzipal«) den Mitarbeiter (»Agenten«), hat dabei aber das Problem, dass der Mitarbeiter opportunistisch handelt. Um mit dessen »Hidden Characteristics«, »Hidden Intention« und »Hidden Action« umzugehen, hat das Unternehmen der Theorie nach zwei Möglichkeiten, nämlich Screening und Signalling. Screening bedeutet systematisches Durchsuchen der relevanten Umwelt auf Anzeichen von Opportunismus, Signalling das Setzen von richtungsweisenden Zeichen, durch die potenzielle Opportunisten frühzeitig erfahren, wie das Unternehmen auf bestimmte Aktionen reagieren wird. Verfügt das Unternehmen also über »Vergeltungsmaßnahmen« gegen »Hidden Action«, so kann bereits deren klare Artikulation den Mitarbeiter von opportunistischem Verhalten abhalten.

Diese Grundlogik der neuen Institutionenökonomik gilt es jetzt für die Seite des Prinzipals (egal ob Unternehmen, Universität oder Behörde) umzusetzen. Hierbei hilft die in Kapitel 4 eingeführte Darwiportunismus-Matrix.

> Schritt 1:
> Am Anfang jeder darwiportunistischen Strategie
> steht das systematische Screening,
> um das Unternehmen
> in der Darwiportunismus-Matrix zu positionieren.

Wichtig für die Formulierung einer Erfolg versprechenden Strategie im Umgang mit Darwiportunismus ist also zunächst die Position in der Darwiportunismus-Matrix: Wie darwinistisch verhält sich das Unternehmen? Wie opportunistisch agieren die Mitarbeiter?

Die erfolgreiche Auseinandersetzung mit dem Darwiportunismus setzt damit eine Analyse des Personalbestandes voraus, vor allem eine Zuordnung der Mitarbeiter zu unterschiedlichen Wertkategorien. Auch wenn dieses Schubladendenken möglicherweise sozialromantischen Führungskräften unmenschlich und mechanistisch vorkommt, ist es für Führungskräfte dennoch wichtig zu wissen, mit welchen Typen von Mitarbeitern sie es zu tun haben. In der Praxis ist es trotz der versteckten Handlungen zumindest in Grenzen möglich, die Mitarbeiter nach ihrem Opportunismus-Grad einzustufen und vor allem die verschiedenen Opportunismus-Typen zu lokalisieren. Mit der Feststellung, dass wir es mit einem System- oder einem Ellenbogen-Opportunisten zu tun haben, ist keinerlei Wertung verbunden: Es geht im Sinne einer Bestandsaufnahme ausschließlich darum, die Ausgangssituation entsprechend zu erfassen.

Bei diesem Screening ist das »alte« Instrument der Mitarbeiterbefragung[14] eine wichtige Hilfe, wobei es aber auf Fragen ankommt, die konkret und unmittelbar auf den Darwiportunismus ausgerichtet sind. Werden zudem derartige Befragungen in kurzen Abständen durchgeführt, lassen sich Veränderungen und Trends lokalisieren.

Auf Dauer wird die Klassifizierung in Babyboomer sowie Generation X und Y als Einstieg in den Umgang mit den verschiedenen Wertesystemen durchaus sinnvoll sein, aber möglicherweise nicht weit genug reichen. Geht man vielmehr davon aus, dass Darwiportunismus als gesellschaftliche Grundeinstellung Berufs- und Privatleben betrifft, so müssen sich Unternehmen tiefer gehende Eindrücke von ihrer Zielgruppe machen. Ein Denkanstoß dafür ist die Tribes-Studie[15] von Peter Petermann, die vier Bedürfnis-Dimensionen lokalisiert: Wunsch nach Authentizität, Suche nach dem »extremen Kick«, Spaß an Technologie und Virtualisierung sowie zeitgemäße Rückbesinnung auf traditionelle Werte (Neue Ethik). Kombiniert ergeben diese Merkmale sechs »Stämme«. Einer davon ist interessanterweise die Ich-AG, hier definiert als Kombination aus Technologie plus Authentizität. In analoger Form werden sich Unternehmen – wenn nicht sogar größere gesellschaftliche Gruppen – um Darwiportunismus-Stämme kümmern müssen, ohne deren klares Verständnis Erfolg versprechendes Personalmarketing nicht möglich sein dürfte: weder bei der Akquisition noch bei Motivation, Entwicklung oder Erhaltung.

Die Positionierung des Unternehmens und der zentralen Beschäftigtengruppen in die Darwiportunismus-Matrix bleibt wertneutral: Also weder die darwinistischen Systeme des Unternehmens noch das opportunistische Verhalten der Mitarbeiter werden von vornherein als negativ eingestuft. Die eigentliche Bewertung der Situation erfolgt erst in Schritt 2, der Formulierung der strategischen Ziele.

Schritt 2:
Festlegung des Zielpunktes
in der Darwiportunismus-Matrix.

Hier stellt sich die Frage: »Wo will ich als Unternehmen hin?« Dies impliziert unter anderem eine Festlegung dazu, ob und in welchen Tätigkeitsfeldern tatsächlich Opportunisten eingestellt werden sollen. Für manche Unternehmen sind Job Hopper ebenso tabu wie Mitarbeiter, die sich durch offenen Opportunismus auszeichnen. Sieht man von extremen und dadurch für das Unternehmen gefährlichen Opportunisten ab, spricht in unserer darwiportunistischen Welt nichts dagegen, auch gezielt Opportunisten einzustellen, vor allem wenn sie in positiver Hinsicht dem Wertemuster der Generation Y folgen.

Gleichzeitig ist zu prüfen, ob und inwieweit das Unternehmen in Zukunft verstärkt oder abgeschwächt auf darwinistische Systeme setzen möchte, wobei auch hier generell nichts gegen darwinistische Systeme spricht, da gerade diese die Marktlogik realisieren und überkomplizierte Planungs- und Steuerungsinstitutionen überflüssig machen. Das Ergebnis dieser Überlegungen ist dann eine konkrete, positiv erlebbare Vision von der erwünschten Arbeitsumwelt. Und egal, ob diese Vision viel oder etwas weniger Darwinismus impliziert, sie muss einen wünschenswerten und erstrebenswerten Zustand darstellen, den es dann im nächsten Schritt zu kommunizieren gilt.

Schritt 3:
Artikulieren des Zielpunktes beziehungsweise der »Arbeitsvision« über »Signalling«, das auf klar erkennbaren Aktionen beruht.

Signalling hat zwei Stufen: die Absichtserklärung und die Aktionsdurchführung. Gerade im »Darwiportunismus pur« ist allerdings das Signalling über reine Absichtserklärung im Regelfall ohne Bedeutung. Ob Aussagen zur Werksschließung, zum Aufbau einer neuen Sparte oder zur individuellen Förderung eines Mitarbeiters: In allen diesen Fällen bleibt ein Signalling über reine Worte wirkungslos, wenn der Mitarbeiter ein partiell unehrliches Verhalten des Arbeitgebers beziehungsweise eine Bereitschaft zur sprunghaften Meinungsänderung unterstellen muss. Dass dies durchaus Realität ist, haben viele Mitarbeiter speziell aus der New Economy im Jahre 2001 am eigenen Leib erfahren, als ihnen zunächst Sicherheit und Zukunft versprochen wurde, am nächsten Tag um 9 Uhr aber die Entlassung anstand. Analoges gilt im innerbetrieblichen Bereich für Ankündigungen wie »Beförderung nach Leistung«, »Auslandsaufenthalt lohnt sich« oder »Teamspieler machen Karriere«: Wenn diese Aussagen nicht die Realität widerspiegeln, wirken sie auf Dauer kontraproduktiv.

Konsequenz: Gerade in einem darwiportunistischen Umfeld zählt weniger ein Signalling über Absichtserklärung als vielmehr ein Signalling über Aktionsdurchführung. Sicherlich spricht nichts dagegen, Aktionen vorher anzukündigen, letztlich zählt aber ausschließlich das Setzen von klaren Signalen mit unmittelbarer Wirkung.

Dazu ein Beispiel: In einem Unternehmensbereich operiert ein Abteilungsleiter massiv nach der Strategie »Ellenbogen-Opportunist« und ist damit auch teilweise erfolgreich. Da dieser Erfolg zulasten der anderen geht, die permanent von ihm instrumentalisiert werden, lässt dort die Leistung deutlich nach. Es macht sich Frust breit. Die Unternehmensleitung hat jetzt zwei Möglichkeiten: Entweder sie ruft den imperialistischen Ellenbogen-Opportunisten zur Ordnung und selektiert ihn quasi aus. In der Sprache des Darwinismus bedeutet dies, dass sie seine Verhaltensvariation nicht akzeptiert. Oder aber sie verbündet sich mit dem Ellenbogen-Opportunisten und stellt dessen Verhalten als neue Maxime vor. Damit ist die Verhaltensvariation im Sinne einer Retention legitimiert und wird zum neuen Standard. Egal wofür sich die Unternehmensleitung entscheidet – sie setzt ein durch tatsächliches Handeln eindeutiges Signal, woraus die übrigen Abteilungsleiter erkennen, in welche Richtung sie sich entwickeln müssen, um in diesem System zu überleben.

Gerade Screening und Signalling gelten als Funktionalstrategien auch bei der Beschaffung, Führung und Entwicklung von Mitarbeitern.

Auch wenn in dieser Hinsicht vieles unternehmensspezifisch umzusetzen ist und nachfolgend auch nicht auf die Breite des betrieblichen Personalmanagements[16] eingegangen wird, ergeben sich dennoch einige generelle Empfehlungen, beispielsweise im nächsten Abschnitt zur Personalbeschaffung. Sie sind jedoch – und darauf sei explizit hingewiesen – im Hinblick auf die jeweilige Situation zu konkretisieren.

Personalbeschaffung: Wie man Opportunisten gewinnt, und zwar die richtigen, und die für einen längeren Zeitraum!

Job-Messe auf der CeBIT 2002: Mehr Bewerber, weniger Firmen. Diesmal auch nur zwei Stockwerke. Offenbar kaum Interesse bei den Personalmanagern in ihren kleinen Ständen: Sie wirken mehr wie gelangweilte Verkäufer, die eigentlich nichts zu verkaufen brauchen. Vielleicht sollte man den Platz vor den Ständen vergrößern, weil mit abnehmendem Arbeitsplatzangebot die Suchaktivitäten überproportional zunehmen. Noch vor zwei Jahren wurde jeder, der sich hierher verirrte, wie auf der Reeperbahn umworben. Trotzdem: In der Masse sind weiterhin die guten Bewerber versteckt, die Firmen zur Zeit dringend brauchen!

Trotz Personalabbau und Arbeitslosigkeit: Die »Jagd nach Spitzenkräften«[17] und der »War for Talents«[18] bleiben an der Tagesordnung und sind weiterhin beziehungsweise zunehmend schwierig. Gerade weil es nicht mehr um die Quantität geht, sondern primär um »wenige gute Leute«, sind Akquisition, Motivation und Retention von guten Mitarbeitern Schlüsselfaktoren zum Erfolg.

Personalbeschaffung im Darwiportunismus beginnt mit einem offensiven Signalling: Das Unternehmen kommuniziert nach außen klar, welche Typen von Mitarbeitern gewünscht beziehungsweise unerwünscht sind. Der Idee des aktionsorientierten Signallings entsprechend spielt dabei die reine Absichtserklärung keine große Rolle, wohl aber das Offenlegen von konkreten Aktionen: Welche Mitarbeiter werden eingestellt? Welche haben Karriere gemacht? Auf welchem Wege? Und schließlich: Wie wird mit Opportunisten umgegangen, die im Extremfall das Unternehmen auch kurzfristig verlassen haben? Kommuniziert das Unternehmen über derartige Fälle, so wird dem potenziellen Bewerber klar, worauf er sich einlässt und wie weit er mit seinem Opportunismus kongruent zur Unternehmensstrategie steht.

Die Handlungsvorschrift lautet daher:

Akquisition im Darwiportunismus: Klares Signalling durch informative Multimedialität!

In einer darwiportunistischen Welt hat dabei die eigene Firmen-Website mit der dort platzierten Stellenanzeige eine wichtige Signalfunktion: Anders als in den standardisierten und begrenzten Anzeigen in Jobportalen können hier Unternehmen über das Internet klar kommunizieren, wofür sie stehen und wie sie die Arbeitswelt sehen! Deshalb gehört auf eine solche Website umfassende Information (»Content«), präsentiert über eine intuitive Benutzerführung (»Usability«) mit dem Ziel, sich als Arbeitgeber-Marke zu präsentieren (»Branding«) – und das auch gefühlsbetont (»Emotion«). Die Berücksichtigung dieser CUBE-Formel[19] ist unabhängig von der Arbeitsmarktlage erforderlich: Beim Website-Recruiting in einem leer gefegten Arbeitsmarkt gilt es durch eine ehrlich-authentische Botschaft zu überzeugen, in einem vollen Arbeitsmarkt soll die Website gerade durch die klare Aussage bereits eine Filterfunktion wahrnehmen. Die simple Übertragung der Print-Anzeige auf die Website genügt also nicht!

Gleichzeitig übersehen viele Unternehmen, dass die Website auch unfreiwillig negative Informationen über die Unternehmenskultur an Bewerber kommuniziert. Wenn die Firma ID Media auf der einen Seite unter dem Stichwort Unternehmensvision groß dafür geworben hat, »grenzenlos Mitarbeiter einzustellen«, auf der anderen Seite aber unter Jobangeboten und Kontaktformularen lediglich den lapidaren Hinweis »zur Zeit keine Jobs vorhanden« gab, so lockt diese Personalpolitik sicherlich nicht viele Bewerber an. Sie hinterlässt zudem einen negativen Eindruck, der auch in wirtschaftlich besseren Zeiten weiterleben wird. Gleichzeitig ist dies ein Signal für tiefer liegende Schwierigkeiten bei der Realisierung eines professionellen Personalmanagements.[20]

Ähnliches gilt für die Print-Medien, wo gerade in einem darwiportunistischen Umfeld Unternehmen immer dann versagen, wenn sie auf einen selektiven und profilierenden Auftritt verzichten. Hier schaffen es Unternehmen selten, eine eigenständige Botschaft zu kreieren und diese entsprechend zu kommunizieren. Zwar halten sich viele für einmalig, übertreffen einander aber in totaler Austauschbarkeit. Das Ergebnis sind dann Stellenanzeigen, die so aussehen, als seien sie kurz vor Anzeigenschluss in aller Eile zusammengeschrieben worden.

Selektion im Darwiportunismus: Screening durch offensive Selbstdiagnose der Bewerber!

Das eigentliche Problem für das Unternehmen aber beginnt mit der Bewerbungsphase, da jetzt solche Mitarbeiter zu lokalisieren sind, die zum Unternehmen, seiner Kultur und seiner Strategie passen. Dies ist alles andere als trivial, da Bewerber grundsätzlich nicht mit offenen Karten spielen und sich zumindest »Hidden Characteristics« sowie »Hidden Intentions« vorbehalten.

In der Personalarbeit der Old Economy sah es noch recht einfach aus: Hier war es Aufgabe der Personalabteilung und ihrer Psychologen festzustellen, inwieweit ein Bewerber tatsächlich zur Kultur des Unternehmens passte. Dabei ging es primär darum, vom Bewerber möglichst viele Informationen zu sammeln, die dann dem Unternehmen einen plausiblen Schluss über den Personen-Kultur-Fit ermöglichten. Sicherlich spricht nichts dagegen, dies auch jetzt noch zu versuchen – nur tut man gut daran, sich nicht allzu viel davon zu versprechen.

Der Gegenvorschlag aus dem Darwiportunismus – typisch für viele Unternehmen aus der New Economy – dreht das Verfahren um: Hier sind es primär die Unternehmen, die eindeutig ihre Botschaft signalisieren und dann dem Bewerber die Möglichkeit geben, selbst abzuschätzen, ob und inwieweit er zum Unternehmen passt.

Ein Verfahren dazu ist ein Self-Assessment, das Bewerber selbstständig und anonym durchführen können. Hier bekommen potenzielle Bewerber Informationen darüber, inwieweit sie zu dem Unternehmen passen. Sinnvolle und nicht auf Bluff angelegte Systeme signalisieren dem Interessenten dabei durchaus auch fehlende Stimmigkeit, selbst wenn es den Kandidaten ins Grübeln bringen wird, wenn ihm ein solches Self-Assessment signalisiert, er sei »zu selbstständig« für das Unternehmen. Aber lieber gibt es eine derartige Beurteilung vor Abschluss des Arbeitsvertrages als ein für beide Seiten unbefriedigendes kurzfristiges Gastspiel.

Oder um es anders auszudrücken:

Gerade wenn man Opportunismus
bei Bewerbern unterstellt, ist die Verbindung von
offensivem Signalling und Selbst-Screening
eine für beide Seiten wichtige Option!

Vor diesem Hintergrund gibt es virtuelle Jobmessen, wo man sich, losgelöst von einem persönlichen Kontakt, zunächst einmal unverbindlich im Cyberspace trifft. Interessant auch die Versuche, über Computerspiele geeignete Mitarbeiter zu bestimmen: Hier müssen sich dann Cyber-Consultants im Kampf um virtuelle Städte bewähren, was den Spielern Spaß macht und dem Unternehmen wichtige Informationen über die Spieler liefert. Die gegenwärtigen Spiele haben allerdings überwiegend den Nachteil der Illusion der »heilen Welt«, in der das Gute siegt und alle Beteiligten »faire Teamspieler« sind beziehungsweise sein sollten. Aber: Manche Unternehmen befinden sich möglicherweise in einer anderen Umwelt und brauchen dementsprechend auch andere Mitarbeiter. Erforderlich ist deshalb auf jeden Fall, dass diese Spiele noch gezielter darwiportunistische Inhalte berücksichtigen.

Ist der Mitarbeiter eingestellt, will gerade im darwiportunistischen Szenario das Unternehmen verhindern, dass dieser das Unternehmen aus eigenen Stücken verlässt und gegen den Wunsch des Unternehmens das mühsam abgeschlossene Arbeitsverhältnis aufkündigt. Dies gilt ganz besonders für die hart umkämpfte Gruppe der High Potentials oder Young Professionals. Der viel zitierte »War for Talents« artikuliert sich deshalb nicht nur in der reinen Personalgewinnung, sondern zunehmend auch im Halten der »richtigen« Mitarbeiter. Diese »Retention« ist besonders im Darwiportunismus schwierig, da die Wechselbereitschaft der opportunistischen Individuen wesentlich größer ist als die von altruistischen und loyalen »Firmenmenschen«.

Retention im Darwiportunismus: Signalling durch profilbildende Alleinstellungsmerkmale in der Employee Value Proposition (EVP)!

Die »Employee Value Proposition« (EVP) drückt in Analogie zum Produktmarketing eine ganzheitliche Ansprache des potenziellen beziehungsweise aktuellen Mitarbeiters aus.

Ein Unternehmen stärkt seine EVP erstens, indem es sich selbst über ein entsprechendes Unternehmensimage als Marke präsentiert. Das Ergebnis dieses Brandings ist dann eine personalwirtschaftliche Alleinstellung: Gerade weil Unternehmen in der Perzeption zunehmend ähnlich wirken, brauchen sie eine solche Markenidentität. Branding bezieht sich im formalen Aspekt auf Darstellungsmerkmale im Sinne von Einheitlichkeit und Unverwechselbarkeit. Hier geht es um konsistente Farben, Schrifttypen, Symbole, Bilder, gleichzeitig aber auch darum, alles wiedererkennbar und deutlich anders zu gestalten als die Konkurrenz. Wie bei Konsumgütern muss bereits die Optik stimmig und abgrenzend sein. Im inhaltlichen Aspekt bezieht sich das Branding auf die Schaffung einer klaren, unverwechselbaren Botschaft. Branding umfasst damit alle mitarbeiterbezogenen Kommunikationsfelder, beginnend bei Internetauftritt und Stellenanzeige bis hin zu internen Führungsleitbildern.

Zur EVP gehört zweitens das Tätigkeitsfeld, ausgestattet mit Autonomie, Selbstständigkeit und herausfordernden Tätigkeiten. Gegenwärtig nimmt zwar dieser Verantwortungsbereich zu, gleichzeitig der Gestaltungsspielraum ab. Immer häufiger wird auch Personalentwicklung gewünscht, wobei aber die Verantwortung für Karriere, Laufbahnplanung und persönliches Fortkommen in den Verantwortungsbereich des Einzelnen rückt. Dies bedeutet Schaffen von adäquaten Lernwelten. Eng verknüpft damit ist die Arbeitszeitgestaltung. Sie spiegelt den Trend zur Verzahnung unternehmerischer Interessen mit individueller »Lifestyle-Gestaltung«.

Eine interessante, aber noch kaum umfassend genutzte Möglichkeit, gerade auch Darwiportunisten an das Unternehmen zu binden, ist die Einführung von »Dual Career Systemen« für (Ehe)-Paare: Darwiportunisten haben ein extremes Interesse an einem ausgeglichenen Privatleben und vor allen Dingen an einer ausgeglichenen Work-Life-Balance. Dies bedeutet, dass ein Unternehmen im günstigen Fall sogar ein Twin-Assignment von Darwiportunisten ermöglicht[21], die dann in ihrem gemeinsamen Opportunismus und Individualismus ihr Leben gemeinsam beim gleichen Unternehmen gestalten. Möglichkeiten dazu sind Arbeitszeitflexibilisierung, individuelle Arbeitszeitmodelle, Laufbahngestaltung sowie diverse Möglichkeiten der Telearbeit und Sabbaticals. Die Logik ist im Prinzip relativ einfach: Unterstellt, dass es gerade einem Dual Career Couple immer etwas schwerer fällt, gemeinschaftlich vom Unternehmen A zum Unternehmen B zu wechseln, so hat das Unternehmen, das dem Dual Career Couple eine gemeinsame Zukunft bietet, die besseren Karten. Auch wenn das Dual Career Couple vielleicht nur wegen dieses Programms beim Unternehmen bleibt und nicht zwingend wegen der generellen Unternehmenskultur, so mag dies ein kleiner Schönheitsfehler sein, der das System aber nicht besonders tangiert.

Drittens bedeutet EVP auch eine angemessene und zunehmend leistungsorientierte Entlohnung. Dazu gehört das offensive Verwenden des »hot skill bonus« (variabler Zuschlag für besonders gesuchte Qualifikationen) ebenso wie das Verschieben fixer zu variablen Bezügen. Sicherlich geht es bei der EVP immer auch um die absolute Entgelthöhe – zunehmend aber auch um die Zusammensetzung.

Die Herausforderung bei der EVP besteht nicht nur aus dem Lokalisieren zielgruppenspezifischer Attraktionspunkte, sondern besonders darin, diese zu einem konsistenten Ganzen zu vernetzen. Dies setzt ein umfassendes Konzept zur Corporate Communication voraus, das über ein Corporate Design hinausgehend die klare Botschaft in den Vordergrund rückt: Eine Budget-Aufteilung »95 Prozent Design und 5 Prozent Inhalt« bringt dem Unternehmen wenig, denn es geht nicht darum, den Design-Preis des Deutschen Designer Clubs (DDC) zu gewinnen. Trotzdem wäre es eine spannende Aufgabe, eine inhaltsreiche EVP zu kreieren und in ein Design zu stecken, dass dabei eine DDC-Design-Medaille abfiele.

Daueraufgabe der Führungskraft ist es dann, die Employee Value Proposition in eindeutiger Form dem Mitarbeiter zu kommunizieren. Der Mitarbeiter muss wissen, was wirklich das entscheidende

Verkaufsargument aus Sicht des Unternehmens im Hinblick auf den Arbeitsplatz ist. Ähnlich wie alle Autoverkäufer die Stärken (und die Schwächen) ihres Produktes kennen, müssen auch Führungskräfte in der Lage sein, permanente »Kundengespräche« mit gegenwärtigen und zukünftigen Mitarbeitern zu führen.

Personalführung: Was man als Führungskraft von Ottmar Hitzfeld lernen sollte!

Man mag es nicht glauben: Bayern München ist 2002 nicht Deutscher Meister geworden. Stattdessen Borussia Dortmund, als ein Verein, wo – so heute die Berliner Morgenpost[22] – *»das kapitalistische Prinzip (Dortmund ist die erste deutsche Fußball AG) mit Globalisierungsoffenheit (Brasilianer und Tschechen machen den Unterschied) und strategischer Disziplin zusammengezwungen« wird. Gleichzeitig wird der Trainer gefeiert, bei dem kein Spieler eine Stammplatzgarantie hat. Aber mit diesem darwinistischen Konzept hat Matthias Sammer eigentlich nur Ottmar Hitzfeld kopiert, aber in diesem Fall war die Kopie eine winzige Kleinigkeit besser (weil konsequenter) als das Original.*
Aber diese Meisterschaft hat noch eine weitere Facette, wie man aus der Beschreibung der letzten fünfzehn Minuten der Saison ablesen kann[23], wo ein Tor des Bremer Spielers Frings gegen Dortmund Bayer Leverkusen zum Meister gemacht hätte: »... Oder trifft für Bremen noch Torsten Frings, bald Dortmund? ... Frings wird den Teufel tun, es sich mit seinen zukünftigen Kollegen zu verderben.« Opportunismus pur? Vielleicht. Aber wie hätten sich Michael Ballack von Leverkusen oder Sebastian Deisler aus Berlin in einem Spiel gegen ihren Arbeitgeber der nächsten Saison (Bayern München) verhalten?

Wie führt man einen Darwiportunisten? Bei dieser Frage geht es nicht nur um die hoch gelobten High Potentials, sondern auch um »ganz normale« Mitarbeiter, die Freizeit, Tennisplatzbenutzung oder Sozialprestige maximieren wollen.

Zunächst einmal tun Unternehmen gut daran zu erkennen, dass ihre Mitarbeiter – zumindest ihre interessanten Mitarbeiter – inzwischen tatsächlich auf dem Wege sind, Unternehmer zu werden. Der Slogan »Mitarbeiter als Unternehmer« sollte zwar ursprünglich dazu dienen, in Richtung auf das Unternehmensinteresse zu lenken, läuft aber jetzt in eine andere Richtung: Die Mitarbeiter sind Unternehmer in eigener Sache, im günstigsten Fall Mitunternehmer auf Zeit und Widerruf.

Hier bietet sich der Rückgriff auf den FC Bayern München an. Bayern München ist gegenwärtig die mit Abstand erfolgreichste Vereinsmannschaft im bezahlten Fußball und gerade deshalb als Analyseobjekt interessant. Auch wenn es eine ganze Reihe von Erklärungsmustern für diesen Erfolg gibt, es scheint eine besonders zutreffend:

Bayern München ist Darwiportunismus pur!

Natürlich hat Bayern München viel Geld, noch mehr Glück und eine sich permanent optimierende Infrastruktur. Bayern München propagiert aber vor allem klaren Darwiportunismus: Auf der einen Seite setzt Ottmar Hitzfeld auf permanente Selektion. Hier scheint Ottmar Hitzfeld einige klare Grundprinzipien zu verwenden, die weiter gehen als seine Trainerprinzipien, die er in Interviews preisgibt: Nur die für die gegebene Situation am besten erscheinenden Spieler dürfen aufs Feld. »Rotation« nennt der Trainer dieses darwinistische System, bei dem nahezu niemand eine Stammplatzgarantie hat. Er fordert vielmehr rund zwanzig Leistungssportler, die im permanenten Wettstreit stehen. Spätestens jetzt bricht zwangsläufig auf der anderen Seite der Opportunismus der Spieler durch, wo es kaum einem um Bayern München geht, sondern jedem ausschließlich um sich selbst. Gerade dies ist aber das Erfolgsrezept von Bayern München, sofern alle die Spielregeln kennen, in gleicher Weise interpretieren und vollständig akzeptieren.

Umgang mit Visionen:
Nutze die Kraft darwiportunistischer Bilder!

Erfolgreiche Trainer arbeiten seit langem mit klaren Bildern. Früher waren es die »Elf Freunde«, wie sie (vielleicht) bei Sepp Herberger gepredigt wurden. Jetzt gibt es andere Bilder, denn im Vordergrund steht die Vision des gnadenlosen Wettbewerbs, der Verein und Spieler immer größer macht – ohne erkennbare Grenze nach oben. In dieses Umfeld passt bei Bayern München ein neues, 300 Millionen Euro teures Stadion für 66 000 Zuschauer ebenso wie ein Spielerkader, der im Training Testspiele der deutschen Nationalmannschaft gegen eine »Weltauswahl« ermöglicht. Und dass die hundertjährige Vereinsgeschichte im Lobgesang auf den gegenwärtigen Präsidenten Franz Beckenbauer – selber ein Protagonist des Darwiportunismus pur – kulminiert, ist sicherlich kein Zufall.

In der Arbeitswelt könnte man sich hieran ein Beispiel nehmen: Denn es krankt bei vielen Unternehmen an einer identitätsliefernden Gemeinschaft. Hier besteht ein fataler Teufelskreis: Je schneller Mitarbeiter wechseln, umso schwieriger fällt es dem Unternehmen, eine eindeutige und faszinierende Unternehmenskultur aufzubauen. Und wenn die Kultur nicht einmal scharf ausgeprägt ist, kann sie auch kaum faszinieren. In der Personalführung haben Unternehmen früher noch die einheitliche Corporate Identity beschworen, die konsequent über alle Mitarbeiter gelegt wurde. Jetzt ist es allenfalls so, dass es zu einer zeitlichen Kongruenz aus individuellem Wertesystem und unternehmerischer Planung kommt.

Umgang mit Teams: Wettbewerb fördern und Opportunismus zulassen!

Wettbewerb bei Bayern München bedeutet, dass kein Spieler eine Stammplatzgarantie hat. Diese »Rotation« führt dazu, dass selbst ausgewiesene Nationalspieler die Reservebank drücken und zusehen müssen, wie andere ihnen die kostbaren (weil marktwertfördernden) Übertragungszeiten im Fernsehen wegnehmen. Über dieses System – von dem maximal drei Spieler ausgenommen sind – lässt der Trainer keinerlei Diskussion zu. Deshalb ist es auch folgerichtig, dass er kein kumpelhaftes »Wir sind alle ein Team« propagiert, sondern über soziale Distanz gezielt die Rolle des »Vorgesetzten« übernimmt. Und mit etwas Pech und etwas schlechterer Leistung gehört man über einen längeren Zeitraum nicht zur ersten

Mannschaft, kann sich nicht für die Nationalmannschaft empfehlen und bekommt langsam Probleme. Dass auf diese Weise nicht gerade intensive Freundschaften zwischen den Spielern entstehen, liegt auf der Hand: Gegner ist nicht nur die gegnerische Mannschaft, sondern auch der eigene Kollege.

Eine Randanmerkung für Fußball-Experten: In der Saison 2001/2002 praktizierte Ottmar Hitzfeld zwar darwinistische Rotation, nahm aber Stefan Effenberg aus diesem System heraus. Seine Devise: »Schütze deine Stars«. Genau das war aber ein Bruch in der Logik, denn plötzlich spielte ein Spieler, der Niederlagen magisch anzuziehen schien. Verletzungsbedingt spielte Effenberg zwar selten, hatte dann aber eine Stammplatzgarantie und war meist erfolglos! Hier wurde Hitzfeld sich selbst bei der Aufstellung untreu und verspielte vielleicht dadurch drei greifbar erscheinende Titel: die Champions League, die deutsche Meisterschaft und den DFB-Pokal. Das konnte dann auch nicht durch die verspätete Kündigung von Effenberg korrigiert werden.

Das System des internen Wettbewerbs ohne »Ausruhen auf Verdiensten« ist gerade auf die Teambildung im darwiportunistischen Unternehmensumfeld immer stärker anwendbar. Auch dort hat nicht mehr jeder seine Stammplatzgarantie, sondern immer häufiger müssen sich Mitarbeiter laufend in Projekten bewähren, damit sie wieder »aufgestellt« werden.

Umgang mit Motivation: Mixe Spaß, Geld und Führungsstil!

Doch wie kann man Mitarbeiter beziehungsweise Spieler, die sich nicht binden wollen, zu Höchstleistungen motivieren?

Erstens Spaß: Je nach Sichtweise klingt es trivial oder unglaubwürdig, wenn man dafür wirbt, dass Fußballspieler (auch) Spaß an ihrer Arbeit haben. Trotzdem schadet es zumindest einem Training wenig, wenn der Spaß-Faktor Berücksichtigung findet. Dass die Fußballprofis natürlich noch andere Genussfelder haben – von den Ferraris in der Garage bis zur Finca auf Mallorca – ändert nichts daran. Noch stärker gilt dies für Unternehmen, wo es immer mehr auf Job Entertainment und immer weniger auf langfristige Personalentwicklung hinausläuft. Auch wenn Personalmanager jetzt die

Hände über dem Kopf zusammenschlagen, ist dies ein Thema, über das sich nachzudenken lohnt. Der Entertainment-Faktor kann nämlich auch bedeuten: interessante Schulungsmaßnahmen in virtuellen Universitäten, in anspruchsvoller Projektarbeit und in multikulturellen Teams. Ein Mindestniveau an Spaß wird erfüllt, wenn der Mitarbeiter Zugang zur »Multimedialität der Datenautobahn« erhält, weswegen es fatal ist, ihn am Arbeitsplatz vom Internet auszuschließen: Diese Demütigung wird sich niemand lange bieten lassen, kommt sie doch in der Werteskala der Generation Y gleich hinter der Todesstrafe.

Zweitens Geld: Auch wenn Autoren von Herzberg bis Sprenger immer auf die geringe Motivationswirkung von Geld hinweisen,[24] scheint die Generation Y doch darauf anzusprechen. Natürlich spielt Oliver Kahn nicht nur deshalb (fast) immer so gut, weil er (fast) immer an die vielen Millionen denkt, die er dafür bekommt. Auch sind seine »Fehlgriffe« im WM-Finale 2002 sicher nicht auf die »relativ geringe« Prämie von 92 000 Euro für den WM-Sieg zurückzuführen. Doch wenn er dauerhaft weniger bekommen sollte, würde er sicherlich über seine Einsatzbereitschaft nachdenken. Unternehmen, die versuchen, möglichst den Leistungsanteil an der Entlohnung zu maximieren, reagieren entsprechend konsequent. Die Betonung liegt dabei auf der heutigen Leistung: Die Austauschrelation »weniger Geld heute« im Tausch gegen »Arbeitsplatzsicherheit morgen« spielt immer weniger eine Rolle. Gute Leistung heute, gutes Geld heute, schlechte Leistung morgen: game over. Wenn die Akteure allerdings zu sehr an der Gehaltsspirale mitdrehen, was die High Potentials schon beim Berufseinstieg tun, dreht sich die Schraube leicht allzu rasch. Plötzlich liegt die zur Motivation nötige Gehaltserhöhung über dem Produktivitätswert des Mitarbeiters, und damit ist er für das Unternehmen nicht mehr tragbar. Entweder geht er oder das Unternehmen setzt ihn frei – und der Darwiportunismus hat sich wieder bestätigt.

Drittens Führungsstil: Die Führungsforschung beginnt sich erst langsam mit der Frage zu beschäftigen, welcher Führungsstil vor allem im darwiportunistischen Umfeld der Generation Y angemessen ist. Antwort: Es ist weder der autoritäre Controller noch der Laissez-faire-Clown mit der roten Plastiknase. Vielmehr dürfte eine Führungskraft gefragt sein, die Shareholder-Value sichert und gleichzeitig die Wertvorstellungen der Generation Y abdeckt. Auf dieser Werteskala stehen Authentizität und Professionalität sowie Optimismus und Spaß an dem, was man macht, ganz oben: Ottmar Hitzfeld und Matthias Sammer verkörpern diesen Stil offenbar mehr als Klaus Toppmöller und Berti Vogts.

Umgang mit Fluktuation: Nicht »Staudamm«, sondern »Strom«!

Es gibt schönere Themen als die Freisetzung von Mitarbeitern. Doch gerade in einem darwiportunistischen Umfeld (wie auch in Fußballvereinen) gehört die Beendigung von Arbeitsverhältnissen zur Realität, und zwar sowohl aus Sicht des Unternehmens mit seinem aus der Marktradikalität abgeleiteten Darwinismus als auch aus Sicht der Mitarbeiter mit ihrem naturgegebenen beziehungsweise erlernten Opportunismus. Will man in beiderseitigem Interesse eine völlige Wildwest-Mentalität verhindern, so tun Unternehmen gut daran, zumindest die Spielregeln zu diskutieren, zu kommunizieren und letztlich auch zu akzeptieren.

Wie aber soll die Personalfreisetzung in einem darwiportunistischen Szenario idealerweise ablaufen? Geht man von einem kurzfristigen Betrachtungszeitraum aus, so gibt es – natürlich im gesetzlichen Rahmen – eine klare Verhaltensregel: Die Entscheidung zur Kündigung möglichst rasch treffen und auf den frühstmöglichen Zeitpunkt terminieren, sie dem betroffenen Mitarbeiter aber so spät wie möglich mitteilen. Dies entspricht dem aus Internet-Auktionen bekannten Verhalten, sein erstes und (hoffentlich) entscheidendes Gebot erst kurz vor Auktionsende zu machen, um anderen keine Reaktionsmöglichkeit zu geben (»Sniping«). Dies mag brutal klingen, ist aber – zumindest kurzfristig – die folgerichtige Konsequenz aus dem Darwiportunismus. Denn erfährt der Mitarbeiter bereits im Vorfeld von der anstehenden und beschlossenen Kündigung, so wird seine Arbeitsleistung wahrscheinlich drastisch nachlassen.

Es gibt aber noch einen zweiten, wesentlich wichtigeren Aspekt. Lange Zeit galt für die Personalarbeit die Metapher vom Staudamm: Mitarbeiter wurden beschafft und dann galt das hauptsächliche Bestreben dem Versuch, Mitarbeiter im Unternehmen zu halten. Wollte ein Mitarbeiter tatsächlich kündigen, so kam dies einem Hochverrat gleich und Führungskräfte nahmen es zwangsläufig persönlich. »Wie können Sie mir dies antun – nach alledem, was ich für Sie getan habe!« klagt der gleiche Personalchef, der ohne Zögern den Mitarbeiter freigesetzt hätte, sofern dieser nicht in die wertschöpfungsoptimale Personalkonfiguration gepasst hätte.

Ganz im Gegensatz dazu zielt das neue Leitbild »Personalarbeit als Strom« auf eine Flussbetrachtung, bei der es im Prinzip einem Unternehmen nur darum gehen kann, den Abstrom an Mitarbeitern gegenüber dem Zustrom zeitlich zu verzögern. Sicherlich verlassen Mitarbeiter das Unternehmen, aber es verbleiben im günstigen Fall weiterhin noch ausreichend Mitarbeiter im Unternehmen – ein stetiges Kommen und Gehen ist angesagt. Gerade Fußballtrainer im Profibereich haben in extremer Form mit dieser Situation zu leben.

Die Kunst der Personalarbeit liegt jetzt darin, Mitarbeiter für einen längeren Zeitraum im Einflussbereich des Unternehmens zu belassen, gegebenenfalls sogar wieder (wie bei einem Strudel) nach längerer Zeit erneut an das Unternehmen zu binden. Natürlich fällt es schwer, gute Miene zum bösen Spiel zu machen, wenn der geschätzte Mitarbeiter das Unternehmen verlässt. Aber eine im Zorn realisierte Trennung bringt allenfalls kurzfristig psychologische Erleichterung. Deshalb verfügen erfolgreiche Unternehmen über spezielle Kennzahlen, die ansagen, inwieweit es möglich war, Mitarbeiter wieder in das Unternehmen zurückzuholen. Solche Fälle soll es selbst im Profi-Fußball schon gegeben haben! Gerade solche Mitarbeiter sind durchaus interessant, weil sie die Arbeitsbedingungen außerhalb des Unternehmens kennen gelernt haben, aber bewusst wieder zurückgekommen sind und deshalb bewusst auch für einen längeren Zeitraum im Unternehmen bleiben. Trotzdem ändert es nichts am Grundbild des »Stromes«.

Umgang mit Variation: Darwiportunistisches Diversity-Management!

Erfolgreiche Fußballmannschaften setzen sich aus den unterschiedlichsten Spielertypen zusammen: Introvertierte und Extrovertierte findet man dort ebenso wie den »in Grenzen fairen« Spieler und den absolut unsportlichen Experten für »Blutgrätschen«. Dann gibt es die Genialen und die Trainingsfleißigen, die Egoisten und manchmal sogar die Teamspieler. Und es gibt solche, die ihre Koffer selbst tragen, und solche, für die praktisch keine Regel gilt. Hinzu kommen unterschiedliche Spielkulturen, Spielauffassungen und – gegenwärtig in der Bundesliga besonders ausgeprägt – unterschiedliche Sprachen, Kulturen und Nationalitäten.

Die Aufgabe des Trainers besteht in diesem Umfeld darin, die Unterschiedlichkeit nicht nur zu tolerieren, sondern bewusst zu instrumentalisieren. Das Gleiche gilt für die Führungskraft und zusätzlich für die gesamte Personalpolitik, die ebenfalls mit dieser Unterschiedlichkeit umzugehen und sie zu nutzen hat.

Dies alles entspricht dem Diversity-Management, zu verstehen als systematisch-strategischer Umgang mit Unterschiedlichkeit. Dabei geht es beim darwiportunistischen Diversity-Management nicht um ein Fairness- und Antidiskriminierungskonzept, das Minderheiten nach amerikanischem Vorbild eine proportionale Einsatzchance gibt: Unabhängig davon, ob dies gesellschaftspolitisch erwünscht und zunehmend gesetzlich erzwungen ist, hat ein Unternehmen im Darwiportunismus (und jetzt werden alle Gleichstellungsbeauftragten erzürnt aufspringen) nicht die Aufgabe, für die Durchsetzung entsprechender Quoten zu sorgen – genauso wenig, wie man in einer Handballmannschaft unter Wettbewerbsbedingungen verlangen kann, dass 50 Prozent Linkshänder oder 50 Prozent Rothaarige spielen müssen.

Modernes Diversity-Management im Darwiportunismus[25] ist vielmehr ein ganzheitliches Verhaltensmuster, das sich aus rein ökonomischem Grund um Verständnis und Integration von unterschiedlichen Mitarbeitertypen bemüht: Denn gerade die Fähigkeit, unterschiedliche Altersgruppen, unterschiedliche Nationalitäten und Geschlechter, vor allem aber die unterschiedlichen Wertesysteme der Generation X und Y sinnvoll zusammenzuführen, entscheidet in der gegenwärtigen »Diversitätslandschaft« über den dauerhaften wirtschaftlichen Erfolg. Aus diesem Grund versucht ein Diversity-Management auch nicht etwa, Unterschiede abzubauen, sondern vielmehr sie sogar auszubauen, aber umgeben von einem Klima der – betriebswirtschaftlich erzwungenen – Toleranz. Dies führt zwar nicht zur Gleichstellung und Gleichmachung, wohl aber zur Gleichberechtigung.

Personalentwicklung: Darwinistische Systeme für opportunistische Mitarbeiter!

Was bedeutet Darwiportunismus für die betriebliche Qualifikation? Ob Weiterbildung weiterhin die Bringschuld der Unternehmen bleibt, muss bezweifelt werden. Warum soll ein Unternehmen Geld in Mitarbeiter investieren, wenn diese ihrem opportunistischen Drang folgend gegebenenfalls das Unternehmen rasch verlassen? Und warum soll ein Unternehmen, bei dem der rasche Gewinn zählt, auf eine langfristige und teilweise unsichere Personalentwicklung setzen, wenn es leichter erscheint, sich fertige Mitarbeiter einzukaufen beziehungsweise von der Konkurrenz abzuwerben?

Sukzessive wird im Darwiportunismus das gesamte System der Personalentwicklung auf den Prüfstand gestellt und modifiziert:

Unternehmen müssen darauf bestehen,
dass Chancen und Risiken des Darwiportunismus
bei der Qualifikation geteilt werden!

Das Ergebnis ist, dass Qualifizierung weitgehend als Investition gesehen wird, die vom Mitarbeiter selbst zu tragen ist. Ob durch Einbringen von Freizeit oder durch teilweises Mitfinanzieren, spielt keine Rolle. Denn schließlich hat der Mitarbeiter die Möglichkeit, die Früchte der Investition selbst zu ernten – und das auch bei einem ganz anderen Unternehmen. Auf diese Welt müssen sich Mitarbeiter einstellen, und zwar auch solche, die kein opportunistisches Job Hopping beabsichtigen. Unabhängig von allen PR- und Personalmarketing-Argumenten: Unternehmen werden aus unterschiedlichen Gründen von der langfristigen Entwicklungsplanung Abstand nehmen und nur noch auf solche Maßnahmen setzen, die gewissermaßen eine Amortisationsdauer von Null haben.

Personalentwicklung kann allerdings – und dies ist ein vollkommen anderer Ansatz – durchaus stattfinden, wenn es darum geht, Mitarbeiter im Unternehmen zu halten. Hier ist von vornherein klar, dass es nicht um die Qualifizierung an sich geht, sondern darum, den Mitarbeiter durch die Qualifizierung zufriedener und damit möglicherweise mit dem Unternehmen enger verbunden zu machen. Dies kann natürlich gerade in die gegenteilige Richtung gehen, wenn der Mitarbeiter plötzlich ein derartiges Qualifikationsniveau aufweist, dass es dem Unternehmen schwer fällt, einen entsprechenden Arbeitsplatz bereitzustellen. Interessant hier sind auf jeden Fall Cafeteria-Systeme, die beispielsweise Personalentwicklung neben Entgeltleistungen stellen. Aus diesem Grund gibt es bei der Personalentwicklung zunehmend Regelungen, bei denen Rückzahlungsklauseln zum Zuge kommen. Diese helfen allerdings im Regelfall allenfalls, das finanzielle Risiko für das Unternehmen zu begrenzen, da ein Konkurrenzunternehmen gegebenenfalls diese Summe ähnlich wie Abfindungen beim Spieler-Transfer im Fußball mitfinanziert.

Selbst über die gängige Regelung, dass das Unternehmen die Kosten einer betrieblichen Anpassungsqualifizierung trägt, wird man in diesem Zusammenhang diskutieren müssen. Es mag brutal klingen, wird aber aus betriebswirtschaftlichen Gründen immer mehr zur Praxis: Wenn der Mitarbeiter mit seiner Qualifikation nicht mehr mit den Anforderungen des Unternehmens Schritt hält und Externe besser beziehungsweise billiger sind, warum soll das Unternehmen die eigenen Mitarbeiter auf eigene Rechnung teuer qualifizieren? Die Situation, in der manche Abteilungen vollkommen »verstopft« sind von Personen ohne angemessene Qualifikation, wird sich nicht auf Dauer durchhalten lassen.

Ein in der Praxis lieb gewonnenes Bild ist das vom »Goldfisch«, der gefunden und als solcher etikettiert wird, sich dann in einem entsprechend geschützten Teich entwickelt und schließlich einen Wert verkörpert. Die Probleme[26] beginnen aber schon beim Lokalisieren und Etikettieren. Wer als Dozent schon einmal Studenten erlebt hat, die in Nachwuchsförderungsprogrammen stecken und dies bereits durch Kleidung dokumentieren, vor allem durch ihr überhebliches Verhalten, der muss zwangsläufig Skepsis entwickeln. Was passiert, wenn solche Personen ähnlich im Unternehmen auftreten? Und das Goldfisch-Etikett mit einem automatischen Leistungsnachweis verwechseln? Sinken sie dann nicht am Ende wie ein dicker Weihnachtskarpfen an eine tiefe Stelle des Unternehmens, wo sie nicht mehr schaden können? Und wundert man sich dann nicht etwa darüber, dass er/sie »es doch nicht gebracht hat«? Konsequenz: Der Status »High Potential« muss permanent überprüft werden. Ein Indikator für ein seriöses High-Potential-Progamm ist damit auch die Zahl derjenigen, die es nicht schaffen. Ist nicht einmal diese Zahl bekannt, ist Vorsicht angesagt.

Trotz aller Marktdynamik bleibt die Frage, wie in diesem Umfeld Mitarbeiter systematisch »Karriere« machen sollen, was in mehrfacher Hinsicht auch im Interesse des Unternehmens ist.

Frage: Wie sollen Darwiportunisten Karriere machen?
Antwort: Durch Commitment auf Gegenseitigkeit!

In ähnlicher Form steht eine heftige Diskussion um das Konzept der »Employability« an, bei der es darum geht, statt Arbeitsplatzsicherheit eine Sicherung der generellen Beschäftigungsfähigkeit zu realisieren. Auch hier stellt sich aber die Frage, warum in einem darwiportunistischen Szenario das Unternehmen diese Employability überhaupt erhöhen soll: Erstens führt es zu Kosten und zweitens erhöht es die Austrittswahrscheinlichkeit der Mitarbeiter.

Für seine »Employability«
ist ausschließlich der Mitarbeiter verantwortlich!

Employability ist also ein zweischneidiges Schwert, weshalb das Unternehmen allenfalls geplante Abfindungskosten mit Kosten für Maßnahmen zur Steigerung der Employability verrechnen sollte. Alles andere ist die Aufgabe des Mitarbeiters!

Noch immer stellt die Personalentwicklung in vielen Unternehmen ab auf die Beziehung zwischen dem fürsorglichen Eltern-Ich des Unternehmens und dem mehr oder weniger einsichtigen Kind-Ich des Mitarbeiters. Alles dies erinnert mehr an einen Kindergarten und passt sehr schön zur rechten unteren Zelle in der Darwiportunismus-Matrix. Wenn ein Personalmanager im Berufswunsch zwischen Personalmanager, Sozialarbeiter und Volksschullehrer schwankte, wird er sich vielleicht sogar in dieser Situation pudelwohl fühlen. Dementsprechend gibt es in vielen Unternehmen Kümmerer, Coaching, Mentoring und vieles mehr, um den »kleinen Kindern« zu helfen. Dies kann aber – zumindest im Darwiportunismus – nicht das Ziel sein, da sonst der Mitarbeiter auch noch in die Kindergartenzelle sinkt. Vielmehr ist – von echten Problemfällen wie dem Mobbing abgesehen – der Mitarbeiter selbst für sich und seine Personalentwicklung verantwortlich.

Personalinformationsmanagement: Von Wissensriesen und Kommunikationszwergen!

Vortrag über Wissensmanagement: Der Referent schildert die Notwendigkeit, in der heutigen Wissensgesellschaft offensiv im Unternehmen mit dem Thema Wissen umzugehen. Dann die rührende Schilderung einer großen Tabelle, in der jeder angibt, welches Wissen er weitergeben kann. Die Antwort auf die Frage nach der Akzeptanz: Die Teilnahme an der Aktion ist durch Zielvereinbarung vorgeschrieben! Ob das inhaltlich etwas hilft? Zwei Jahre später höre ich die Schilderung eines Software-Lieferanten: Wieder ein System, in das alle ihr Wissen eingeben können. Er verwendet es selber aber bei sich nicht. Macht etwa überhaupt keiner mit? Und warum nicht?

Unternehmen geben gegenwärtig horrende Summen für ausgefeilte EDV-Systeme aus. Ihr primäres Ziel: Speicherung von Wissen, um zu verhindern, dass der Verlust eines Mitarbeiters automatisch auch Verlust von Wissen bedeutet. Gleichzeitig stellen sie aber fest, dass trotz immer ausgefeilterer Systeme das eingespeiste Wissen immer geringer wird. Mit reiner IT-Logik ist diesem Problem auch nicht beizukommen. Denn – wie bereits bei den Individualstrategien beschrieben – ist es der mitarbeiterseitige Opportunismus, der Unternehmenswachstum und Unternehmenserfolg behindert.[27] Warum sollten Mitarbeiter sich und ihre Kernkompetenzen dadurch verwässern, dass sie Wissensbausteine dem Unternehmen zur Verfügung stellen?

Denn es gibt aus Sicht des Mitarbeiters gerade bei kürzeren Bindungszeiten gute Gründe für das Vorenthalten von Wissen. Einer davon ist die Angst, sich überflüssig zu machen. Nur derjenige hat eine hohe Überlebenschance, der über Monopolwissen mit klaren Wissensvorsprüngen verfügt. Selbst Wissen um Probleme und drohende Gefahren wird dann nicht kommuniziert, wenn das dadurch entstehende Fiasko den innerbetrieblichen Gegenspieler mehr trifft als einen selbst. Es geht also auch hier um Macht, um individuelle Wettbewerbsvorteile – alles ausgedrückt im »Intellectual Capital« des Opportunisten.

Erkennen Unternehmen die Existenz der darwiportunistischen Barrieren gegen ein offenes und freies Wissensmanagement, so können sie durch entsprechende Anreize gegensteuern. Letztlich ist das betriebliche Wissensmanagement ein System von Spielern, die auf dem Wissensmarkt aktiv sind. Die eigentliche Frage bei diesem Wissensmarkt ist die nach der Währung, in der für Wissen bezahlt wird.

Darwiportunistisches Wissensmanagement (1): Tausche Wissen gegen Wissen!

Die erste Form der Bezahlung im darwiportunistischen Wissensmanagement ist die Situation, in der ein Verkäufer von Wissen gleichzeitig auch als Käufer von Wissen auftritt (»Reziprozität«). Hier erwirbt der Wissensträger durch sein Preisgeben von Wissen selber zusätzliches Wissen. Person A »tauscht« also sein Wissen gegen das Wissen von Person B. Allerdings wichtig für das Unternehmen: Dieser Fall dient nicht immer dazu, die kollektive Wissensbasis des Unternehmens zu verbessern. Vielmehr optimieren sich bei diesem »Tauschhandel« im wechselseitigen Diskurs zwei Darwiportunisten gegenseitig.

Darwiportunistisches Wissensmanagement (2): Tausche Wissen gegen Geld oder andere Objekte!

In diesem Fall wird der Verkäufer von Wissen durch Macht, Ansehen oder sogar durch Geld bezahlt. Gerade in der Internet-Welt beginnt sich inzwischen diese Variante durchzusetzen: Demnach gibt es entweder »content on demand«, also beispielsweise Autotests im Internet gegen Bezahlung. Oder aber in internen Informationsmärkten sammeln die Personen, die besonders oft besonders hilfreiche Informationen geliefert haben, quasi »Status-Meilen«. Diese Überlegungen führen aber nicht nur dazu, dass sich das Wissensmanagement durch das Wechselspiel aus Darwinismus und Opportunismus in positiver Weise verändert. Auch die Geschwindigkeit, in der Innovationen ablaufen, lässt sich auf diese Weise steigern, wenn Bürokratie durch Markt und individuelles Desinteresse durch Opportunismus ersetzt werden: Darwiportunismus wird hier zum Innovationsbeschleuniger.

Globalisierungsstrategie: Darwiportunismus pur oder Darwiportunismus light?

Der Darwiportunismus ist eine Melodie, die unterschiedliche Länder mit teilweise unterschiedlichen Rhythmen unterlegen. Auch auf diese Tatsache müssen Unternehmen reagieren, wodurch das Grundmuster »Screening plus Signalling« eine entsprechende Erweiterung findet: Zunächst gilt es aber zu ermitteln, welcher Grad von Opportunismus in dem jeweiligen Land praktiziert und welcher Grad von Darwinismus akzeptiert wird. Danach stehen drei Strategien zur Auswahl:

Globalisierungsstrategie 1: Anpassung

In diesem Fall der »polyzentrischen« Strategie passt sich das Unternehmen an die Region an, in die es expandiert. Würde ein Unternehmen mit niedrigem Darwiportunismus (zum Beispiel Frankreich) in eine Region mit höherem Darwiportunismus (zum Beispiel USA) gehen, so bedeutet diese Strategie, dass das Unternehmen in den USA tatsächlich seinen Darwinismus erhöht und sich auf einen höheren Opportunismus einstellt.

Globalisierungsstrategie 2: Kolonialisierung

In diesem Fall beschließt das Unternehmen, seine (heimische) Positionierung in der Darwiportunismus-Matrix auch auf das Gastland auszuweiten. Konkret würde das bedeuten, dass zum Beispiel ein deutsches Unternehmen auch in England ganz bewusst den niedrigeren Darwiportunismus praktiziert. Diese »ethnozentrische« Strategie klingt einfach und hat auch mögliche Positionierungsvorteile auf dem Arbeitsmarkt, verlangt aber breiteste Implementierungsanstrengungen: So müsste zum einen dafür gesorgt werden, dass die innerbetrieblichen Systeme einen (etwas) geringeren Grad an Darwinismus aufweisen – was noch einigermaßen leicht geht. Zum anderen – und dies ist wesentlich schwieriger – müssen die Mitarbeiter verstehen, dass dieses Unternehmen nur einen (etwas) geringeren Opportunismus toleriert, also ein anderes Verhalten »angesagt« und entsprechend zu kommunizieren ist.

Globalisierungsstrategie 3: Standardisierung

Diese Strategie der »Internationalisierung« setzen vor allem größere, multinationale Unternehmen ein: Hier versuchen sie, eine unternehmensspezifische Darwiportunismus-Position zu definieren und diese dann im Ausland ebenso wie im »Mutterland« zu implementieren.

Jede dieser drei Strategien hat spezifische Vor- und Nachteile,[28] wobei aber vor allem der Bezug zur generellen Globalisierungsstrategie des Unternehmens den Ausschlag für die eine oder andere Strategie gibt! Eines gilt aber für alle drei Strategien und genau das wird sehr oft übersehen: Egal welche Strategie gewählt wird – das Unternehmen muss (auch) den Mitarbeitern den angestrebten Darwiportunismus signalisieren, und zwar eindeutig und mit Handlungen unterlegt!

Ergebnis: Darwiportunismus als Spielfeld für Profis!

Der Systemtheoretiker William Ashby hat vor rund fünfzig Jahren das »Gesetz der erforderlichen Varietät« aufgestellt:[29] Danach muss die Vielfalt der Aktionen eines Systems (Unternehmen) der Vielfalt der Anforderungen aus der Umwelt (Markt) entsprechen. Genau das Gleiche gilt auch für die Unternehmensstrategien im Darwiportunismus: Eine darwiportunistische Personalstrategie basiert auf dem planvollen und maßvollen Einsatz von darwinistischen Systemen sowie dem umfassenden Antizipieren von Opportunismus bei gegenwärtigen und zukünftigen Mitarbeitern.

Unternehmen stehen gegenwärtig vor erheblichen Herausforderungen, die alle zu einem erheblichen Maß etwas mit Mitarbeitern zu tun haben: Wir steuern auf einen erheblichen Mangel in vielen Segmenten des Arbeitsmarktes zu. Die Arbeitswelt verändert sich. Das Klima wird rauer, gleichzeitig die Beachtung der Zwischentöne wichtiger. Insgesamt müssen Unternehmen immer weit reichendere Entscheidungen in immer kürzeren Intervallen mit immer geringerer Planungssicherheit treffen.

Dies führt zu scheinbar paradoxen Aktionen: Wenn eine Großbank Mitarbeiter massiv freisetzt, aber gleichzeitig heftig neue Mitarbeiter sucht, so scheint dies auf den ersten Blick grotesk, auf den zweiten Blick steckt dahinter aber eine Strategie der Umqualifizierung durch Personalumschichtung. Wie aber verhält es sich mit der Personalbeschaffung, bei der zunächst dem Bewerber ein roter Teppich ausgerollt wird, am Ende dieses »Red Carpet Recruiting« aber ein nervtötender Job oder sogar die Bitte stehen, den unterschriebenen Arbeitsvertrag doch bitte erst einige Monate später »einzulösen«.

Falsche Personalarbeit hat zurzeit nichts mit Geld, sondern mit falschem Grundverständnis zu tun!

Deswegen beginnt erfolgreiche Unternehmensstrategie immer mit einer realistischen Einschätzung der aktuellen Situation, ohne Märchen und Mythen. Gleichzeitig kann man inzwischen schon aus den Fehlern lernen, die andere im Umgang mit oder in der Nichtbeachtung von Darwiportunismus gemacht haben.

Egal, in welche Richtung sich das Unternehmen im Darwiportunismus entwickeln möchte, es braucht eine klare Ansage der Strategie. Nichts ist so schlimm wie eine führungsschwache Unternehmensleitung oder ein inhaltlich widersprüchliches Top-Management-Team. Dazu genügt es nicht, wenn man gemeinschaftlich auf einen Berg steigt und oben angekommen die gemeinsame Vision beklatscht. Es macht auch wenig Sinn, in Pro-forma-Workshops über Leitbilder nachzudenken, nur um verklärt die »beeindruckende eigene Position« zu erkennen und dann auf jegliche unangenehme Konsequenzen zu verzichten. Nötig ist vielmehr die Kombination aus realistischer Analyse plus klar artikulierter Vision.

Es liegt auf der Hand, dass hier die Personalarbeit gefordert ist, vor allem weil es auf das Zusammenspiel ankommt zwischen unternehmensseitigem Darwinismus und mitarbeiterseitigem Opportunismus. Dabei ist es nicht so wichtig, wer sich im Unternehmen dieser Aufgabe annimmt. Entscheidend ist vor allem, dass die Organisation als Ganzes Fähigkeiten entwickelt, die sie in die Lage versetzt, Darwinismus angemessen einzusetzen und mit Opportunismus angemessen umzugehen.

7
Ergebnis: Realismus und neuer sozialer Kontrakt!

Im Louvre von Paris vor dem Bild »Das Floß der Medusa«. Die Fremdenführerin erklärt die Bedeutung des Gemäldes: Bis zu seinem Entstehungszeitpunkt dominierte die verklärte und etwas verherrlichende Stilrichtung des Klassizismus. Mit diesem Bild eröffnete Théodore Géricault die Epoche der realistischen Darstellungen. Géricaults Bild[1] wurde aber auch inhaltlich als ein gefährlicher Angriff auf die etablierte Gesellschaft gesehen, weil es die Korruption der Beamtenschaft, den Zynismus der Bürger und die Selbstsucht der Regierung entblößte. Das wollte man zunächst alles weder sehen, noch wollte man darüber sprechen.

Irgendwie erinnert mich das an den Diskurs um Darwiportunismus: Es ist viel leichter, sich in einem schönen Tagungshotel bei gutem Essen darüber auszutauschen, wie offen, kommunikativ und positiv gestimmt man miteinander umgeht, wie alle an einem Strang ziehen und wie gerade das eigene Unternehmen hier Maßstäbe setzt. Über die Realität – auch mit ihren Schattenseiten – will man lieber nicht sprechen, denn das bringt nur negative Schwingungen. Man spricht dann aber auch nicht über die Chance der neuen Herausforderung und das Positive, das sich daraus ableiten lässt.

Wie schön war doch die alte soziale Vereinbarung zwischen Unternehmen und Mitarbeiter: Treue des Mitarbeiters und im Gegenzug dafür lebenslange Beschäftigung durch das Unternehmen! Loyalität in beide Richtungen und gleichzeitig heroische Verklärung von Fairness! Die traditionellen (sozialen) Kontrakte gingen allerdings noch weiter und umfassten auch die Generationenfrage. Danach war es Aufgabe der jüngeren Generation, für die Altersversorgung der älteren zu sorgen.

Wie dies heute aussieht, zeigt der Werbespot eines bekannten Finanzdienstleisters, wo ein Vater stolz sein neugeborenes Kind anschaut und vollkommen überzeugt den Satz »Meine Altersvorsorge« ausspricht, worauf das Baby ihm eine lange Nase zeigt. Umgekehrt ist es die Aufgabe der Älteren, für die Erziehung der Jüngeren zu sorgen. Hier haben aber Berufstätigkeit beider Elternteile, steigende Scheidungsraten und die zunehmende beruflich bedingte Mobilität der Eltern dazu geführt, dass Familienverbände immer lockerer werden, mit entsprechend negativen Konsequenzen für die Sozialisierung von Kindern.

Skeptiker drücken dies inzwischen so aus: Das Leitbild vom Kind wandelt sich vom Gesamtkunstwerk zur »unvollendeten, verwöhnten Erziehungsruine«[2]. Bekommen wir das Gleiche auch in Unternehmen?

Mitarbeiter als verwöhnte Erziehungsruinen?

Nennen wir ihn Andy: Er ist ein Spezialist im Medienbereich und arbeitet erfolgreich in einer wichtigen Marktnische, wo es viel Arbeit, aber wenig gute Leute gibt – gut für die Mitarbeiter, schlecht für die Arbeitgeber. Andy besucht eine Computermesse (schönes Hotel, nette Party, interessante Gespräche) und sieht ein neues EDV-System, mit dem er an seinem Arbeitsplatz gerne arbeiten würde. Sein Chef versteht zwar nicht genau, warum diese Ausgabe nötig ist, gibt aber aus Angst, Andy zu verlieren, nach. Drei Tage nach Lieferung: Andy erklärt seinem verblüfften Chef, dass er das Unternehmen verlassen werde. Andy sieht woanders bessere Zukunftschancen. Pech für seinen Chef, der jetzt mit teurem Spezialgerät und einem geplatzten Projekt dasteht.

Aber es sind nicht nur die Mitarbeiter, die sich derartig »sprunghaft« verhalten. Auch die Unternehmen leben sich aus und gehen vor allem bei Abkühlen der Konjunktur immer schonungsloser mit ihren Mitarbeitern um. Trotzdem würde man es sich zu einfach machen, wenn man den Opportunismus der Mitarbeiter einseitig nur auf den Darwinismus der Unternehmen zurückführt – oder umgekehrt einseitig die Flatterhaftigkeit der Mitarbeiter für den Drang zum Darwinismus bei den Unternehmen verantwortlich macht. Die Wechselseitigkeit und Simultaneität der Beeinflussung ist der entscheidende Faktor und führt zu gefährlichen Konstellationen, und zwar in allen Konjunkturphasen: So bringt der Opportunismus guter Mitarbeiter – wenn sie gehen – das Unternehmen ebenso in Existenzgefahr wie der Opportunismus der »schlechten« Mitarbeiter, die bleiben.

Wie man es auch betrachtet: Das System ist destabilisiert und sucht nach einem neuen Gleichgewicht.

Der alte soziale Kontrakt nach dem Muster
der klassischen Industriebetriebe existiert nicht mehr.

Wie aber würde ein neuer sozialer Kontrakt im Darwiportunismus aussehen und wie würden sich die Akteure verhalten?

Basis: Ethik im Darwiportunismus

Eine Diskussion mit einem lieben Kollegen, einem emeritierten Professor für Philosophie: Vor uns beiden auf dem Tisch viele kleine Fantasy-Spielfiguren. Sie repräsentieren Mitarbeiter, Firmenchefs, Regierungen und vieles mehr. »Ethik ist die Lehre von der gesellschaftlichen Moral.« Doch wer auf diesem Tisch legt eigentlich fest, was ethisch vertretbar ist?

Gerade weil Darwiportunismus empirisch nachweisbar und somit existent ist, muss man die Frage nach der ethischen Vertretbarkeit stellen. Diese Frage wird besonders dann interessant, wenn man sich mit der ethischen Vertretbarkeit des Handelns der Akteure befasst. Denn beim Menschen könnte es durchaus Grenzen im Hinblick auf radikalen Darwinismus und radikalen Opportunismus geben.

Anders als Tiere und Pflanzen in der Natur
haben Menschen eine soziale Grundverpflichtung!

Obwohl viele von uns emotional eine Zustimmung zu diesem Satz entwickeln, stellt sich zumindest rational sehr rasch die Frage: »Warum muss das so sein?«. Die einfachste Variante für eine Antwort besteht aus dem Rückgriff auf simplen Eigennutz: Man kümmert sich um sozial Schwache schon allein deshalb, weil man durchaus auch irgendwann zu dieser Gruppe gehören könnte und dann ebenfalls auf die Hilfe anderer angewiesen wäre. In ähnlicher Weise argumentiert der Generationenvertrag, wie er zumindest nach Ansicht der Anthropologen gerade bei vielen Urvölkern funktioniert.

Etwas verharmlosend kann man gegenwärtig von einer »Verrohung der Sitten« und einem »Ausspielen der Macht« sprechen. Zur Erinnerung zwei Beispiele:[3] Als die Mitarbeiter des Hamburger Content-Brokers I-Syndicate an einem Dienstagmorgen ihre Arbeit aufnehmen wollten, waren die Computer blockiert – keiner konnte mehr ins System. Stattdessen Mitarbeiterversammlung: Der Geschäftsführer hatte auf eine Tafel die Namen der Mitarbeiter, die bleiben durften, aufgelistet. Die anderen wurden aus dem Raum gebeten und erhielten ihre Kündigung. Oder die Mitarbeiter bei Pixelpark in Stuttgart: Sie erhielten, als die Standortaufgabe längst beschlossene Sache war, einen Brief vom Mehrheitsaktionär Bertelsmann: »Ihre Gehälter sind sicher.« Ethisch zulässig? Gesetzlich oder faktisch nötig?

Wenn Unternehmensleitungen Ethik für unnötigen Luxus halten und Politiker nach Belieben aus purem Opportunismus, ohne rot zu werden, vor Fernsehkameras den klaren Bruch von klaren Absprachen bekannt geben, gibt es dann Fairness und Ethik unter Mitarbeitern? Bereits bei der Diskussion des Mythos »Wir sind ein Team« wurden hier Zweifel angemeldet. Je schärfer die konjunkturelle Polarisierung wirkt, umso niedriger ist auch die ethische Hemmschwelle der Mitarbeiter. Hier ist es symptomatisch, wenn ein Karrieremagazin[4] im Jahr 2002 einen Artikel unter die Überschrift

»mobben, lügen, schleimen« stellt und dieser dann auch noch die Titelseite ziert.

Interessieren »Ethik« und »Fairness« die Entscheidungsträger, die über die Macht verfügen und diese zügellos nutzen? Wahrscheinlich nicht! Aber auch wenn viele ungestraft ihre Zentralmacht ausspielen, gibt es Gegenbewegungen: Als Reaktion auf die »rüden« Verhaltensweisen in manchen Medienunternehmen entstanden die Gewerkschaftsinitiative Connexx.av und in vielen Unternehmen dieser Branche doch Betriebsräte. Der Druck auf Manager, rechtlich zulässige, aber moralisch kaum vertretbare Zuwendungen zurückzuzahlen, beginnt ebenfalls. 1970 haben die amerikanischen Vorstandsmitglieder 25-mal soviel verdient wie ein Arbeiter in der Produktion; unter Berücksichtigung der ausgeführten Aktienoptionen im Jahr 1996 war der Einkommensunterschied auf den Faktor 210 angewachsen.[5] Auch hier bleibt abzuwarten, ob die Aufsichtsräte weiterhin diese Summen und diese Zuwächse genehmigen. Und selbst im betrieblichen Alltag ist es fraglich, ob sich die Unternehmensleitung – nachdem sie beim luxuriösen Abendessen im 2er-Kreis einen Richtungswechsel festgelegt hat – mit dem platten Satz »Das haben wir so entschieden! Egal ob es Ihnen passt, das müssen Sie hinnehmen.« auf Dauer halten kann.

An dieser Stelle zeigt sich, dass Ethik sehr wohl eine Rolle spielt, allerdings muss das Postulat nach ethischer Vertretbarkeit für alle Akteure gelten. Unternehmen und Mitarbeiter müssen sich an die Spielregeln halten, aber wohlgemerkt: beide! Es geht nicht an, dass ausschließlich eine Seite in ethisch vertretbarer Weise handelt (und »fair« agiert), die andere aber »unethisch«.

Darwiportunismus führt nicht
zur Eliminierung der ethischen Basis.
Diese wird aber neu definiert.

Trotzdem wird es im Darwiportunismus immer schwieriger, sich darauf zu verständigen, was genau unter einer ethischen Basis zu verstehen ist, die sich gegenwärtig erst sukzessive herauszubilden scheint, wobei die Elemente der »Wechselseitigkeit« und »Offenheit« eine wichtige Rolle spielen. Die treibende Kraft dazu ist das organisatorische Lernen, wie man deutlich am nachfolgenden Beispiel sieht.

Nennen wir sie Sabine: Als Mitarbeiterin in einem Forschungslabor wollte Sabine aus privaten Gründen in der ersten Hälfte eines Quartals weniger arbeiten und einigte sich auf Vertrauensbasis mit ihrer Führungskraft darauf, die Arbeitszeit in der zweiten Hälfte des Quartals nachzuholen. Aus dem »weniger Arbeiten« wurde ein »überhaupt nicht am Arbeitsplatz Erscheinen«, mit der Folge, dass sich Arbeit auf andere Mitarbeiter verschob. Mitte der achten Woche erschien die Mitarbeiterin am Arbeitsplatz, wies auf ihren Resturlaub hin, kündigte zum Quartalsende und stellte die Arbeit auch offiziell ein.

Betrachtet man diesen Vorfall weniger aus dem Blickwinkel des Arbeitsrechts als vielmehr aus dem Blickwinkel des Darwiportunismus, so wird rasch klar, dass diese Optimierung der individuellen Lebensumstände im Darwiportunismus das gute Recht des Mitarbeiters ist! Umgekehrt stellt sich allerdings die Frage, wie das Unternehmen auf diesen Vorfall reagiert, denn auch das Unternehmen kann und muss in diesem Szenario agieren, wobei es zwei Optionen hat. Entweder derartiges Verhalten wird toleriert. Dies klingt sozial, bedeutet aber auch, dass derartig »lockerer Umgang« mit Vertrauen und Pflichtgefühl zur generellen Norm wird, an der sich sukzessive alle Mitarbeiter ausrichten. Vielleicht kann sich das Unternehmen dies sogar kurzfristig leisten, in jedem Fall ist es aber in der Prozesskette Variation-Selektion-Retention ein neues, akzeptiertes und stabilisiertes Verhaltensmuster. In der zweiten Option wird die entsprechende Person wegen ihrer Abweichung von der Norm von der Unternehmensleitung oder den Kollegen »ausselektiert« und vielleicht eine zusätzliche Verschärfung eingeführt, wonach grundsätzlich keine Arbeitszeit mehr »nachgearbeitet« werden kann. Die inoffiziell eingeräumte Möglichkeit zur Umschichtung von Arbeitszeit würde dann entfallen und das Unternehmen würde sich somit durch neue Regularien zu schützen versuchen, auch wenn dies in vielleicht ungerechtfertigter Weise viele andere Mitarbeiter treffen könnte.

Fatal, dass gegenwärtig Regierungen wenig Interesse zeigen, über ethisches Verhalten nachzudenken. Es regiert das Primat der Machbarkeit, zu verstehen als Macht, sich gegen andere durchzusetzen.

Rückblende auf Dezember 2000 und das ominöse Stimmenauszählen in Florida: Hier erscheint es den Amerikanern vollkommen legitim, wenn der Bruder von George W. Bush, Floridas Gouverneur Jeb Bush, sowie seine lokale Wahlkampfleiterin das Auszählverfahren in Florida bestimmen und der Oberste Gerichtshof mit seiner republikanischen Mehrheit sich für den republikanischen Kandidaten entscheidet. »Die haben die Macht und sie haben sie genutzt!« kommentierte Ex-Präsident Bill Clinton diese – für Europäer schwer verständlichen – Vorgänge, die letztlich auf reinrassigen Opportunismus hinauslaufen. Analoges gilt für die amerikanische Verweigerungshaltung zum Klimaschutzabkommen von Kyoto bei gleichzeitiger Missachtung von Naturschutzgebieten. Hier passt es auch ins Bild, wenn Präsident Bush bei der Gründung des Internationalen Strafgerichtshofs[6] in Den Haag einfach die Unterschrift von Clinton annuliert. Bei diesem Präzedenzfall hat sich gezeigt, dass die Staatengemeinschaft dies im Wesentlichen akzeptiert (damit wurde es zur Regel für die »Mächtigen«) und nicht sanktioniert.

Ähnliches gilt für den deutschen Finanzminister Hans Eichel, der kurz nach der gewonnenen Wahl entgegen früherer Versprechungen verkündet, die europäischen Stabilitätskriterien für die Gemeinschaftswährung nicht einhalten zu wollen: Als Repräsentant eines großen Landes kann er sich ziemlich sicher sein, mit Samthandschuhen angefasst zu werden. Und die Ethik – ausgehöhlt!

Darwiportunismus bedeutet permanentes Ausloten von individuellen Chancen, gleichzeitig aber auch ein Weiterentwickeln der kollektiven Mechanismen. Bei beidem stellt sich immer wieder die Frage der ethisch-moralischen Vertretbarkeit. Nur gibt es immer seltener eine moralische Autorität, die Verstöße ahndet. Weitgehend Einigkeit dürfte darin bestehen, dass gegenwärtig Politiker, Gewerkschaften und andere Vertreter der vorgeblich gesellschaftspolitisch relevanten Gruppen als moralische Instanzen vollkommen ausgespielt haben: Dagegen spricht im Prinzip auch nichts, denn warum soll jemand automatisch ein moralisch höher stehender Mensch sein, nur weil er sich innerhalb seiner Gruppierung beziehungsweise bei der entsprechenden Wahl durchgesetzt hat? Und anders als bei der viel zitierten »politischen Basis« ist hier die Idealismus-Vermutung nicht gegeben: Alle diese Gruppierungen bestehen zumindest in den oberen Ebenen aus Opportunisten, die durch ein darwinistisches System kontrolliert werden.

Die Lösung? Darwiportunistische Diskursethik!

Unterstellt man, dass es zumindest begrenzt so etwas wie eine allgemeine »moralische Wahrheit« gibt, so hilft uns bei der Suche nach einer ethischen Basis der kategorische Imperativ von Kant[7] etwas weiter: »Handle nur nach derjenigen Maxime, durch die du zugleich wollen kannst, dass sie ein allgemeines Gesetz werde.« Dieses Postulat existiert als »Goldene Regel der Ethik« in ähnlicher Form bei so ziemlich allen Philosophen, von Konfuzius bis hin zu Plato und kommt auch in der neueren Ethik-Diskussion immer wieder vor.[8] Aber: Räumt im oben beschriebenen Fall Sabine dieses »Recht auf Verantwortungslosigkeit« auch ihren zukünftigen Mitarbeitern ein? Duldet ein Ellenbogen-Opportunist andere Ellenbogen-Opportunisten?

Was aber, wenn sich alle wie Sabine verhalten? Oder zum Ellenbogen-Opportunisten werden? Vielleicht sogar, weil die Unternehmensleitung aus Feigheit oder aus eigenem Opportunismus keine eindeutige Position gegen diese Personen bezieht? Dann gibt es irgendwann große Probleme im Unternehmen und spätestens zu diesem Zeitpunkt setzen Diskussionen ein: Was ist als allgemeines Verhaltensmuster zulässig, was ist unzulässig?

Diese Form der Entwicklung einer moralischen Basis bezeichnet Habermas[9] als »Diskursethik«: Danach ist vieles erlaubt, allerdings nur unter der Prämisse der kooperativen Wahrheitssuche, bei der sich sukzessive und langfristig die besseren Argumente durchsetzen. Dieser Verständigungsprozess setzt wechselseitiges Verständnis voraus, das aber gerade im Darwiportunismus leicht fehlen könnte: Hier ist jeder Opportunist und jeder Teil des darwinistischen Systems, jeder Täter und jeder Opfer. Das bedeutet, dass gerade die richtige Hinwendung zu ethischen Fragen die (wichtige) Auseinandersetzung mit darwiportunistischer Grundlogik und ihrer einzelfallspezifischen Übertragung voraussetzt.

Gerade dabei kann eine darwiportunistische Diskursethik als Grundidee wichtig und hilfreich sein: Analog zu Kant dürfte danach durchaus jeder seine eigenen Ziele verfolgen und sich auch gegen andere durchsetzen wollen. Opportunismus und Darwinismus sind also »erlaubt«, im wechselseitigen Interesse allerdings nur in gewissen Grenzen. Diese »ethischen« Grenzen entstehen nicht durch Diktat oder Gesetz, sondern durch Gespräch. Dies bedeutet, dass man analog zu Habermas in einen offenen Dialog einsteigt mit einem simplen Ziel: Jeder praktiziert Darwiportunismus nur in dem Ausmaß, in dem er ihn auch in umgekehrter Richtung akzeptiert. Das Ergebnis könnte dann eine höhere Ausprägung bei Darwinismus und Opportunismus sein, aber keine grenzenlose Steigerung.

Aus dieser Überlegung folgt die Frage, wie denn eine Gesellschaftsordnung aussehen könnte, die sich zum »ethisch-begrenzten« Darwiportunismus bekennt. Um erste Hinweise auf eine mögliche Antwort zu finden, wurde ein mehrtägiges Experiment durchgeführt, in dem Studenten die für den europäischen Raum gesellschaftspolitisch relevanten Gruppen »nachspielten« und eine darwiportunistische Sozial-Charta entwickelten.

Simulation: Eine Sozial-Charta für den Darwiportunismus

Niederösterreich: Um 3 Uhr früh ist der Durchbruch geschafft. Die Vertreter der europäischen Gewerkschaften haben mit dem EU-Ratspräsidenten eine Regelung für den Umgang mit Darwiportunismus getroffen, die mehrheitsfähig scheint. Selbst die (nur scheinbar) freundlichen Unternehmensvertreter aus Ungarn haben vorsichtige Zustimmung signalisiert. Nur ein Professor aus London hat Bedenken, dass die Marktwirtschaft von Maggy Thatcher derartig deutlich in den Vordergrund rückt. Eine Journalistin textet die Schlagzeile für die Frühstückszeitung: »Wiener Sozial-Charta beschlossene Sache!«

In den Ingenieurwissenschaften bedient man sich der Technik der Simulation, um komplexe Wirkzusammenhänge in ihren Konsequenzen auszutesten. So entstehen neue Großraumflugzeuge erst einmal im Computer, werden dort auf ihre technischen Werte getestet und erst danach langsam in kleine Modelle transportiert, die später zu realen Flugzeugen werden. Die Hauptidee einer derartigen Simulation ist es, vernetzte Prozesse gleichzeitig ablaufen zu lassen und durch die Simultaneität der Interaktion entsprechende Reaktionen freizusetzen.

Genau das Gleiche wurde auch im Zusammenhang mit dem Darwiportunismus praktiziert, und zwar in einer Seminarveranstaltung mit Studenten der Universität Wien. Sie vertraten in einem Wochenendseminar in Niederösterreich engagiert, verbissen und professionell die unterschiedlichen Interessengruppen, die im Zusammenhang mit Darwiportunismus eine Rolle spielen: Arbeitgeber, Arbeitnehmer, Arbeitgeberverbände, Gewerkschaften, Regierungen und Wissenschaftler. Da Darwiportunismus ein gesamteuropäisches Phänomen ist, wurden alle diese Rollen jeweils mehrfach und zwar mit unterschiedlichen Ländern besetzt. Auf diese Weise waren beispielsweise deutsche Gewerkschaftler ebenso vertreten wie spanische und ungarische: Dies führte zu hoch interessanten Verbindungen, weil wie in der Realität manchmal die Interessenverbindungen gemeinsame Sache machten, manchmal aber die Länder quer über alle ideologischen Grenzen nationale Ziele in den Vordergrund rückten.

Als Ziel für die Simulation wurde die Erstellung einer europäischen Sozial-Charta herangezogen, die es durch Verhandlungsprozesse zwischen den einzelnen Gruppen zu konzipieren galt. Konkret bedeutete dies, dass sukzessive Mehrheiten gefunden werden mussten und – wie im realen Leben – Kompromisse eingegangen wurden. Die Simulation lief über mehrere Tage und beinhaltete nicht nur diverse Verhandlungsrunden, sondern vor allen Dingen auch konkrete Abstimmungen, die letztlich zu einem Ergebnis[10], nämlich der »Wiener Charta«, führten.

An dieser Stelle sind die näheren Details dieser Simulation nur von untergeordneter Bedeutung, da es hier nicht um die europäische Dimension von Darwiportunismus geht. Entscheidend für die hier zu führende Diskussion ist aber, welches Gleichgewicht sich zwischen diesen Akteuren herauskristallisiert hat. Damit kein Missverständnis aufkommt: Die Wiener Charta ist nicht eine Zielprojektion im Sinne eines Vorschlages, sondern eine Zustandsprojektion im Sinne eines zu erwartenden Ergebnisses.

Ausgangssituation:
Grenzenlosigkeit in jeglicher Hinsicht!

Die Ausgangssituation für die Simulation war das bereits mehrfach angesprochene Konzept der »grenzenlosen Organisation«: Danach werden die Grenzen zwischen Abteilungen, Bereichen und sogar Unternehmen immer durchlässiger, Mitarbeiter dadurch gleichzeitig unterschiedlichsten Instanzen sowie Projekten zugeordnet.[11] Gleichzeitig wird sich der Arbeitsmarkt weiter radikal verändern. Die zunehmend virtuell werdenden Firmen[12] führen zu vollkommen neuen Arbeitsweisen[13], wo Bindungen abnehmen und immer kleinere Stammbelegschaften arbeiten werden. Naheliegenderweise nimmt die Zahl derer zu, die außerhalb des Unternehmens in flexiblen Arbeitsverhältnissen operieren. In diesem Umfeld mussten jetzt die Gruppen in einen Diskurs eintreten und einen für alle Beteiligten akzeptablen Kompromiss suchen.

In der daraus resultierenden Wiener Charta fanden sich einige in ziemlich veränderten Rollen:

Unternehmen in der Wiener Charta – Unternehmer ohne individuelle soziale Verantwortung!

In der Wiener Charta folgen die Unternehmen dem Szenario der Marktradikalität. Sie sind dafür verantwortlich, entsprechende Produkte und Dienstleistungen zu konzipieren und diese auch an den Mann zu bringen. Die Unternehmen sind aber nur noch in sehr begrenztem Maße für die Mitarbeiter verantwortlich. Vor allem ist es danach nicht die Aufgabe des Unternehmens, individuelles soziales Risiko zu übernehmen. Deshalb fallen alle Schutz- und Versorgungsregelungen weg, die bestimmte Beschäftigtengruppen unabhängig von ihrer Leistung »besser« stellen. Typisch für die Marktradikalität in diesem Szenario ist daher ein Entgelt, das ausschließlich an Leistung und allenfalls am Leistungspotenzial gemessen wird, sofern dieses einen Marktpreis widerspiegelt. Mitarbeiter bekommen also kein Geld mehr für das, was sie in der Vergangenheit geleistet haben. Dies bedeutet in letzter Konsequenz, dass alle Aspekte des Soziallohns aus dem Reallohn herausgerechnet werden.

Würde man dagegen weiterhin Unternehmen dazu zwingen, das Sozialrisiko für seine Mitarbeiter zu tragen, so würden sie entsprechend reagieren und beispielsweise Frauen noch schwerer Arbeitsplätze finden und ältere Mitarbeiter noch schneller in Vorruhestand rutschen. Solche »Schutz-Mechanismen« schaden – auch wenn nur teilweise opportunistisch »genutzt« – in einer darwinistischen Welt den Betroffenen.

Denn Unternehmen, die beispielsweise Mitarbeiter beschäftigen, die wegen ihres Alters häufiger krank sind, haben Wettbewerbsnachteile – außer sie »verändern« ihre Belegschaftsstruktur.

Nur: Selbst wenn man unterstellt, dass Unternehmen nicht das soziale Risiko in einem individuellen Kontext tragen müssen, so hat doch die Gesellschaft als Ganzes auch im Darwiportunismus eine soziale Verantwortung. Für Unternehmen bedeutet dies die Einführung eines Zuschlags, der unabhängig vom Alter, Familienstand,

Geschlecht oder anderen Merkmalen ist. Dieser Kollektivzuschlag wird an externe Träger der Solidargemeinschaft abgeführt und bemisst sich beispielsweise nach dem Wertschöpfungsbeitrag oder Investitionsvolumen. Entscheidend ist, dass auf diese Art und Weise die Verantwortung für den sozialen Aspekt gleich über alle Mitarbeiter im Unternehmen verteilt wird. Unternehmen mit älteren Arbeitskräften haben demnach die gleichen Lohnstückkosten wie Unternehmen mit jüngeren Mitarbeitern. Ähnliches gilt für Aspekte des Familienstandes.

Besonders deutlich wird diese Regelung beim Mutterschutz: Sicherlich können Frauen nicht dafür »bestraft« werden, dass sie Kinder bekommen, umgekehrt aber können nicht Unternehmen – zumindest nach diesem Sozialentwurf – dafür bestraft werden, dass sie Frauen einstellen. Aus diesem Grund werden alle familienbezogenen Maßnahmen über die Sozialabgabe des Unternehmens finanziert, wodurch ein Unternehmen letztlich keinen Nachteil erleidet, wenn es eine Frau beschäftigt, die schwanger wird. Gerade dies könnte zu einer marktorientierten Förderung der Gleichstellung führen.

Gewerkschaften in der Wiener Charta: Rückbesinnung auf Kernkompetenzen

Starke Veränderungen zeichnen sich nach dieser Simulation bei Rolle und Bedeutung der Gewerkschaften ab: Gegenwärtig sehen sie eine wichtige Funktion darin, den Einzelnen gerade in den Aspekten zu schützen, die nicht zwingend mit Leistung verbunden sind. Dieser Schutz wird in der Tarifautonomie realisiert durch eine Verhandlung mit den Arbeitgebern beziehungsweise den Arbeitgeberverbänden. Tritt allerdings der Arbeitgeber als individueller Sozialverantwortlicher in den Hintergrund und dafür die leistungsorientierte Entlohnung in den Vordergrund, so verlieren die Gewerkschaften ihre Rolle als zentrale Verhandlungspartner in Gehaltsfragen, die permanent Grundlohnerhöhungen durchsetzen. Sie bekommen vielmehr unter anderem eine Fürsorgefunktion beispielsweise im Hinblick auf die Qualifizierung: Danach wäre ein wichtiges Feld für die Gewerkschaftsarbeit, die Arbeitnehmer in ihrer individuellen und unternehmensübergreifenden »Karriere« zu unterstützen. Eine solche Dienstleistungsorientierung wäre aber eine ganz andere Rolle und würde auch die Gewerkschaft verändern: Strukturen, in denen die Kluft (zumindest im Entgelt) zwischen Spitzenfunktionären und »normalen« Funktionären ähnlich groß ausfällt wie zwischen Spitzenmanagern und »normalen« Arbeitern, wird es nicht mehr geben – nicht zuletzt auch deshalb, weil Arbeitgeberverbände praktisch nicht mehr existieren würden, die in ihren Vorsitzenden die Messlatte für die Gehälter der Gewerkschaftsvorstände sehen.

Staat und Regierung in der Wiener Charta: Reduziert auf ein Minimum

Nach dieser Sozialsimulation wird der Einfluss des Staates drastisch zurückgehen. Erstens weil man sich diese horrende Bürokratie nicht mehr wird leisten können, zweitens weil auch die Bürger in einer darwiportunistischen Welt nicht bereit sind, die pompösen Paläste und die imposante (Selbst-)Versorgung zu finanzieren.

Den Regierungen obliegt es nach der Wiener Charta im Wesentlichen, das Funktionieren der Marktbedingungen sicherzustellen. Ansonsten haben sie sich weitestgehend aus dem Geschehen herauszuhalten.

Ein letzter Punkt: Gerade in einer Sozial-Charta muss man die Frage nach »sozialer Kälte«, menschlicher Verarmung oder sozialer Brutalität stellen. Man kann diese Frage nicht nur stellen, sondern man sollte sie auch stellen, ohne sie allerdings reflexartig mit einem illusionären Unternehmensleitbild zu beantworten, wo die Personalabteilung als Friedensstifter für das neue soziale Gewissen oder der Firmenchef als Weihnachtsmann propagiert wird. Es kommt vielmehr auf den Einzelnen an, was eine Nähe zum Konzept der Zivilgesellschaft[14] impliziert. Und es kommt immer mehr auf den darwiportunistischen Diskurs an, vor allem wenn die Grenzen zwischen »Privatleben« und »Arbeit« immer fließender werden.

Utopie in der Wiener Charta? Individuelle Werteentwicklung statt sozialer Kälte!

An dieser Stelle soll die Diskussion um die Wiener Charta enden, da die wichtigsten Punkte angesprochen wurden. Wohlgemerkt ist diese Wiener Charta lediglich ein Gedankenexperiment. Ob sich diese Gesellschaftsordnung oder eine ganz andere herausbilden wird, lässt sich nicht mit Sicherheit sagen. Das Gedankenexperiment hilft aber, Beziehungen zwischen den Einzelaussagen zu verstehen. Vor allem aber zeigt diese Diskussion, dass der Darwiportunismus auf der gesellschaftspolitischen Ebene klare Konsequenzen haben wird: Danach brauchen wir keine Steuerungsformen[15], die »zwischen« Markt und Staat liegen. Wir brauchen vielmehr Steuerungsformen, die darwinistische Markttendenzen mit opportunistischem Eigennutzen zusammenbringen. Der Staat spielt keine bedeutsame Rolle mehr.

Analoges gilt für den mikropolitischen Kontext des Unternehmens: Auch hier geht es um neue, klare Spielregeln, die vor allem auf Transparenz basieren, einem Grundwert, der spätestens seit dem Zeitpunkt angesagt war, als die Net Kids – die digitale Generation von Don Tapscott[16] – die Wirtschaft und Gesellschaft zu erobern begannen. Diesen Prozess gilt es jetzt konsequent im Unternehmen umzusetzen, und zwar über einen expliziten darwiportunistischen Sozialkontrakt. Die Entwicklung eines Vorschlages dafür ist das Ziel des nächsten Abschnitts.

Vertrag: Der darwiportunistische Kontrakt als neue Ehrlichkeit

Ich sitze in der »Spaghetti-Factory« in Basel. Morgen ein Vortrag über Darwiportunismus, aber jetzt erst einmal ein Abendessen. Da ich ohne Begleitung bin, lese ich Zeitung und finde dort Erstaunliches. Der frühere Vorzeige-Manager Percy Barnevik von ABB – früher von allen Medien als Star gefeiert – hat soeben freiwillig (?) 90 Millionen seiner 148 Millionen Schweizer Franken zurückgezahlt, die er als Pension bekommen sollte.[17] Sein Kollege Göran Lindhal 47 Millionen. Opportunismus pur, doch dann hat die Öffentlichkeit zurückgeschlagen. Plötzlich waren es die ABB-»Abzocker«, wie es inzwischen heißt.[18] Das ist genau die Darwiportunismus-Mechanik, die für Gleichgewicht sorgt und einseitige Exzesse verhindert. Das gefällt mir! Darauf ein zweites Bier und einmal Spaghetti »Vermont«.

Eine Anmerkung vorab: Es kann nicht davon ausgegangen werden, dass alle Mitarbeiter immer hochgradig opportunistisch handeln, genausowenig wie alle Unternehmen immer und ausschließlich auf darwinistische Systeme setzen. Trotzdem müssen und sollen Unternehmen wie Mitarbeiter von einer Verschiebung in Richtung »Darwiportunismus« ausgehen und sich entsprechend verhalten.

Der soziale Kontrakt steht neben dem juristischen Arbeitsvertrag, ist aber anders als dieser gerichtlich nicht einklagbar. Trotzdem gilt seine Einhaltung als wichtig, weil er Aussagen über die Erwartung aller Beteiligten macht: Werden diese Erwartungen nicht erfüllt, so ist Ärger vorprogrammiert!

Aus diesem Grund geht es auch nicht »nur« darum, den sozialen Kontrakt einzuhalten, sondern im Vorfeld vor allen Dingen darum, diesen offen und für alle Beteiligten eindeutig auszuhandeln und entsprechend zu kommunizieren. Die zugrunde liegende Logik eines solchen Kontraktes besteht darin, dass die Risiken für Unternehmen und Mitarbeiter insofern ähnlich sein sollten, als eine einseitige Verschiebung von Marktrisiken in Richtung auf das Unternehmen ebenso abzulehnen ist wie eine solche in Richtung auf den Arbeitnehmer. Gleichzeitig ist davon auszugehen, dass beide Beteiligten sich mit dem Eventualfall einer Trennung des Arbeitsverhältnisses auseinander setzen. Trennung des Arbeitsverhältnisses bedeutet auf der einen Seite Freiheit des Unternehmens, sich von Mitarbeitern zu trennen, auf der anderen Seite aber auch Freiheit des Mitarbeiters, sich vom Unternehmen zu trennen. Beides verursacht beim Partner Probleme, weshalb dieser entweder versuchen kann, dieses Trennungsrisiko dadurch zu verringern, dass er die Gründe für die Trennung abbaut, oder aber, dass er sich quasi gegen die Folgen der Trennung versichert. Diese Versicherung kann aus Sicht des Arbeitnehmers in der Erhöhung der individuellen Beschäftigungssicherheit liegen, aus Sicht des Unternehmens bedeutet dies Mehrfachqualifikation und Aufbau von organisatorischen Überschussressourcen.

Was aber könnten Inhalte eines neuen sozialen Kontraktes sein? Viel prägnanter als die Sängerin Mieze von der Berliner Band Mia in einem *Zeit*-Interview kann man es kaum auf den Punkt bringen: »Es geht ums Ehrlichsein, darum, zu sagen, was gut ist und was sch... ist«[19]. Führt man die Aussagen aus den vorangegangenen Kapiteln zusammen, so leiten sich daraus sechs Regeln für einen sozialen Kontrakt ab.

> Regel 1:
> Das Unternehmen akzeptiert uneingeschränkt opportunistisches Verhalten bei Mitarbeitern und verzichtet auf vertragstechnische Regularien, diesen Opportunismus einzugrenzen.

Dies ist insofern eine sehr weit reichende Regel, als es explizit die Nutzenmaximierung und gerade auch das Suchen und Nutzen von Chancen beim Mitarbeiter zulässt und das Unternehmen gleichzeitig daran hindert, über Verträge diese Nutzenmaximierung einzugrenzen. Der letztgenannte Gesichtspunkt ergibt sich im Wesentlichen aus der Pragmatik, wonach es gerade im Darwiportunismus nahezu unmöglich ist, befriedigende Verträge zu konzipieren, die Opportunismus ausschließen. Deswegen braucht man es gar nicht zu versuchen!

Akzeptieren bedeutet in dieser Regel, dass Unternehmen nicht schmollend darauf reagieren, wenn Mitarbeiter andersartige Ziele verfolgen, also das Unternehmen beispielsweise verlassen wollen. Akzeptieren bedeutet aber nicht, dass das Unternehmen sämtliches Verhalten der Mitarbeiter toleriert. Weigert sich ein Mitarbeiter, seine Aufgaben zu erfüllen, oder liefert er lediglich Minderleistung ab, so mag dies ein spezieller Opportunismus sein, er ist aber nicht durch Regel 1 gedeckt. Akzeptieren bedeutet ferner auch nicht, dass das Unternehmen darauf verzichtet, durch eine entsprechende Anreizstruktur den Mitarbeiter dazu zu bewegen, sich dauerhaft oder zumindest über einen längeren Zeitraum mit dem Unternehmen einzulassen. Ganz im Gegenteil!

Regel 2:
Der Mitarbeiter akzeptiert das darwinistische Verhalten des Unternehmens und verzichtet auf Versuche, diese Mechanismen auszuschalten.

Bei dieser zu Regel 1 spiegelbildlichen Regel geht es darum, dass das Unternehmen das Recht hat, darwinistische, wettbewerbsfördernde Systeme einzusetzen und somit der Mitarbeiter nicht auf eine generelle Beschäftigungssicherheit hoffen darf. Gleichzeitig akzeptiert der Mitarbeiter die Existenz von Marktbedingungen im Unternehmen. Akzeptanz durch den Mitarbeiter bedeutet aber nicht, dass dieser nicht versuchen darf, in den darwinistischen Auswahlsystemen zu gewinnen.

»Unternehmerischer Darwinismus« bedeutet aber im unternehmenseigenen Interesse auf keinen Fall Freibrief für Beliebigkeit und Willkür: Wenn ein Beratungsunternehmen 1 000 unterschriebene Verträge mit potenziellen Mitarbeitern abgeschlossen hat und sie dann plötzlich doch nicht »einlösen« möchte, hat dies nichts mit Darwinismus zu tun: Dies ist dilettantische Planung und der Markt wird darauf reagieren. So werden verstärkt Universitäten – wie jüngst die Wharton School – derartigen Firmen Rekrutierungsverbot am Campus[20] erteilen.

Regel 3:
Unternehmen legen ihre darwinistischen Prinzipien weitgehend offen.

Diese Regel ist eine Konsequenz auf eine Zielsituation, nach der zwischen Mitarbeitern und Unternehmen gerade im Darwiportunismus eine angemessene Kommunikation herzustellen ist. Dazu gehört es, durch rechtzeitiges Signalling möglichst »Hidden Intentions« und »Hidden Characteristics« von Bewerbern im Vorfeld abzufangen. Dies bedeutet, dass es im Interesse des Unternehmens sein kann, möglichst frühzeitig klar zu machen, nach welchen Prinzipien Variation, Selektion und Retention ablaufen. Darwinismus wirkt also nicht nur durch »Selektion basierend auf unbekannten Kriterien«, sondern auch und gerade durch offene Lenkung. Dieses Offenlegen der Handlungsprinzipien soll zudem unter Beibehaltung der unternehmerischen Entscheidungsautonomie Willkür ausschließen. Nichtsdestotrotz ist sogar denkbar, dass Unternehmen mit dem Betriebsrat offen über die darwinistischen Systeme sprechen. Unternehmen haben von dieser Offenheit im Grunde keinen unmittelbaren Nachteil, sondern zusätzlich die Chance, ihre als unverzichtbar erkannten Ziele realisiert zu bekommen.

Regel 4:
Mitarbeiter legen die Nutzenkalküle ihres opportunistischen Verhaltens weitgehend offen.

Diese Regel ist spiegelbildlich zu Regel 3 und besagt, dass es auch im Interesse des Mitarbeiters sein kann, seine spezifischen Nutzenkalküle dem Unternehmen gegenüber zu kommunizieren. Dies mag auf den ersten Blick wie ein Widerspruch zur üblichen Realität wirken, entspricht aber der Logik des wechselseitigen Signallings, das letztlich auch im opportunistischen Interesse liegt. Denn auf diese Weise – und gerade darin liegt auch der Nutzen für den Mitarbeiter – kann das Unternehmen quasi bei der »Auktion um den Mitarbeiter« sein Angebot erhöhen, bevor ein Mitarbeiter das Unternehmen mental oder juristisch verlässt. Im Ergebnis wird sich der Mitarbeiter zwar weiterhin opportunistisch verhalten, was aber nicht zwingend immer »Lügen und Betrügen« bedeutet.

Regel 5:
Für Beschäftigungsfähigkeit, Karriere und
Qualifikation des Mitarbeiters
ist ausschließlich dieser selbst verantwortlich.

Diese Regel räumt auf mit dem Mythos, wonach Unternehmen es als ihre Aufgabe ansehen müssen, für die langfristige Beschäftigungssicherheit eines Mitarbeiters zu sorgen. Dieser Mythos der Sicherung der Beschäftigungsfähigkeit wird genauso bald abbröckeln wie der Mythos der Arbeitsplatzsicherheit. Er ist also allenfalls ein Zwischenschritt. Dies ändert aber nichts daran, dass es durchaus staatliche Instanzen bis hin zu den Gewerkschaften geben kann, die sich dieser Aufgabe annehmen – zumindest in solchen Beschäftigtengruppen, die selber dazu vielleicht nicht in der Lage sind.

Die alte Welt: Im Bewerbungsgespräch erklärt der potenzielle Mitarbeiter, warum nur dieses eine Unternehmen infrage kommt, dass er selbstverständlich auch ins Ausland (oder in den Außendienst) gehen würde, dass er schon immer sein Privatleben – das ihm wichtig ist – auch mit kurzfristigen Anforderungen seines Berufs in Einklang gebracht hat und dass ... (den Rest der Geschichte kennen wir). Und das Unternehmen: Es spricht von absoluter Arbeitsplatzsicherheit, von offenem Betriebsklima, von Karriere, von Selbstentwicklung ... (und auch dieser Rest ist bekannt). Beide lügen und mindestens einer wird sehr bald sehr enttäuscht sein.

Bei Einhaltung der Regeln 1 bis 5 sieht die Welt anders aus: Beide Partner planen über einen Zeitraum von rund zwei bis drei Jahren ... und danach wird man weitersehen. Warum also nicht gleich offene Signale? Aus dieser Logik ergibt sich Regel 6.

Regel 6:
Unternehmen und Mitarbeiter streben nach
Kommunikation auf der Ebene des neuen Realismus.

Dies ist eine der weitestgehenden Forderungen und dürfte auch in den meisten Fällen nur als Tendenzaussage zulässig sein. Dahinter steht die Überlegung, dass gerade durch eine offene Kommunikation Reibungsverluste reduziert und damit betriebs- sowie volkswirtschaftliche Verschwendung abgebaut wird. Offene Kommunikation bedeutet aus Sicht des Unternehmens den Verzicht auf Worthülsen, wie »wir haben eine Vertrauenskultur« oder »bei uns steht der Mitarbeiter im Mittelpunkt«. Diese Regel bedeutet aber nicht, dass alles immer offen und ehrlich kommuniziert wird. Vielmehr müssen beide Beteiligten wissen, dass – ähnlich wie bei Tarifverhandlungen – vieles an Unschärfe in der Aussage auch zum darwiportunistischen Spiel gehört.

Betrachtet man die Interaktion zwischen Unternehmen und Mitarbeiter spieltheoretisch, so ist das Entscheidende an Regel 6, dass auf diese Weise wechselseitig die Nutzenfunktionen und die Präferenzen offen gelegt werden. Dies führt dazu, dass selbst in den daraus entstehenden nicht kooperativen Spielen die aus der Prinzipal-Agenten-Theorie bekannte Bewältigbarkeit auch komplexer Transaktionsmuster in konkreten sozialen Kontrakten realisierbar ist.

Sicherlich gibt es noch weitere firmenspezifische Regeln. Entscheidend an dieser Stelle und im Rahmen dieses Buches ist jedoch vor allem die präsentierte Grundüberlegung, wonach Darwiportunismus als ein neuer sozialer Kontrakt in Unternehmen Einzug hält.

Ergebnis: Darwiportunismus ist ein positives Szenario!

Zu guter Letzt darf nicht vergessen werden, dass gerade der Darwiportunismus dem Einzelnen beeindruckende Chancen zur Selbstverwirklichung bietet. Alle Überlegungen im Hinblick auf Work-Life-Balance laufen in diese Richtung – im Übrigen eine Aufgabe, die Mitarbeiter und Unternehmen gemeinsam zu lösen haben.

Darwiportunismus ist ein positives Szenario, weil es auf die wechselseitige Abstimmung und den wechselseitigen Ausgleich zwischen der Gruppe und dem Einzelnen abstellt. Es ermöglicht den Akteuren, ihre eigenen Interessen offen in die Gestaltung der gemeinsamen Arbeit mit einzubringen und im Vorfeld Grenzen der Zumutung abzustecken. Hierdurch steigt die Chance, einvernehmlich die Basis für eine langfristige Kooperation zu legen, in der nicht erste Konflikte aufgrund verschwiegener Interessen vorprogrammiert sind. Hierbei spielt der soziale Aspekt eine wichtige Rolle: Übermäßiger Opportunismus wird ebenso bestraft wie übermäßiger Darwinismus, aber – und dies ist die entscheidende Nebenbedingung – ohne dass der Staat gestalterisch eingreift.

Hier haben die Unternehmen und Mitarbeiter es in der Hand, auf der gesamten Bandbreite den »neuen« sozialen Kontrakt miteinander abzuschließen. Hierzu gilt es, speziell das Unternehmen mit einer für die Mitarbeiter akzeptablen Identität auszustatten, die Sinn stiftet und die zumindest temporär das Gefühl für positives Umfeld aufkommen lässt: Mitarbeiter haben heute wie gestern den Wunsch nach emotionaler Bindung – vielleicht kurzfristiger, vielleicht mit anderer Identität, vielleicht in anderer Form. Und Unternehmen brauchen qualifizierte und verlässliche Mitarbeiter. Dies erfordert Dialog und Dialogbereitschaft bei allen Akteuren. Nur wer mitspricht, kann auch mitwirken, und nur wer das System versteht, kann es auch gestalten.

Dieses System wird letztlich getrieben von der wechselseitigen Bedingtheit zwischen Darwinismus und Opportunismus, ein Mechanismus, der inzwischen treffend selbst für das »kapitalistische Spielfeld« Verwendung findet[21]: Danach ist die treibende Kraft hinter der Wall Street gerade der Zusammenhang zwischen kollektiver Begrenzung und individuellem Opportunismus. Erlaubt das System viele Freiheiten, wird der Opportunismus explodieren, allerdings nur bis zu einem Niveau, wo diese Variation so systemschädigend ist, dass neue Grenzen eingeführt werden. Daraufhin sinkt das Ausmaß des praktizierbaren Opportunismus, bis sich wieder ein neues Gleichgewicht einstellt.

Die besondere Chance im Zeitalter des Darwiportunismus liegt darin, dass man – sobald man die Grundlogik durchschaut hat – für sich selbst eine optimale Strategie auf optimalen Spielfeldern finden kann. Möglichkeiten gibt es genug, egal wie die konjunkturellen Eckdaten aussehen. Wenn Mitarbeiter sowie Unternehmen dies erkennen und zudem berücksichtigen, dass letztlich das Unternehmen aus Mitarbeitern besteht, so ist Darwiportunismus plötzlich keine Horrorvision mehr, sondern der Schlüssel zur positiven Ausgestaltung der eigenen Position in einem hoch wettbewerbsorientierten Umfeld.

Gefragt ist weder Nörgeln über Ungerechtigkeit noch Jammern über Schwierigkeit. Gegenwärtig befindet sich die Gesellschaft als Ganzes, vor allem aber das Mikrosystem »Unternehmen plus Mitarbeiter« in einer Umbruchphase, wo man neue Spielregeln festlegt. Deshalb wird auch nicht das Unternehmen mit dem stärksten Darwinismus oder die Mitarbeiter mit dem ausgeprägtesten Opportunismus gewinnen: Die positive Zukunftsvision liegt darin, dass letztlich diejenigen am besten abschneiden, die sich am schnellsten auf einen gleichgewichtigen sozialen Kontrakt einigen können.

Und dazu brauchen wir weniger Staat und mehr bewussten Darwiportunismus!

Vielleicht ist Optimismus out und nicht mehr zeitgemäß. Aber war nicht gerade dieser grenzenlose Optimismus das Schöne und Nachahmenswerte an der Generation Y? Und kann es das nicht wieder für alle werden – auch und gerade unter den neuen Spielregeln? Wir brauchen nicht die absolute Versorgung durch eine lebenslange Stammplatzgarantie. Jeder hat es selbst in der Hand: jeder Mitarbeiter, jeder Unternehmer und zusätzlich – als neuer darwiportunistischer Kontrakt – beide gemeinsam!

Danksagung

»Schreiben Sie mal etwas über die heutige Jugend. Über die Generation Y. Denn sie wird langsam, aber sicher eine ernste Herausforderung für die Personalarbeit. Nicht, dass sie grundsätzlich nicht arbeiten will. Nein! Sie will es aber unter anderen Bedingungen, und zwar unter ihren eigenen. Und sie versucht, diesen Anspruch durchzusetzen.«

Die Anregung aus dem September 1999 und die zunehmende Faszination für diese Thematik mündeten in einen ersten kurzen Aufsatz[1], der sich mit der Arbeitseinstellung von jungen Menschen beschäftigte, vor allem aber mit dem Zusammenhang zwischen Arbeitseinstellung und Arbeitsumfeld. Daraus wurde ein spannendes Thema. Deshalb gilt mein ganz besonderer Dank an dieser Stelle Herrn Rainer Lange vom wisu-Verlag, der mich 1999 mit seiner damaligen Anfrage und den anschließenden Gesprächen zu dem Artikel anregte, in dem dann das Wort »Darwiportunismus« entstand.

Rasch wurde dabei allerdings klar, dass es nicht nur um die simpel erscheinende Frage geht: »Wie motiviere ich eigentlich einen Jugendlichen?«. Vielmehr zeigten sich beim näheren Hinsehen umfassendere Zusammenhänge, die nichts mehr mit Alter oder beruflicher Stellung zu tun haben – auch nichts mit der konjunkturellen Lage.

Teile des Manuskriptes entstanden relativ schnell und unstrukturiert, wie die anekdotischen »Tagebuchaufzeichnungen« am Anfang der Kapitel signalisieren. Es folgte die zeitaufwendige Phase der faktenorientierten Abstimmung und Fundierung sowie am Ende die professionelle Zusammenarbeit mit dem Wiley-Verlag und hier vor allem mit Frau Bettina Querfurth.

Das vorliegende Buch basiert auf einer breiten und teilweise kollektiv-arbeitsteiligen Forschungsleistung. Sie bestand allerdings nicht nur aus Auswertungen wissenschaftlicher Publikationen und auch nicht nur aus der Analyse umfangreicher Fragebögen. Das Konzept »Darwiportunismus« entstand vielmehr vor allem aus einer Vielzahl von Gesprächen und Diskussionen, in Arbeitskreisen, in Seminarräumen, an diversen »schönen Orten« und im Internet. Deshalb bin ich sehr vielen Personen zu Dank verpflichtet.

Das Konzept »Darwiportunismus« ist – wie mir erst sukzessive klar wurde – eine Spätfolge des Ladenburger Kollegs der Gottlieb-Daimler- und Karl-Benz-Stiftung, in dem wir uns von 1994 bis 1999 mit dem Thema »Globalisierung verstehen und gestalten« beschäftigten.[2] Gerade die umfangreichen und häufig kontroversen Diskussionen zu den gesellschaftspolitischen Szenarien der Marktradikalität, des Etatismus und der Zivilgesellschaft haben mir viel geholfen. Daher Dank an Prof. Dr. Eberhard Feess, Dr. Jörg Flecker, Prof. Dr. Guy Kirsch, Prof. Dr. Beate Kohler-Koch, Prof. Dr. Hermann Korte, Prof. Dr. Klaus Macharzina, Prof. Dr. Udo Müller, Prof. Dr. Rainer Münz, Dr. Horst Nienstädt, Prof. Dr.-Ing. Gerhard Pahl, Prof. Dr. Gisbert Frhr. zu Putlitz, Dr. Clemens Riedl, Prof. Dr. Bert Rürup, Dr.-Ing. Diethard Schade und Prof. Dr. Ulrich Steger als unserem Koordinator.

Die nächste Gruppe, die mir in den Jahren 1999 bis 2002 bei diesem Projekt geholfen hat, sind Studenten und Diplomanden an der Universität Wien und der Universität des Saarlandes sowie Teilnehmer an unserem MBA-Programm am Saarbrücker Europa-Institut. Sie alle haben mir in vielfältiger Form durch fundierte Ausarbeitungen bei wichtigen Details Anregungen gegeben, gleichermaßen die generelle Argumentation geschärft. Mehrere von ihnen führten zudem spannende Gespräche mit anderen Forschern, mit Unternehmen sowie mit diversen gesellschaftspolitisch relevanten Gruppen. Zudem sind diese Studenten wichtige Protagonisten in dieser »neuen Welt«, deshalb gleichzeitig Untersuchungsobjekte und Untersuchende. Neben Gesprächen und Vorträgen haben sie mir rund 2000 Seiten an Ausarbeitungen geliefert und mir vor allem in vielen Diskussionen immer wieder den Standpunkt der Generation Y klar zu machen versucht. So gesehen ist das Buch auch eine »Nahaufnahme« der aktuellen Generation geworden. Nach meinen – vermutlich etwas lückenhaften – Unterlagen gilt in diesem Zusammenhang deshalb mein Dank folgenden Darwiportunismus-Forschern:

Robert Adamek, Isabel Alonso, Neli Andersen, Judith Bajnai, Csizmazia Balazs, Christine Bauer, Thomas Boué, Annelise Bourelle, Susanne Braun, Cornelia Breuss, Bernhard Brunner, Doris Brunner, Carole Cahen, Maria Calligaris, Lisa Cederberg, Jana Cipan, Adam Dabrowski, Fatima Dogan, Sonia Luy de Langenbrink, Till Deubel, Michaela Dietrich, Ingrid Döller, Anne Duboin, Dagmar Eder, Günter Eggbauer, Hans-Georg Fill, Matthias Folkmann, Elisabeth Frischmuth, Nina Frommhund, Karina Geister, Tanja Gerum, Sabine Glatt, Adam Gözsy, Evelyn Gräfenstein, Birgit Groß, Birgit Grün, Yamina Armelle Hammoumi, Ulla Harsch, Christoph Hartmann, Michaela Hauer, Andreas Höcherl, Ingrid Hödl, Simone Hofer, Chris Hofmann, Karin Holler, Ines Hudobec, Elke Igelmund, Sarah Jarvis, Laila Juel Jensen, Verena Jicinsky, Marlies Jordan, Weijie Kang, Ines Kastil, Peter Kiener, Michaela Klamer, Caroline Klein, Karin Köpper, Georgios Korolis, Markus Koster, Jana Kowalskaia, Alexander Krasilnikov, Sandra Kretz, Nikolaus Kreuzer, Silke Kronfuß, Che-Yin Kuo, Marc Lang, Christophe Langenbrink, Mario Leist, Katharina Leuthner, Yuejun Li, Tove Anna Lietzau, Jun Luo, Gergely Makula, Arturo Marconell, Lara Maria Martiner, Karla Millican Martinez, Raimund Martl, Vera Martens, Thomas Marx, Claude Maylé, Martina Mayer, Barbara Mayrhauser, Birgit Meiser, Markus Metschitzer, Elke Metzen, Timo Meyer, Alise Flore Minang, Ronald Mitterhofen, Petra Nagel, Stefan Nemetz, Jens Nestler, Prince Adebayo O. Olaiya, Katrin Oldenburg, Sigrid Panholzer, Carmen Patsch, Bernhard Persch, Nikolaus Pigel, Alphonse Poungom, Vanessa Iserte Poyato, Marat Rahmatulin, Delia Recktenwald, Ben Riches, Andreas Rey, Petra Salmutter, Birgit Santer, Petra Satzinger, Mélanie Schäffner, Rainer Schadt, Sabine Schatz, Marcus Schilling, Ursula-Anna Schmidt, Michael Schmitt, Matthias Schmitz, Roman Schön, Katharina Scholik, Andreas Schütz, Karsten Schulz, Sabine Schwarz, Sandra Schwarz, Nicole Seifert, Waltraud Seiner, Petra Setnik, Sibylle Seyr, Vedrana Simic, Birgit Söllner, Nikolay Sokolov, Saskia Stehlik, Martin Stocker, Lisa Strübl, Helmut Syrch, Cornelia Tietz, Philip Thie, Hailena Tragaki, Tanja Trenker, Petra Tüchler, Veronika Unterleuthner, Miguel Vera Nunez, Birgit Volk, Daniela Weber, Ines Weigel, Markus Weiß, Nadine Wirschum, Mario Wissel, Shih Yuni, Elisabeth Zehethofer, Eva Zehetner.

Im Hinblick auf die vielen Diskussionsbeiträge, die ich in diversen Texten sowie per Brief und vor allem via Internet erhielt, möchte ich mich hier stellvertretend bedanken bei Gerhard Hoecker, Dr. Guido Leidig, René A. Lichtensteiner, Hans Pütz, Corinna Schmidtke, Dr. Dieter Tatje sowie Dr. Cinzia Dal Zotto. Gerade diese vielen kleinen Impulse aus unterschiedlichen »Ecken« haben das Puzzle »Darwiportunismus« zusammengesetzt, wozu auch ausländische Kollegen – unter anderem Mark Mendenhall, Toshio Kaji und Mark Sakuma – mehr beigetragen haben, als sie vielleicht selbst registrierten. Dies gilt in analoger Form für Daphne Bouzikou (Opel Skyliners) und Hans Meyer (Borussia Mönchengladbach).

Wichtig für mich waren auch die Kommentare zu meinem ersten Darwiportunismus-Artikel: Hier sind zu nennen Prof. Dr. Hans Jürgen Drumm (Universität Regensburg), der damalige Personalvorstand der Lufthansa Dr. Heiko Lange, Heinz Fischer als (früherer) Bereichsvorstand der Deutschen Bank sowie Peter Müller, Ministerpräsident des Saarlandes.

Schließlich gilt mein ganz besonderer Dank meinem Kernteam, das sich auch für dieses Projekt wieder extrem eingesetzt hat: Roman Bechtel (annotierte Literaturauswahl zum Darwiportunismus[3]), Sandra Bonk und Uwe Eisenbeis (Diskussionsbeiträge zum Sozialen Kontrakt), Catherine Ladwein (stellvertretend für das Team von orgaTV), Sebastian Scholz (für die Internetplattform http://www.darwiportunismus.de), Dr. Volker Stein (Theorie des Vogelschwarms[4]) und schließlich Jutta Astrid Stelletta und Nadine Schaaf, die wohl noch nie ein Manuskript so häufig umschreiben mussten wie dieses.

... und schließlich Dank an alle diejenigen, die das Buch bis zu dieser Stelle gelesen haben, mit mir vielleicht diskutieren werden und damit zu neuen Erfolgsstrategien im Umgang mit dem Darwiportunismus beitragen.

Anmerkungen

1 Wir spüren: Es tut sich was

1 Ohne Verfasser, Telekom-Streichliste: 50000 müssen gehen, in: tz, 10.10.2002, 39.
2 Boland, Mike, The Age of Longing?, http://www.brocku.ca/press/issues/nov21-96/focus/focus2.html, abgerufen am: 13.05.2002.
3 Ripota, Peter, Die Geburt des Wassermann-Zeitalters. Was uns im nächsten Jahrtausend erwartet – Ausblick in Spiritualität und Astrologie einer neuen Zeit, München (Goldmann) 1987.
4 Gibson, William, Neuromancer, München (Heyne) 3. Aufl. 1994 [1. Aufl. 1984].
5 Porter, Michael E., Strategy and the Internet, in: Harvard Business Review 79 (3/2001), 62–78.
6 Useem, Jerry, And Then, Just When You Thought the »New Economy« was Dead..., in: Business 2.0 2 (8/2001), 68–76.
7 Anastasiadis, Georg, Ein Messerstich mitten ins Herz der Wall Street. Falschmeldung erschüttert die Börse, in: Münchner Merkur, Nr. 197, 28. August 2000, 3.
8 Meadows, Dennis/Meadows, Donella/Zahn, Erich/Milling, Peter, Die Grenzen des Wachstums. Bericht des Club of Rome zur Lage der Menschheit, Reinbek bei Hamburg (Rowohlt) 1973.
9 Giarini, Orio/Liedtke, Patrick M., Wie wir arbeiten werden. Der neue Bericht an den Club of Rome, München (Heyne) 1999, 62–73.

2 Darwinismus: Die Suche nach den Besten!

1 Grierson, Tim, The Last Rock Star, http://www.ironminds.com/ironminds/issues/000601/tunes.shtml, abgerufen am: 13.05.2002.
2 Darwin, Charles, The Origin of Species, London (Murray) 6. Aufl. 1900 [1. Aufl. 1859].
3 Sweet, William, Herbert Spencer (1820–1903). The Internet Encyclopedia of Philosophy, http://www.utm.edu/research/iep/s/spencer.htm, abgerufen am: 27.05.2002.
4 Dickens, Peter, Social Darwinism. Linking Evolutionary Thought to Social Theory, Buckingham-Philadelphia (Open University Press) 2000, 25–26.
5 Mayer, Helmut, Darwin und einige Folgen. Neue Publikationen, alte Probleme, in: Neue Zürcher Zeitung, Nr. 242, 17.10.2000, B. 22.
6 Fox, Justin, Profits, Darwinism, And The Internet, in: Fortune, 06.03.2000, F-25–F-28.
7 Dickens, Peter, Social Darwinism. Linking Evolutionary Thought to Social Theory, Buckingham-Phil-

adelphia (Open University Press) 2000.

8 Marks, Eric A., Business Darwinism: Evolve or Dissolve. Adaptive Strategies for the Information Age, New York (John Wiley & Sons) 2002.

9 Eldredge, Niles, Reinventing Darwin. The Great Evolutionary Debate, London (Phoenix) 1996.

10 Weick, Karl E., Der Prozeß des Organisierens, Frankfurt/Main (Suhrkamp) 1985.

11 Luhmann, Niklas, Soziologische Aufklärung 2. Aufsätze zur Theorie der Gesellschaft, Opladen (Westdeutscher Verlag) 2. Aufl. 1982.

12 Hannan, Michael T./Freeman, John, The Population Ecology of Organizations, in: American Journal of Sociology 82 (5/1977), 929–964; Aldrich, Howard E., Organizations and Environments, Engleward Cliffs/N.J. (Prentice Hall) 1979.

13 Ohne Verfasser, Radikalkur für den Aktienmarkt. Abschied vom Neuen Markt – Umstrukturierung soll Imageschaden begrenzen, in: Handelsblatt, 27./28.09.2002, 1.

14 Zschäpitz, Holger, Katastrophale Bilanz bei Neuemissionen, in: Die Welt, 30.06.2000, 21.

15 Terhörst, Wolfgang, Das Imperium schlägt zurück: Alte Regeln für die New Economy, in: Computerwoche (20/2000), 9–10.

16 Gates, Bill, Der Weg nach vorn. Die Zukunft der Informationsgesellschaft, Hamburg (Hoffmann und Campe) 1995; Gates, Bill, Digitales Business. Wettbewerb im Informationszeitalter, München (Heyne) 1999; Müller, Dietmar, Microsoft ist die Tonya Harding der Softwarebranche, http://news.zdnet.de/story/0,,t100-s2127164,00.html, abgerufen am: 13.12.2002.

17 Manes, Stephen, Will History Repeat Itself?, in: Forbes, 06.08.2001, 87. Besonders schön das Originalzitat: »Nelson wrote in 1974 that »the issue is one big usual question, the issue of freedom in our time; and that is not a matter of bigness, but the style of IBM's control.« Replace IBM with Microsoft, and it's truer today than ever. Pray that the next judge in the case finds a way to address that issue before Microsoft »integrates« competition out of business.«

18 Ohne Verfasser, Wie Microsoft sich neu erfindet. Der kompromisslose Weg der Gates-Company in andere Märkte, in: Computerwoche (46/2001), 36–37.

19 Ohne Verfasser, Bundesregierung setzt auf Linux, http://www.faz.net/s/Rub3B21861344DF4BB7945F342BAF3A6A1E/Doc~E0D5768FB2D514B588EA9082CD243401B~ATpl~Euptoday~Scontent.html, 03.06.2002, abgerufen am: 16.10.2002.

20 Henderson, Bruce D., The Origin of Strategy, in: Harvard Business Review 67 (6/1989), 139–143.

21 Sprenger, Reinhard K., Mythos Motivation. Wege aus einer Sackgasse, Frankfurt/Main-New York (Campus) 11. Aufl. 1996.

22 Drucker, Peter F. What Matters Most: Management's New Paradigm. An Address by Peter F. Drucker, Vortrag gehalten auf der Academy of Management 1998 San Diego Conference, San Diego, 09.08.1998.

23 Daniels, Cora, Tuesday, Bloody Tuesday, in: Fortune, 06.03.2000, 138.

24 Schulz, Kirsten, Interview mit Christian Henkel von Intershop: »Wer entlassen wird, muss sofort gehen«, in: Jungle World (14/2001), 28.03.2001, zitiert nach: http://

www.jungle-world.com/_2001/14/04a.htm, abgerufen am: 13.05.2002.
25 Z.B. 6. Handelsblatt-Jahrestagung »Personal im 21. Jahrhundert«, 20.–22.03.2000, oder MUWIT 2001 »Eigenverantwortung fördern«. 5. IIR-Kongreß für Weiterbildung und Personalentwicklung, 14.–16.03.2001.
26 Sellers, Patricia, The Big Spill. Coke's CEO Doug Daft has to clean up, in: Fortune, 06.03.2000, 22–23.
27 Simon, Hermann, Die heimlichen Gewinner (Hidden Champions). Die Erfolgsstrategien unbekannter Weltmarktführer, Frankfurt/Main-New York (Campus) 1996.
28 Miller, Karen Lowry/Woodruff, David, Lean, Mean, And ... German? Hard-driving managers are forging a new business culture, in: Business Week, 17.02.1997, 22–23.
29 Coupland, Douglas, Generation X. Tales for an Accelerated Culture, New York (St. Martin's Press) 1991.
30 Augustin. Die erste österreichische Boulevardzeitung 6 (57/2000), 02.06.2000.

3 Opportunismus: Nutze die Chancen

1 Illies, Florian, Generation Golf. Eine Inspektion, Berlin (Argon) 2000.
2 Kullmann, Katja, Generation Ally. Warum es heute so kompliziert ist, eine Frau zu sein, Frankfurt/Main (Eichborn) 2002.
3 Sprenger, Reinhard K., Aufstand des Individuums. Warum wir Führung komplett neu denken müssen, Frankfurt/Main-New York (Campus) 2000.
4 Popcorn, Faith, »Clicking« Der neue Popcorn Report. Die neuesten Trends für unsere Zukunft, München (Heyne) 1999, 186–204.
5 Sauer, Daniela, boo.com. Auf den Höhenflug folgte der freie Fall, in: internet world (1/2001), 40.
6 Burger, Jörg, Wo sind all die Scheine hin?, in: Die Zeit, Nr. 23, 31.05.2000, 9.
7 Furgiuele, Amanda, Booorrring! Many teens believe school would be bearable if it offered fun, games and entertainment, http://generation-y.com/stories/090399/new_boring.shtml, abgerufen am: 13.05.2002.
8 Beyer, Susanne/Festenberg, Nikolaus von/Mohr, Reinhard, Die jungen Milden, in: Der Spiegel (28/1999), 94–103.
9 Hüetlin, Thomas/Müller von Blumencron, Mathias, »Keiner schenkt dir was«, in: Der Spiegel (28/1999), 107–108.
10 Ohne Verfasser, Die Generation @, in: Focus, 09.08.1999, 124–132.
11 Coupland, Douglas, Generation X. Tales for an Accelerated Culture, New York (St. Martin's Press) 1991.
12 Schmalholz, Claus G./Schmitt, Jörg/Werres, Thomas, Ein Mann im Web-Wahn, in: manager magazin (2/2002), 40–49.
13 Coupland, Douglas, Generation X. Tales for an Accelerated Culture, New York (St. Martin's Press) 1991.
14 Tulgan, Bruce, Generation-X-Management. Eine Generation auf dem Weg von McJobs zu BigJobs, Wien (Signum) 1997.
15 Beyer, Susanne/Festenberg, Nikolaus von/Mohr, Reinhard, Die jungen Milden, in: Der Spiegel (28/1999), 94–103.
16 McGregor, Douglas, The Human Side of Enterprise, New York-Toronto-London (McGraw Hill) 1960.
17 Noelle-Neumann, Elisabeth, Werden wir alle Proletarier? Wertewandel in unserer Gesellschaft, Zürich (Edition Interfrom) 1978.

18 Inglehart, Ronald, Wertewandel in den westlichen Gesellschaften. Politische Konsequenzen von materialistischen und postmaterialistischen Prioritäten, in: Klages, Helmut/Kmieciak, Peter (Hrsg.), Wertewandel und gesellschaftlicher Wandel, Frankfurt/Main-New York (Campus) 1979, 279–316.

19 Rosenstiel, Lutz von, Wandel in der Karrieremotivation. Verfall oder Neuorientierung?, in: Rosenstiel, Lutz von/Einsiedler, Herbert/Streich, Richard K. (Hrsg.), Wertewandel als Herausforderung für die Unternehmenspolitik, Stuttgart (Schäffer) 1987, 35–52.

20 Goebel, Johannes/Clermont, Christoph, Die Tugend der Orientierungslosigkeit, Reinbek bei Hamburg (Rowohlt) 1999.

21 Opaschowski, Horst W., Generation @. Die Medienrevolution entlässt ihre Kinder: Leben im Informationszeitalter, Hamburg (Britisch American Tobacco) 1999.

22 Neuborne, Ellen/Kerwin, Kathleen, Generation Y. Today's teens – the biggest bulge since the boomers – may force marketers to toss their old tricks, http://www.businessweek.com/1999/99_07/b3616001.htm, abgerufen am: 13.05.2002; Raines, Claire, Beyond Generation X. A Practical Guide for Managers, Menlo Park (Crisp Publications) 1997; Heimburger, David/Hildebrandt, Tina/Lersch, Paul/Mohr, Reinhard/Neubacher, Alexander/Schäfer, Ulrich/Schumacher, Hajo, Die neuen Deutschen, in: Der Spiegel (21/2000), 22–34; Schneider, Peter, Ausbruch aus der Käseglocke. Verteidigung der 68er gegen die Maschendrahtzaun-Generation, in: Der Spiegel (21/2000), 34–36; Hipp, Dietmar, »Aus Spaß am Risiko«. Jung, mutig, erfolgreich: die fünf Internet-Unternehmer auf dem SPIEGEL-Titelbild, in: Der Spiegel (21/2000), 32; Woodward, Nancy Hatch, The Coming of the X-Managers, http://www.shrm.org/hrmagazine/articles/0399genx.htm, abgerufen am: 13.05.2002; Deutsche Shell (Hrsg.), Jugend 2000. 13. Shell Jugendstudie, 2 Bände, Opladen (Leske + Budrich) 2000; Deutsche Shell (Hrsg.), Jugend 2002. 14. Shell Jugendstudie, Frankfurt am Main (Fischer) 2002.

23 Mühlemann, Susanne/Peyer, Hanspeter, 400000 Dollar Stundenlohn! So zocken US-Manager ab, in: SonntagsBlick, 09.04.2000, 33.

24 Boldt, Klaus/Neukirchen, Heide/Student, Dietmar/Werres, Thomas, Cash as cash can, in: manager magazin 31 (8/2001), 46–59.

25 Boldt, Klaus/Neukirchen, Heide/Student, Dietmar/Werres, Thomas, Cash as cash can, in: manager magazin 31 (8/2001), 48.

26 Krosta, Andreas, Aktionäre buhen Telekom-Vorstand aus. Gehaltserhöhung für Top-Manager verstimmt Kleinanleger – Konzernchef gesteht Fehler ein und verteidigt Strategie, in: Financial Times Deutschland, 29.05.2002, 4.

27 Coupland, Douglas, Generation X. Tales for an Accelerated Culture, New York (St. Martin's Press) 1991.

28 Ohne Verfasser, 2 Mio für 14-Jährigen, in: Bild, 21.08.2000, 9.

29 Schaertl, Marika/Sachse, Katrin, Die neuen Erfolg-Reichen, in: Focus (19/2000), 52–64.

30 Schaertl, Marika/Sachse, Katrin, Die neuen Erfolg-Reichen, in: Focus (19/2000), 52–64.

31 Lafontaine, Oskar, Das war ein unfairer Rempler, in: BUNTE (19/2002), 87.

32 Freitag, Michael, Cool, sexy, lecker, in: Handelsblatt, Nr. 130, 10.07.2000, 14.

33 Dahlkamp, Jürgen, Der Krieg um die Talente, http://www.spiegel.de/unispiegel/studium/0,1518,76748,00.html, abgerufen am: 13.05.2002.

34 Evers, Marco/Traufetter, Gerald, Ikarus der Physik, in: Der Spiegel (41/2002), 234–236.

35 Esser, Klaus, Wertorientierte Unternehmensführung bei Mannesmann, in: Zeitschrift für betriebswirtschaftliche Forschung 52 (3/2000), 176.

36 Fiutak, Martin/Rüttgers: Millionen-Abfindung für Esser ist »unfair«. Politiker fordert rasche Aufklärung der Vorwürfe / IG-Metall-Chef »nicht kooperativ«, http://news.zdnet.de/story/0,,t101-s2093548,00.html, abgerufen am: 13.05.2002.

37 Fiutak, Martin, Mannesmann-Übernahme: Ermittlungen auch gegen IG-Metall-Chef. Bericht: Klaus Zwickel gerät ins Visier der Staatsanwaltschaft / Auch Betriebsratsvorsitzender unter Verdacht, http://news.zdnet.de/story/0,,t101-s2093326,00.html, abgerufen am: 13.05.2002.

38 Ohne Verfasser, Vodafone's Wide Reach, in: Fortune, 06.03.2000, 52.

39 Gallup GmbH, Pressemeldung. Nur 16 Prozent der Arbeitnehmer in Deutschland sind engagiert am Arbeitsplatz. Der gesamtwirtschaftliche Schaden dadurch beläuft sich auf 436,4 bis 442,9 Milliarden Mark im Jahr, http://www.gallup.de/Mitarbeiterzufriedenheit.htm, abgerufen am: 14.05.2002.

40 Bühler, Andy/Robbins, Anthony: Mister Personal Power, in: Noch erfolgreicher! (2/2000), 12–13.

4 Darwiportunismus als gesellschaftliches Phänomen

1 http://www2.dgfp.com/cms/eos/de/pages/DGFP+e.V./%Dcber+uns/Presse/.+Juni+2001.html, abgerufen am: 23.05.2002.

2 Horx, Matthias, Die acht Sphären der Zukunft. Ein Wegweiser in die Kultur des 21. Jahrhunderts, Wien (Signum) 3. Aufl. 2000, 56.

3 Ohne Verfasser, Gassi gehen als Goody, in: Wirtschaftswoche, 05.11.1999, zitiert nach: http:www.wiwo.de/wwo5.exe/fn=wiwo-service&sfn=recherche&page=artikel&textid=46294&swo13.03.00, abgerufen am: 13.05.2002.

4 Hartwig, Martin/Mesmer, Alexandra, Cell Network Germany sperrt Mitarbeiter aus, in: Computerwoche, Nr. 28, 13.07.2001, zitiert nach: http://www.computerwoche.de/index.cfm?pageid=267&type=ArtikelDetail&id=70113004&cfid=5038808&cftoken=5003467&nr=1, abgerufen am: 14.05.2002.

5 Fischer, Heinz, Führung durch innovative Unternehmenskultur bei Hewlett-Packard, in: Simon, Hermann (Hrsg.), Herausforderung Unternehmenskultur, Stuttgart (Schäffer) 1990, 74–89.

6 Ohne Verfasser, Gestorben. William R. Hewlett, http://www.spiegel.de/spiegel/0,1518,114493,00.html, abgerufen am: 28.05.2002.

7 Ohne Verfasser, Konzern-Chefin degradiert 3000 Manager. Hewlett-Packard, http://www.spiegel.de/wirtschaft/0,1518,128866,00.html, abgerufen am: 21.05.2002.

8 Ohne Verfasser, HP verdrängt Compaq von der Spitze, http://www.spiegel.de/wirtschaft/0,1518,137927,00.html, abgerufen am: 21.05.2002.

9 Ohne Verfasser, Compaq droht Betriebsrat mit Entlassung. Stellenstreichungen und Management-Konflikte, in: Computerwoche, Nr. 30, 27.07.2001, 4.

10 Ohne Verfasser, HP Deutschland bittet Mitarbeiter um Lohnverzicht, http://www.sueddeutsche.de/index.php?url=/wirtschaft/aktuell/15676/, abgerufen am: 21.05.2002.

11 Ohne Verfasser, Compaq Deutschland entlässt im großen Stil. Mittelstandskunden werden Opfer einer neuen Vertriebsstruktur, in: Computerwoche, Nr. 31 03.08.2001, 1 und 4; Ohne Verfasser, HP nimmt weniger ein und entlässt 6000 Mitarbeiter. Debakel im Endkundengeschäft zeichnet sich ab, in: Computerwoche, Nr. 31, 03.08.2001, 6; Ohne Verfasser, Kein Urlaub und Lohnverzicht, http://www.manager-magazin.de/ebusiness/artikel/0,2828,143449,00.html, abgerufen am: 27.05.2002; Ohne Verfasser, Entlassungen nicht ausgeschlossen, http://www.manager-magazin.de/ebusiness/artikel/0,2828,144554,00.html, abgerufen am: 27.05.2002.

12 Ohne Verfasser, Wer viel feuert, verdient mehr. Ranking der Härtesten, http://www.spiegel.de/wirtschaft/0,1518,152640,00.html, abgerufen am: 21.05.2002.

13 Hewlett-Packard GmbH, Pressetext, 07. September 2001. Hewlett-Packard Company und Compaq Computer Corporation stimmen Fusion zu und werden damit zu einem weltweiten Technologieführer, http://www.hewlett-packard.de/presse/archiv/texte.html?id=1062, abgerufen am: 21.05.2002.

14 Ohne Verfasser, Mit Compaq kommt der Stellenabbau, http://www.sueddeutsche.de/index.php?url=/wirtschaft/aktuell/22923/, abgerufen am: 21.05.2002.

15 Volkery, Carsten, Wie betrunken war Carly?, http://www.spiegel.de/wirtschaft/0,1518,156148,00.html, abgerufen am: 21.05.2002.

16 Ohne Verfasser, Der Geist aus der Garage, http://www.spiegel.de/netzwelt/technologie/0,1518,98009,00.html, abgerufen am: 28.05.2002.

17 Ohne Verfasser, Hewlett gegen Fusion mit Compaq. Verbindung droht am Widerstand der Gründerfamilie zu scheitern, http://www.suedeutsche.de/aktuell/sz/artikel93990.php, abgerufen am: 14.11.2001.

18 Ohne Verfasser, Compaq sucht nach Alternativen zur Fusion mit Hewlett-Packard. Gespräche mit Großaktionären – Entscheidung noch im Dezember erwartet, in: Handelsblatt, 12.12.2001, 21; Laube, Helene/Morrison, Scott, Compaq plant schon für eine Zukunft ohne HP. Konzernchef Capellas betont jedoch weiterhin Sinn der Fusion, in: Financial Times Deutschland, 12.12.2001, 4.

19 Ohne Verfasser, HP-Chefin Fiorina ist kurz vor dem Ziel. Walter Hewlett will weiter gegen die Fusion kämpfen, in: Computerwoche, Nr. 17, 26.04.2002, 6.

20 Ohne Verfasser, Powerful Women. ... and 50 more in the United States, in: Fortune, 15.10.2001, 80.

21 Ohne Verfasser, Hewlett-Packard baut weitere Stellen ab, http://boerse.spiegel.de/cmp_nws.asp?nws_id=1000135040&cmp_id=1000005998&sec_id=&qot_id=1000055872, 26.09.2002, abgerufen am: 22.10.2002.

22 Wen der gesetzliche Hintergrund zu diesem Fall interessiert, dem sei die Langfassung empfohlen: Wisswede, Udo, Aus Sicht der Juristen, in: Unternehmen und Gesellschaft.

Report für Unternehmer und Führungskräfte 8 (4/2000), 12–18.

23 Scholz, Christian, Teaching European Managers to Understand the USA: Do Not Get Fooled by the American Dream, Prepare for the Naked Truth, As We Learned it from the Presidential Election 2000, Diskussionsbeitrag Nr. 76 des Lehrstuhls für Betriebswirtschaftslehre, insbesondere Organisation, Personal- und Informationsmanagement an der Universität des Saarlandes, Saarbrücken 2001; Moore, Michael, Stupid White Men. Eine Abrechnung mit dem Amerika unter George W. Bush, München-Zürich (Piper) 4. Aufl. 2002.

24 Ohne Verfasser, Kahlschlag bei MobilCom, http://www.heise.de/newsticker/data/anw-27.09.02-002/, 27.09.2002, abgerufen am: 29.10.2002.

25 Ohne Verfasser, Fords PC-Geschenke scheitern am Finanzamt. Deutsche Steuergesetze sind nicht mehr zeitgemäß, in: Computerwoche, Nr. 28, 14.07.2000, 1–2.

26 Immervoll, Stefan, Warum ich nicht an einer deutschen Universität bleiben möchte, in: Forschung und Lehre 9 (2002), 535; Scholz, Christian, (Kontra-)Produktiver Wandel. Ergebnis einer repräsentativen Befragung an deutschen Universitäten, in: Forschung & Lehre 9 (2002), 574–576.

27 Spenneberg, Lutz, Riesters Scheingefechte, in: Die Woche, 29.04.1999, 13.

28 Meyer-Timpe, Ulrike, Jobs per Knopfdruck?, in: Die Zeit, Nr. 48, 22.11.2001, 23.

29 Ohne Verfasser, Koalitionsverhandlungen. Grüne wollen 4. Ministerium, in: Bild, 11.10.2002, 2.

30 Hartz, Peter et al., Moderne Dienstleistungen am Arbeitsmarkt. Vorschläge der Kommission zum Abbau der Arbeitslosigkeit und zur Umstrukturierung der Bundesanstalt für Arbeit, Berlin 2002, http://www.bma.bund.de/download/Hartz-Kommission/Bericht_gesamt.pdf, abgerufen am: 22.10.2002.

31 Ohne Verfasser, Chronologie. Die Hartz-Kommission, http://www.ndrinfo.de/pages/info_std/0,2235,OID23222,00.html, abgerufen am: 23.10.2002.

32 Heckel, Margaret, DGB gegen Kürzungen bei der Arbeitsmarktpolitik, http://www.ftd.de/pw/de/1034763884509.html, 17.10.2002, abgerufen am: 24.10.2002.

33 Hatfield, James H., Das Bush-Imperium. Wie George W. Bush zum Präsidenten gemacht wurde, Bremen-Montréal (Atlantik) 3. Aufl. 2002.

34 Schulte, Ewald B., Erstens Kaufmann. Zweitens Katholik. Leo Kirch hat beim Streit um einen Kruzifix-Kommentar nur scheinbar verloren – sein Einfluß bei Springer wächst, http://www.berlinonline.de/wissen/berliner_zeitung/archiv/1995/0819/reporter/0005/, 19.08.1995, abgerufen am: 24.10.2002.

35 Ohne Verfasser, Die Kirch-Krise. Der Niedergang des größten deutschen Medienimperiums, http://www.hr-online.de/hf/chronos/stichwort/kirch.shtml, abgerufen am: 24.10.2002.

36 Wagenknecht, Sahra, Die Mythen der Modernisierer, Querfurt (Dingsda) 2. Aufl. 2001.

37 Abolafia, Mitchel Y., Making Markets. Opportunism and Restraint on Wall Street, Cambridge-London (Harvard University Press) 2. Aufl. 2001.

38 Cohn, Laura, The Wild New Workforce, in: Business Week, 06.12.1999, 39–44.

5 Individuelle Überlebensstrategien im Darwiportunismus

1 Chansan-Chai, Athima, The dark side of the American dream, in: The Japan Times, 30.09.2001, 14.
2 Boyle, Matthew, thirtynothing, in: Fortune, 18.02.2002, 83–85.
3 Lanthaler, Werner/Zugmann, Johanna, Die ICH-Aktie. Mit neuem Karrieredenken auf Erfolgskurs, Frankfurt/Main (Frankfurter Allegemeine Buch) 2000.
4 Lafontaine, Oskar, Wie sieht Deutschland in zehn Jahren aus? Meine Vision: Die Deutschen werden sich wieder der alten sozialen Tugenden erinnern, in: Die Welt, 06.05.2002, 27.
5 Hartz, Peter et al., Moderne Dienstleistungen am Arbeitsmarkt. Vorschläge der Kommission zum Abbau der Arbeitslosigkeit und zur Umstrukturierung der Bundesanstalt für Arbeit, Berlin 2002, http://www.bma.bund.de/download/Hartz-Kommission/Bericht_gesamt.pdf, abgerufen am: 22.10.2002.
6 Stein, Volker, Das Unternehmen als Vogelschwarm: Eine modelltheoretische Analyse des darwiportunistischen Szenarios, in: Kossbiel, Hugo (Hrsg.), Modellgestützte Personalentscheidungen 5, München-Mering (Hampp) 2001, 41–58.
7 The Nobel Foundation, The Bank of Sweden Prize in Economic Sciences in Memory of Alfred Nobel 2002 – Information for the Public, http://www.nobel.se/economics/laureates/2002/public.html, abgerufen am: 13.12.2002.
8 Williamson, Oliver E., Markets and Hierarchies: Analysis and Antitrust Implications, New York-London (Free Press) 1975; Pies, Ingo/Leschke, Martin (Hrsg.), Oliver Williamsons Organisationsökonomik, Tübingen (Mohr Siebeck) 2001.
9 Jost, Peter-J. (Hrsg.), Die Prinzipal-Agenten-Theorie in der Betriebswirtschaftslehre, Stuttgart (Schäffer-Poeschel) 2001.
10 Micklethwaite, John/Wooldridge, Adrian, Herrscher ohne Heimat, in: Financial Times Deutschland, Nr. 15, 02.06.2000, Weekend 1.
11 Hartmann, Michael, Wie international sind Topmanager? Karrierestationen von Spitzenkräften, in: Forschung und Lehre 7 (2000), 356–358.
12 Seidl, Conrad/Beutelmeyer, Werner, Die Marke ICH®. So entwickeln Sie Ihre persönliche Erfolgsstrategie, Wien-Frankfurt/Main (Ueberreuter) 1999.
13 Sahner, Paul/Komma-Pöllath, Thilo, Interview mit Katarina Witt, »Ich habe wieder Lust auf Abenteuer«, in: BUNTE, Nr. 19, 02.05.2002, 40–43.

6 Unternehmerisches Handeln im Darwiportunismus

1 Weidner, Ingrid, »Wir waren alle so naiv«. Was kommt nach dem CEO?, in: Computerwoche 32 (2001), 12–13.
2 Kets de Vries, Manfred F. R./Miller, Danny, The Neurotic Organization. Diagnosing and Changing Counterproductive Styles of Management, San Francisco-London (Jossey-Bass) 1984.
3 Leonard, Devin, They're Coming To Take You Away. Their Tactics Are Incredible!, in: Fortune, 29.05.2000, 35–48.
4 Boyle, Matthew, What we learned, in: Fortune, 24.12.2001, 109–110.

5 Sprenger, Reinhard K., Mythos Motivation. Wege aus einer Sackgasse, Frankfurt/Main-New York (Campus) 11. Aufl. 1996.

6 Gloger, Axel, Teamwork entpuppt sich als Karriere-Killer, in: Financial Times Deutschland, 15.03.2002, 37.

7 Die gesamte Geschichte von Dorothy findet man bei: Scholz, Christian, Virtuelle Teams mit darwiportunistischer Tendenz: Der Dorothy-Effekt, in: OrganisationsEntwicklung (4/2001), 20–29.

8 Knop, Carsten, Der Herr Vize-Analyst belieben vor der Massage gratis zu speisen, in: Frankfurter Allgemeine Zeitung, Nr. 105, 06.05.2000, 65.

9 Sheff, David, The lessons of Netscape loom large in Marc Andreessen's mind, in: WIRED (August 2000), 188–197.

10 Kets de Vries, Manfred F.R./Miller, Danny, The Neurotic Organization. Diagnosing and Changing Counterproductive Styles of Management, San Francisco-London (Jossey-Bass) 1984.

11 Simon, Hermann, Was ist ein Mitarbeiter wert? Pressemitteilung, Bonn, 06. Juni 2000, zitiert nach: http://www.simon-kucher.de/Internetdatabase/publication.nsf/c6d8e2deb8607ba3c125670100539863/3d995f0041b6328fc12568ff0046da2d?OpenDocument, abgerufen am: 27.05.2002.

12 Nasar, Sylvia, Genie und Wahnsinn. Das Leben des genialen Mathematikers John Nash, »A Beautiful Mind«, München-Zürich (Piper), 3. Aufl. 2002.

13 Neuborne, Ellen/Kerwin, Kathleen, Generation Y. Today's teens – the biggest bulge since the boomers – may force marketers to toss their old tricks, http://www. business week.com/1999/99_07/b3616001.htm, abgerufen am: 21.05.2002; Spear, Karon, Generation Y is About to Change Everything, http://www.moneypage.com/mdesk/genY.htm, abgerufen am: 21.05.2002.

14 Vgl. z.B. http://www.internet befragung.de, abgerufen am: 21.05.2002.

15 Petermann, Peter, Von der Zielgruppe zur Stilgruppe, in: Horizont 46, 15.11.2001, 48.

16 Scholz, Christian, Personalmanagement. Informationsorientierte und verhaltenstheoretische Grundlagen, München (Vahlen) 5. Aufl. 2000.

17 Gloger, Axel, Auf der Jagd nach Spitzenkräften. Die besten Mitarbeiter gewinnen, begeistern und behalten, Frankfurt/Main-Wien (Ueberreuter) 2001.

18 Chambers, Elizabeth G./Foulon, Mark/Handfield-Jones, Helen/Hankin, Steven M./Michaels III, Edward G., The war for talent, in: The McKinsey Quarterly (3/1998), 44–57.

19 http://www.cube-formel.de, abgerufen am: 21.05.2001; Scholz, Christian/Scholz, Sebastian C., Personal-Websites im Test, in: Personalwirtschaft 29 (2/2000), 10–12.

20 Scholz, Christian, Personalmanagement. Informationsorientierte und verhaltenstheoretische Grundlagen, München (Vahlen) 5. Aufl. 2000.

21 Hödl, Ingrid, Dual Career Couples im Darwiportunismus: Konsequenzen für die Personalarbeit, Diplomarbeit an der Sozial- und Wirtschaftswissenschaftlichen Fakultät der Universität Wien (Honorarprofessur Prof. Dr. Christian Scholz), Wien 2000.

22 Weimer, Wolfram, Borussia – Meister des Willens, in: Berliner Morgenpost am Sonntag, 05.05.2002, 1.

23 Ohne Verfasser, ... und dann kam Ewerthon, in: Der Tagesspiegel am Sonntag, Nr. 17 754, 05.05.2002, 23.

24 Sprenger, Reinhard K., Mythos Motivation. Wege aus einer Sackgasse, Frankfurt/Main-New York (Campus) 11. Aufl. 1996; Herzberg, Frederick, One more time: How do you motivate employees?, in: Harvard Business Review 46 (1/1968), 53–62.

25 Leidig, Guido, Diversity und Darwiportunismus. Neue Herausforderungen an das Personal-Management, in: Druck & Medien Magazin 9 (2000), 120–121.

26 Scholz, Christian, Personalmarketing für High Potentials: Über den Umgang mit Goldfischen und Weihnachtskarpfen, in: Thiele, Anke/Eggers, Bernd (Hrsg.), Innovatives Personalmarketing für High Potentials, Göttingen (Verlag für Angewandte Psychologie) 1999, 27–38.

27 Scholz, Christian/Stein, Volker, Darwiportunismus und Wissensgesellschaft: Eine fatale Kombination, in: Bleicher, Knut/Berthel, Jürgen (Hrsg.), Auf dem Weg in die Wissensgesellschaft. Veränderte Strukturen, Kulturen, Strategien, Frankfurt/Main (Frankfurter Allgemeine Zeitung) 2002, 298–307.

28 Scholz, Christian, Personalmanagement. Informationsorientierte und verhaltenstheoretische Grundlagen, München (Vahlen) 5. Aufl. 2000, 97; Macharzina, Klaus, Internationaler Transfer von Führungskräften, in: Zeitschrift für Personalforschung 6 (1992), 366–384, 370.

29 Ashby, William R., An Introduction to Cybernetics, London (Chapman Hall) 1956.

7 Ergebnis: Realismus und neuer sozialer Kontrakt!

1 Dargestellt und beschrieben in: http://www.kat.ch/bm/pw/asthetik.html, abgerufen am: 21.05.2002.

2 Drumm, Hans Jürgen, Szenarioprognosen für ein künftiges HR-Management, in: Personalführung 34 (5/2001), 64–71.

3 Herrmann, Wolfgang, »Für die Mitarbeiter ist das ein Albtraum«, in: Computerwoche (30/2001), 12–13.

4 Domke, Britta, mobben, lügen, schleimen, in: Handelsblatt junge karriere (1/2002), 46–50.

5 Murphy, Kevin J., Executive Compensation, in: Ashenfelter, Orley/Card, David (Hrsg.), Handbook of Labor Economics, Band 3, North Holland 1999, 90, zitiert nach: Frey, Bruno S./Osterloh, Margit, Pay for Performance – Immer empfehlenswert?, in: Zeitschrift Führung und Organisation 69 (2/2000), 64–69.

6 Ohne Verfasser, Weltstrafgerichtshof lässt sich durch US-Ablehnung nicht erschüttern. Vorbereitungen laufen trotz offizieller Absage Washingtons nach Plan, in: Handelsblatt, Nr. 87, 07.05.2002, 6.

7 Kant, Immanuel, Grundlegung zur Metaphysik der Sitten, Hamburg (Felix Meiner) 1957, 42.

8 Bly, Robert W., Doing the Right Thing. Ethics in the Workplace, Urbandale (American Media) 1999, 12.

9 Habermas, Jürgen, Erläuterungen zur Diskursethik, Frankfurt/Main (Suhrkamp) 1991, 11–14.

10 http://www.darwiportunismus.de/forschung/sozialcharta, abgerufen am: 21.05.2002.

11 Ohmae, Kenichi, The Borderless World. Power and Strategy in the Interlinked Economy, New York (Harper Business) 1990; Ashkenas, Ron et al., The Boundaryless Organization – Breaking the Chains of Organizational Structure, San Francisco (Jossey-Bass) 1995.

12 Hedberg, Bo/Dahlgren, Göran/Hansson, Jörgen/Nils-Göran, Olve, Virtual Organizations and Beyond: Discover Imaginary Systems, London (Wiley) 1997; Scholz, Christian, Strategische Organisation. Multiperspektivität und Virtualität, Landsberg/Lech (moderne industrie) 2. Aufl. 2000.

13 Matathia, Ira/Salzman, Marian, Next – Wie sieht die Zukunft aus? Arbeiten, Leben und Wohnen nach 2000, München (Econ) 2000, 282–342.

14 Kohler-Koch, Beate/Flecker, Jörg/Knodt, Michèle/Schulten, Thorsten, Das zivilgesellschaftliche Szenario, in: Steger, Ulrich (Hrsg.), Globalisierung gestalten. Szenarien für Markt, Politik und Gesellschaft, Berlin etc. (Springer) 1999, 85–108.

15 Kaufmann, Franz-Xaver, Der deutsche Sozialstaat in international vergleichender Perspektive, Diskussionspapier Nr. 11, »Bielefeld 2000plus – Forschungsprojekte zur Region«, Universität Bielefeld 2000, 6.

16 Tapscott, Don, Net Kids. Die digitale Generation erobert Wirtschaft und Gesellschaft, Wiesbaden (Gabler) 1998.

17 Schmitt, Jörg, Ermittlungen gegen »Percy Raffzahn«, http://www.manager-magazin.de/koepfe/artikel/0,2828,201711,00.html, abgerufen am: 13.12.2002.

18 Ohne Verfasser, ABB-»Abzocker« zahlen Geld zurück, in: 20 minuten, 11.03.2002, 1–2.

19 Burger, Jörg/Hillenkamp, Sven, Zurück zum Zorn. Interview mit Peter Hein und Mieze, in: Die Zeit, 10.10.2002, 51.

20 Ohne Verfasser, Corporate Behavior, in: Financial Times Deutschland, 23.11.2001, 7.

21 Abolafia, Mitchel Y., Making Markets. Opportunism and Restraint on Wall Street, Cambridge-London (Harvard University Press) 2. Aufl. 2001, 179.

Danksagung

1 Scholz, Christian, Darwiportunismus: Das neue Szenario im Berufsleben, in: Das Wirtschaftsstudium 28 (1999), 1182–1184.

2 Steger, Ulrich (Hrsg.), Wirkmuster der Globalisierung. Nichts geht mehr, aber alles geht, Ladenburg (Gottlieb-Daimler- und Karl-Benz-Stiftung) 1998; Steger, Ulrich (Hrsg.), Globalisierung gestalten. Szenarien für Markt, Politik und Gesellschaft, Berlin etc. (Springer) 1999.

3 http://www.orga.uni-sb.de/bibliothek/DP_Bibliographie.pdf, abgerufen am: 27.05.2002.

4 Stein, Volker, Das Unternehmen als Vogelschwarm: Eine modelltheoretische Analyse des darwiportunistischen Szenarios, in: Kossbiel, Hugo (Hrsg.), Modellgestützte Personalentscheidungen 5, München-Mering (Hampp) 2001, 41–58.m

Stichwortregister

Namensregister